국립인천대학교 인천학연구원 독립운동사연구소 총서 4호(통권 8권)

3·1운동과 연당 이갑성 추모 논문집

▲ 연당(研堂) 이갑성(李甲成) 지사

▲ 30대(서대문감옥)

▲ 30대(출옥 후)

▲ 40대(상하이 시절)

▲ 50-60대(국회의원 등)

▲ 70대(광복회장 등)

▲ 80대(국가 원로)

▲ 민족대표 33인(29인 참석)의 독립선언 기록화

▲ 민족대표 33인의 재조명
학술회의(2006.12.05)

▲ 민족대표 연당 이갑성 지사
추모 학술회의(2023.08.22)

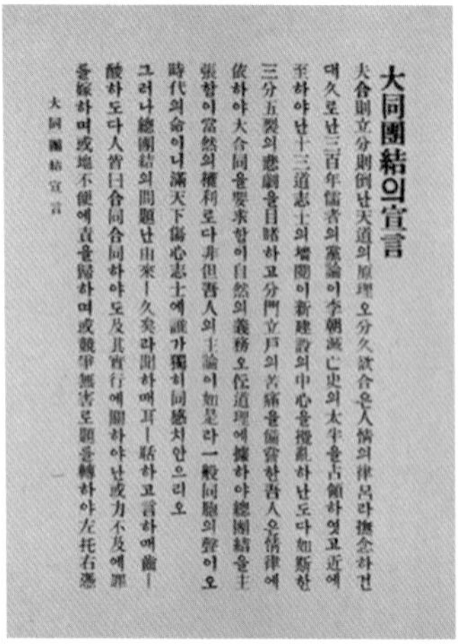

大同團結의宣言

夫合則立分則倒난天道의原理오分久欲合은人情의律呂라撫念하건대久로난三百年儒者의黨論이李朝滅亡史의太半을占領하엿고近에至하야난十三道志士의壩閥이新建設의中心을攪亂하난도다如斯한三分五裂의悲劇을目睹하고分門立戶의苦痛을備嘗한吾人은情律에依하야大合同을要求함이自然의義務오道理에據하야總團結을主張함이當然의權利로다非但吾人의主論이如是라一般同胞의聲이오時代의命이니滿天下傷心志士에誰가獨히同感치안으리오

그러나總團結의問題난由來ㅣ久矣라聞하며耳ㅣ聒하고言하며齒ㅣ酸하도다人皆曰合同合同하야도及其實行에關하야난或力不及에罪를嫁하며或地不便에責을歸하며或競爭無害로題를轉하야左托右憑

大同團結宣言

▲「대동단결의선언」
(1917.07)

▲「선언문」(1919.02.08)
(일명「2·8독립선언문」)

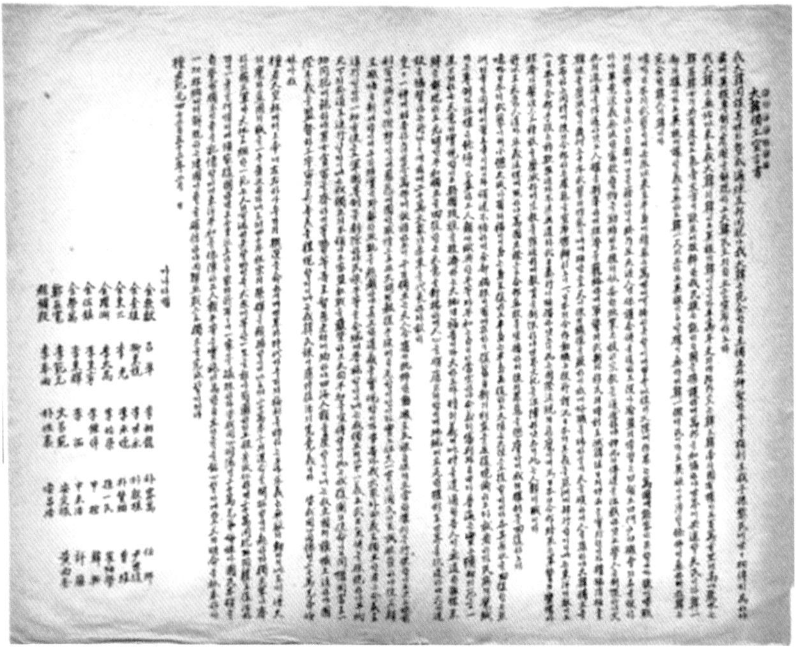

▲「대한독립선언서」(1919.02.01. 일명「무오독립선언서」)

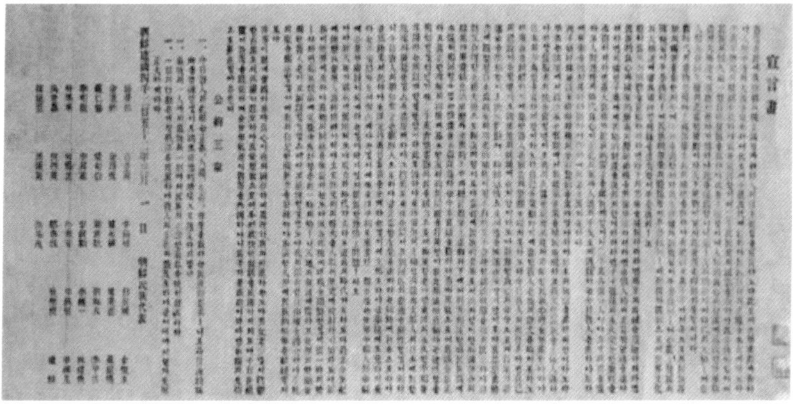
宣言書

▲ 「선언서(宣言書)」(1919.03.01. 일명 「기미독립선언서」)

▲ 광무황제 인산 모습(1919.03.03)

▲ 서간도 유하현(柳河縣)의 '한인촌(韓人村)'의 모습(1911)

▲ 연해주 지역 무장한 독립군의 모습(1910년대)

▲ 3·1만세시위 때 탑골공원 앞을 막고 있는 일본군의 모습

▲ 이승훈 지사

▲ 한용운 지사

▲ 권동진 지사

▲ 권병덕 지사

▲ 김완규 지사

▲ 나용환 지사

▲ 나인협 지사

▲ 박동완 지사

▲ 백용성 지사

▲ 박준승 지사

▲ 신석구 지사

▲ 신홍식 지사

▲ 유여대 지사

▲ 이갑성 지사

▲ 이명룡 지사

▲ 양전백 지사

▲오세창 지사

▲ 오화영 지사

▲ 이종일 지사

▲ 이필주 지사

▲ 임예환 지사

▲ 최성모 지사

▲ 홍기조 지사

▲ 홍병기 지사

▲ 1919년 3월 1일 경성부청(京城府廳) 앞 '독립만세' 군중

▲ 강기덕 지사

▲ 김병수 지사

▲ 김원벽 지사

▲ 김창준 지사

▲ 김형기 지사

▲ 윤자영 지사

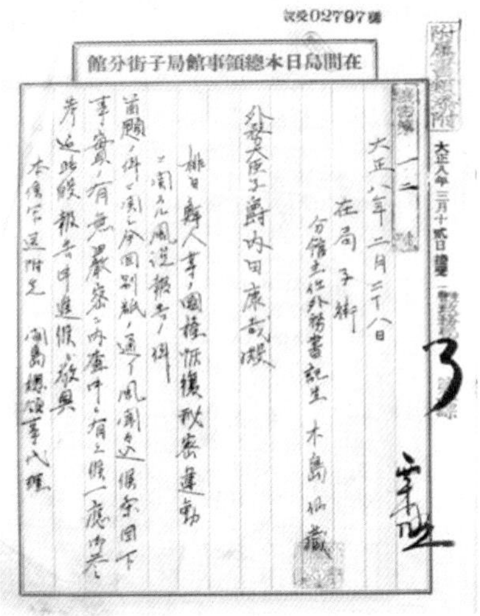

▲ 최재형과 이용(이준 장남)의 활동이 담긴 기록
(『일본 외무성기록』. 1919.02.28)

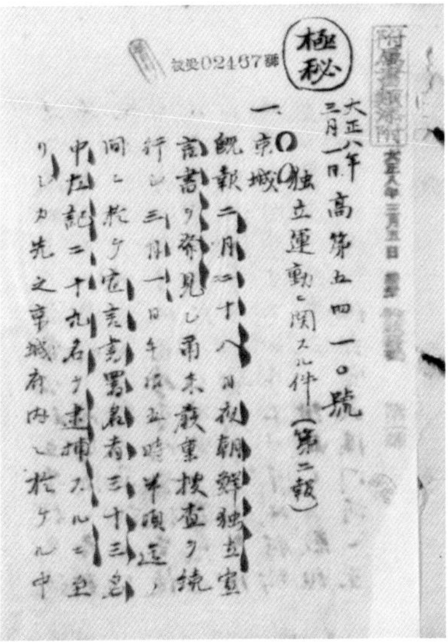

▲ 「독립운동에 관한 건」
(『일본 외무성기록』.1919.03.01)

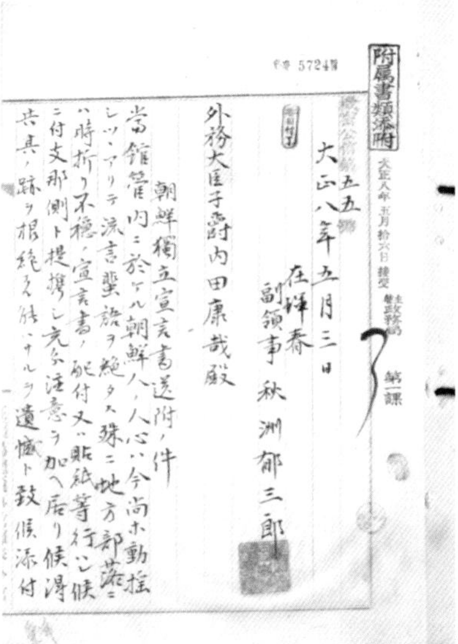

▲ 「조선독립선언서 송부의 건」
(『일본 외무성기록』.1919.05.03)

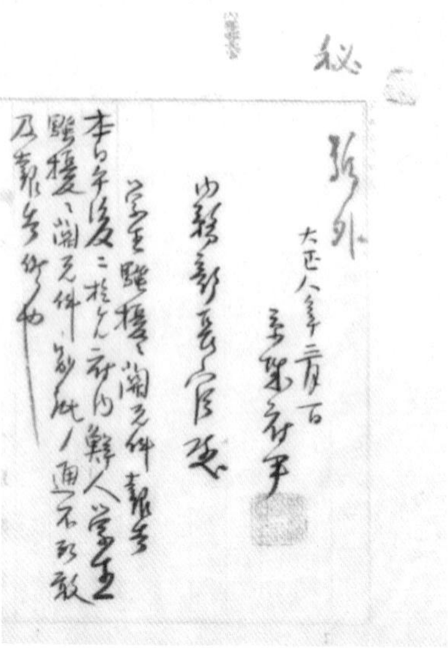

▲ 학생 독립만세시위에 대한 경성부윤의 보고서(1919.03.01)

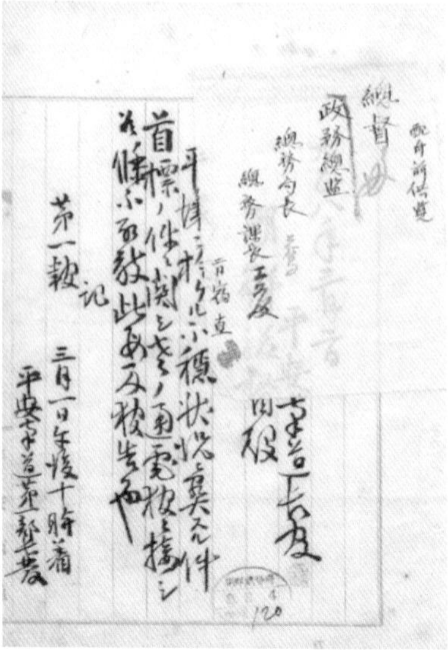

▲ 평양 독립만세시위에 관한 평남도지사 보고서(1919.03.02)

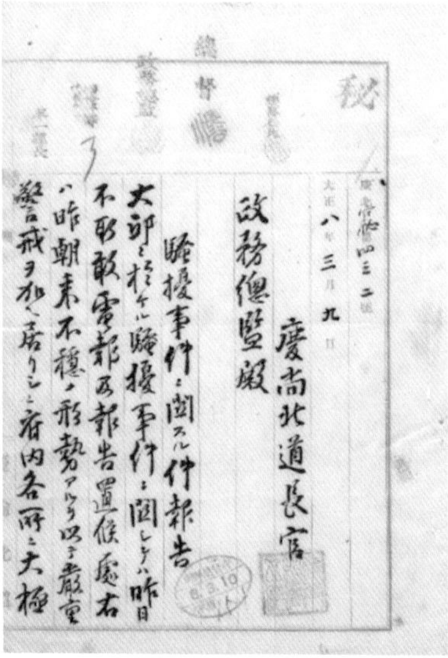

▲ 독립만세시위에 대한 경북 도지사의 보고서(1919.03.09)

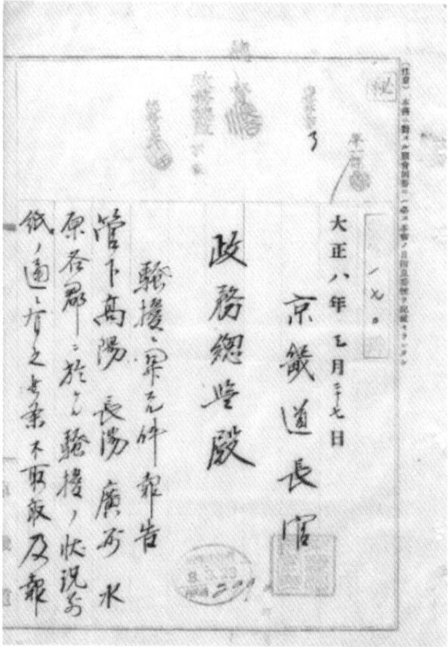

▲ 독립만세시위에 대한 경기 도지사의 보고서(1919.03.27)

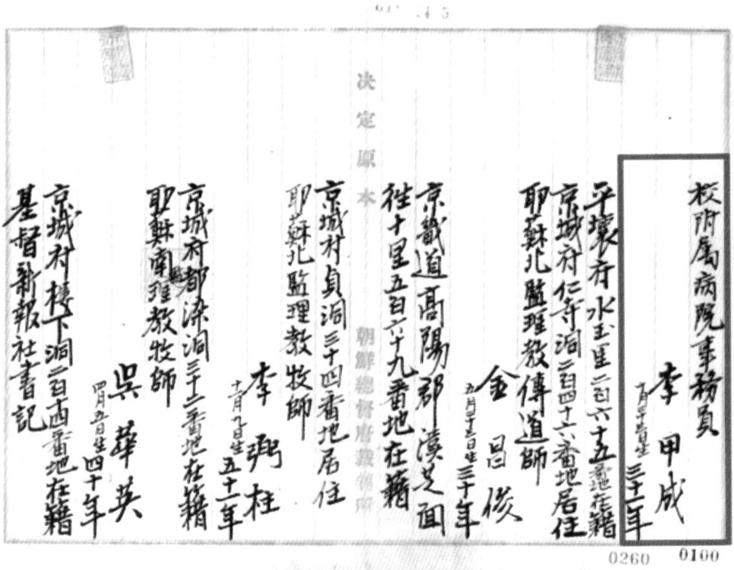

決定原本 朝鮮總督府裁判所

校附屬病院事務員
李甲成 三月十三日生 三十一年

平壤府水玉里二百六十五番地在籍
京城府仁寺洞二百四十六番地居住
耶蘇北監理敎傳道師
金昌俊 五月十五日生 三十一年

京畿道高陽郡漢芝面
往十里五百六十九番地在籍
京城府貞洞三十四番地居住
耶蘇北監理敎牧師
李弼柱 十月十日生 五十一年

京城府都染洞三十二番地在籍
耶蘇南監理敎牧師
吳華英 四月五日生 四十一年

京城府樓下洞二百十四番地在籍
基督新報社書記

0260 0100

▲ 경성지방법원 판결문(1919.08.01. 이갑성 나이 31세로 기재)

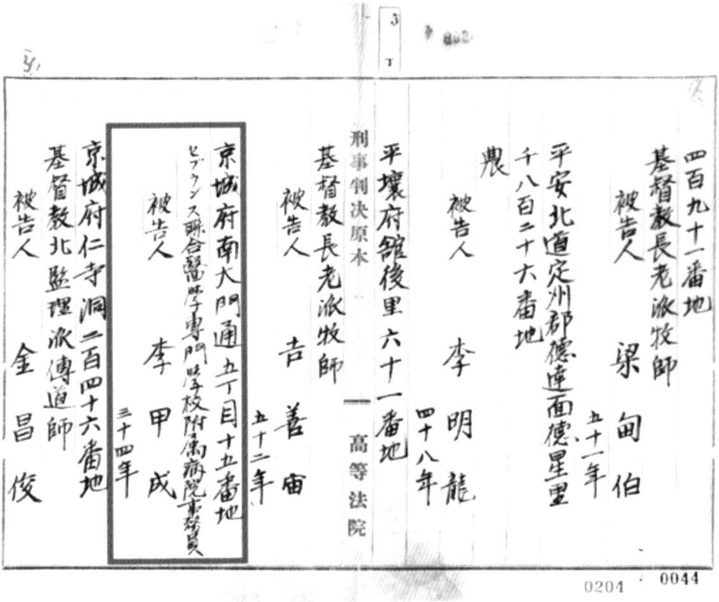

刑事判決原本 高等法院

四百九十一番地
基督敎長老派牧師
被告人 梁甸伯 五十一年

平安北道定州郡德達面德星里
千八百二十六番地
農
被告人 李明龍 四十八年

平壤府館後里六十一番地
基督敎長老派牧師
被告人 吉善宙 五十二年

京城府南大門通五丁目十五番地
セブランス聯合醫學專門學校附屬病院事務員
被告人 李甲成 三十四年

京城府仁寺洞二百四十六番地
基督敎北監理派傳道師
被告人 金昌俊

0204 0044

▲ 고등법원 판결문(1920.03.22. 이갑성 나이 34세로 기재)

『友邦의 好意가 必要』

독립은 독력으로 될 것임으로 일본에 청원을 하야 우방의 호의를 엇자

李甲成

▲ 재판정에서 판사, "피고도 항상 일한합병에 불만을 품고 조선 독립을 희망하였는가?", 이갑성, "그렇소. 이 일은 일시적 감정에 일어난 것이 아니라 근본적 독립사상에서 난 것이오."(「동아일보」, 1920.09.23.)

獨立宣言한 七氏假出獄

同志中在監者는 李寅煥等三人

三秋가튼 一分一刻

▲ 민족대표 권동진·김창준·오세창·이종일·최린·한용운·함태영은 가출옥으로 석방되었으나 오화영·이갑성·이인환(이승훈의 본명) 3인은 수형생활이 계속된다는 기사(「동아일보」, 1921.12.23)

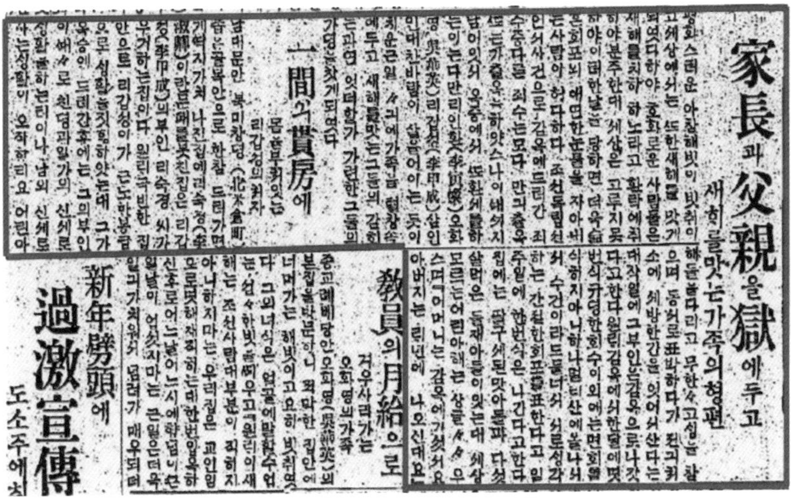
家長과 父親을 獄에 두고

새해를 맞는 가족의 형편

一間의 貰房에

敎員의 月給으로

新年劈頭에 過激宣傳

▲ 이갑성의 옥고 중, 가족의 생활 모습(「동아일보」. 1922.01.02)

"… 어린아이들을 데리고 무한한 고생을 참으며 동서로 표박하다가 전기 처소에 셋방 한 칸을 얻어서 산다는데 작일에 그 부인은 감옥으로 나갔다고 한다. 원래 감옥에서 한 달에 몇 번씩 규정한 횟수 이외에는 면회를 시키지 아니하니 멀리 산에 올라서서 수건이라도 둘러서 서로 생각하는 간절한 회포를 표한다고 일주일에 한 번씩은 나간다고 한다. 집에는 8, 9세 된 맏아들과 다섯 살 먹은 둘째 아들이 있는데, 세상모르는 아이는 생글생글 웃으며, "어머니는 감옥에 갔어요. 아버지는 내년에 나오신대요."

吳李兩氏의 出獄

特別列車時刻

▲ 오화영 이갑성 만기 출옥 기사(「동아일보」, 1922.05.06)

民大中央委員 平南巡廻日字

民大宣傳講演

極東少年軍大會에

됴렬호、김주호량씨출셕

少年雄辯盛況

强盜에게 死刑求刑

▲ 이갑성은 조선민립대학기성회 중앙부 집행위원으로 전국 각지를 돌면서 강연했는데, 평양 천도교회당에서 '민립대학선전강연회' 도중, 일본 경찰이 강연을 중지시킨 기사(「동아일보」, 1924.04.14)

▲ 물산장려운동 - 이갑성은 상하이로 가기 전에 민립대학설립운동과 함께 물산장려회 이사로서 이 운동에도 적극 참여하였다.

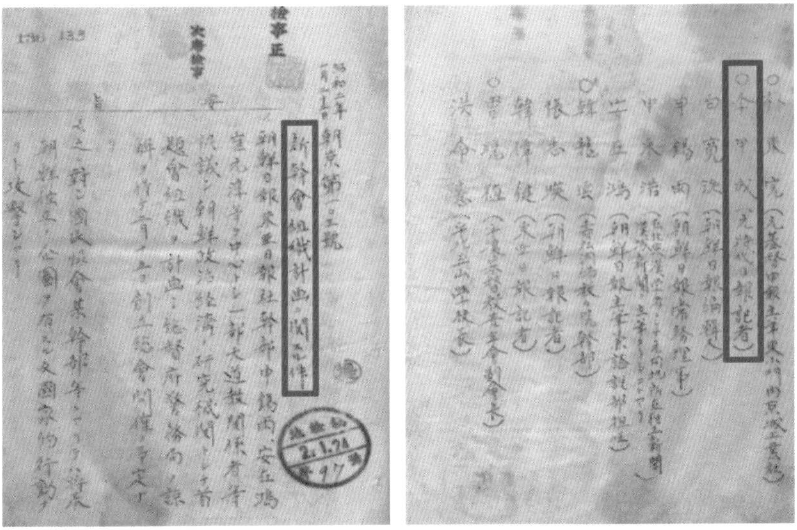

▲ 신간회 창립 관련 기밀문서(경성지방법원 검사국, 1927.01.22)　이갑성은 전 「시대일보」 기자 신분으로 발기인이 되었다. 발기인은 신석우, 안재홍, 김준연, 권동진, 박동완, 이갑성, 백관수, 신채호, 한용운, 장지영, 한위건, 조만식, 홍명희 등 27인이었다.

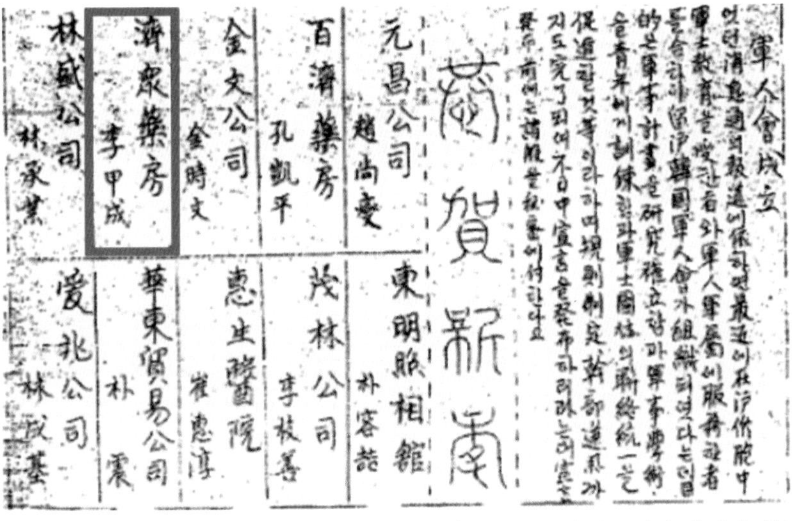

▲ 「上海韓聞」(한국독립당 기관지) 창간호(1932.01.04) '근하신년'란에 '濟衆藥房 李甲成'이 나타나 있다.

興業俱樂部事件

今三日 一部解禁

李承晩指令에依해

秘社組織코活動

西署에서畿湖中心으로檢擧

送局即時起訴猶豫

▲ '흥업구락부사건'에 대한 신문기사(「동아일보」, 1938.09.04.) - '이승만 지령에 의해 秘社組織하고 활동, 西署에서 畿湖중심으로 검거, 送局 즉시 기소유예, 40여 명 유력자 망라, 수천 원 자금조달 국내외에서 병행 활동한다.'라고 하였다.

1937년 중일전쟁을 도발한 일제는 흥업구락부에 대한 탄압에 착수하여 1938년 5월 22일 구자옥, 안재홍 등 흥업구락부 간부회원 60여 명 등 모두 100여 명을 검거하여 그중 구자옥 등 52명을 치안유지법 위반으로 기소했다. 이것이 이른바 흥업구락부사건이다.

흥업구락부 간사로 활동하던 이갑성은 이 일로 7개월의 옥고를 겪었다.(본문 참조)

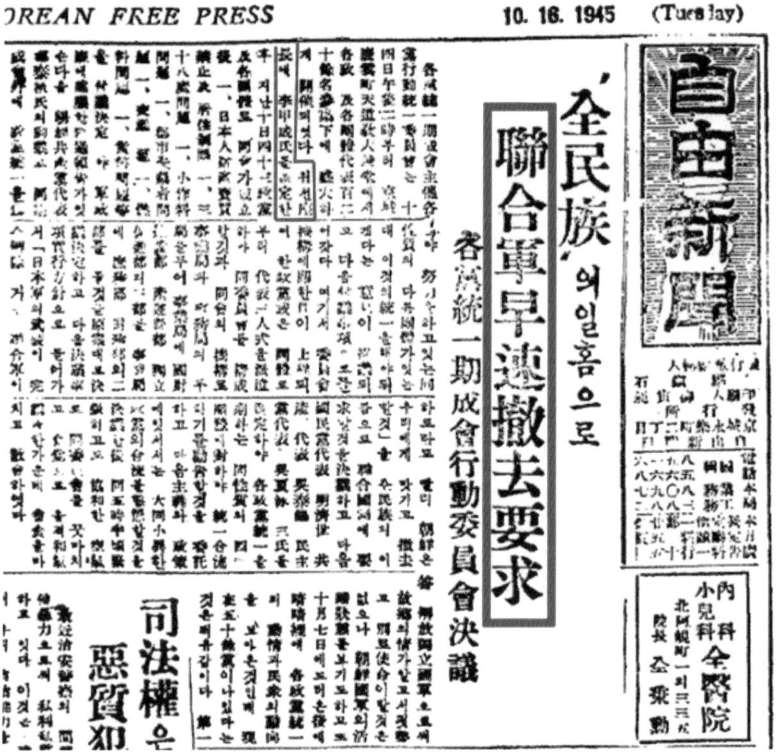

KOREAN FREE PRESS 10. 16. 1945 (Tuesday)

自由新聞

'全民族'의 이름으로

聯合軍早速撤去要求

各黨統一期成會行動委員會決議

司法權은

惡質犯

▲ 각당통일기성회행동위원회(좌장 이갑성 추대) - 전 민족 이름으로 연합군 조속 철거를 요구한 기사(「자유신문」, 1945.10.16)

李甲成氏最高得票

市補選立議最後選擧

새藥劑師

三名合格

▲ 이갑성, 서울시 보선(補選) 입법 의원에 최고 득표로 당선 (「동아일보」, 1947.02.25)

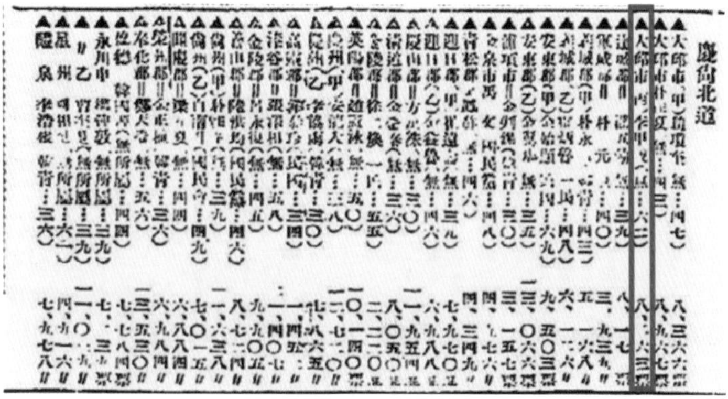

▲ 이갑성, 대구(병)에서 제2대 국회의원(무소속) 당선
(「자유신문」, 1950.06.02)

張澤相曹奉岩兩氏가
激戰裡副議長에當選

三千萬의重托
粉骨碎身할覺悟

▲ 이갑성, 제2대 국회부의장 선거에서 석패한 기사
(「자유신문」, 1950.06.20)

二代副統領에 金性洙氏

七八票로當選 次點李甲成氏73票

金副統領 今日來釜

議員들愼重한態度

十二時十分開票始作

劈頭부터激戰을展開

突然新政冊分休會要請

(第一次)

亦是六氏에票數分散

咸張兩氏票는어디로

(第二次)

아슬아슬한最後刹那

金氏當選에滿場拍手

(決定)

▲ 이갑성, 부통령 선거에서 석패한 기사(「동아일보」, 1951.05.17)

오늘三一節

天地를震撼한民族精氣

이얼빛내여自由民의磐石으로

殉國人士七、五〇九名

百三十餘萬名이動員됐음

先烈의뿌린피! 民主發展의礎石

三·一精神살려

南北統一로나가자

國會서慶祝式

韓國災民을救護

▲ 이갑성, 6·25동란 중에도 3·1운동 34주년 기념사에서 '3·1운동 당시 순국선열 7,509명(『독립운동지혈사』 내용)이 뿌린 피는 민주 발전의 초석이었다.'라고 한 기사(「동아일보」, 1953.03.01)

▲ 이갑성, 백낙주 선생 사회장 영결식에서 광복회장으로서 추도사

▲ 백낙주 선생 사회장 영결식, 운구를 준비하고 있는 이갑성 지사

諸位在獄中吟(제위재옥중음)

-이갑성

杖義猛起敵我無(장의맹기적아무)
莫作世間腐傭儒(막작세간부용유)
淸宵寂寂秋月夜(청소적적추월야)
身在獄中獨立夫(신재옥중독립부)

의리 잡고 용맹스럽게 일어남에 적과 내가 없으니
세간에 썩고 용렬한 선비 되지 말게나.
맑은 밤 고요하고 가을 달 밝은 밤에
몸은 옥중에 있지만 독립운동한 장부라네.

▲ 연당 이갑성 지사의 옥중시

▲ 연당 이갑성 지사의 묘(국립서울현충원 독립유공자묘역)

차례

서문

연당(硏堂) 이갑성(李甲成)은 1919년 2월 경성의 학생대표를 규합하고, 종교 지도자들과 연계하여 마침내 민족대표 33인의 이름으로 「선언서」를 내고, 경성뿐만 아니라 함남 함흥, 경북 대구, 경남 김해·마산, 전북 군산 등지에도 학생을 보내 「선언서」를 배부하여 3·1운동을 성공적으로 이끌었다.

연당은 그 후 붙잡혀 1922년 5월까지 3년여 옥고를 겪은 후 1924년 민립대학 설립을 위해 전국 각지로 다니면서 강연하다가 또 붙잡혀 2년(1928-1930), 신간회 간사로 활동하다 6개월(1931) 고초를 겪고 상하이(上海)로 망명하여 '제중약방(濟衆藥房)'을 경영하였다. 그러나 일제 관헌에 붙잡혀 1년(1937-1938), 흥업구락부 활동으로 7개월(1940), 상하이에서 독립운동한 여러 혐의로 11개월(1941), 8개월(1942), 4개월(1943), 3개월(1945) 등 오랜 기간 경찰서와 감옥(형무소 전신)·형무소에서 고초를 겪었다.

광복 후 연당은 초대 민의원과 2대 국회의원을 역임하고, '광복회(光復會)' 초대 회장을 거쳐 제2대 회장에 당선된 직후 난데없는 "친일밀정설"에 휩싸였다.

1967년 5월 11일자 「대한신문」 광고란에 "광복회 비상총회 회원 일동" 명의로 실린 「변절 및 민족 반역자 이갑성의 죄상 일부를 공개함」이란 성명서였다.

광복회는 「대한신문」을 통해 반박문을 싣는 등 공방이 법정으로까지 번져 광고를 내었던 조경한 등이 명예훼손죄로 벌금 50만 원을 선고받고 마무리되었다.

그런데, 1981년 연당이 작고한 직후 『자유』 3월호에 다시 이 내용들이 그럴싸하게 포장되어 다시 실림으로써 연당을 "친일 밀정설"에 빠지게 하였고, 이어 임종국은 1988년과 1990년에 '이갑성은 상하이에서 밀정했다는 설이 끈질기게 따라다니는 사람'이라고 하는 등, '설(說)'이 확대 재생산되자, 광복회와 학자들은 진실 규명을 위해 심혈을 기울였다.

그 결과 경성공업사는 일부에서 주장하듯 일본의 군수공장이 아니고, 미국인 모리스(J.H.Morris)가 사장으로 자동차와 그 부품을 제조판매하는 회사였고, 연당이 1922년 5월 5일 출옥한 후 1924년까지 조선총독부 경무국장 마루야마 쓰루키치(丸山鶴吉)의 촉탁으로 활동했다는 설은 국사편찬위원회 홈페이지에 탑재된 「조선총독부 직원록」의 '촉탁 관련자 명단'에 李甲成이 없어 진실이 아니었다.

연당이 상하이 프랑스 조계(租界) 샤페이루(霞飛路)에서 경영하던 '제중약방'은 「上海韓聞」(한국독립당 기관지) 창간호(1932.01.04) '근하신년'란에 '濟衆藥房 李甲成'이란 기사가 나와 있고, 김구·안창호 등 독립운동가들이 수시로 드나들고 머무는 곳이었음이 밝혀졌다.

광복회와 학자들의 노력으로 2006년 「민족대표 33인의 재조명 학술회의」와 2023년 「민족대표 研堂 李甲成 추모 학술회의」를 통하여 연당에게 들씌워진 "친일 밀정설"이 아무런 근거가 없는 한갓 낭설임을 입증한 것이었다.

이에 국립인천대학교 인천학연구원 독립운동사연구소는 연당 이갑성 선생의 행적을 철저히 규명하는 것은 한 사람의 명예뿐만 아니라 당시 민족대표 33인 전체의 명예에 영향을 끼친다고 판단하여 주요 논문 5편을 묶어 총서로 출판한다.

2024년(대한민국 106) 8월 15일

국립인천대학교 인천학연구원 독립운동사연구소장 이태룡

3·1독립운동, 33인의 민족대표, 그 역사적 위상

김창수*

차례

* 문학박사. 전 동국대학교 명예교수

I. 머리말

1919년 3월 1일, 우리 민족이 거족적, 전국적일 뿐만 아니라 민족이 살고 있던 곳이면 지역을 가리지 않고 봉기했던 3·1독립운동은 일제의 한국에 대한 식민지 지배에 저항한 항일민족운동이었다. 그뿐만 아니라 일제에 빼앗겼던 나라의 주권과 겨레의 독립을 되찾기 위한 비폭력에 의한 일대 시위운동을 통한 독립운동이었으며, 한편으로는 근대적 민주 공화주의에 의한 국민 주권국가를 수립하려는 계기를 마련해 준 최대의 민족운동이었다.

그러므로 일찍이 매켄지(F.A.Mckenzie)가 그의 저서 『한국의 자유를 위한 투쟁(독립투쟁)(Korea's Fight for Freedom)』에서 지적하고 있는 바와 같이 "전 세계를 놀라게 한 위대한 사실"이었고, 또한 이로부터 비롯되는 이후의 민족독립운동에 있어서 하나의 방향을 제시해 준 것이기도 하였다.

그리하여 3·1독립운동은 한국 근현대사 및 한국 민족운동사에서 하나의 분수령을 이루고 있으며, 이후의 독립운동을 보다 조직적으로 전개시키고, 또한 사회운동과도 연계시키는 계기를 마련하는 등 큰 영향을 던져 주었다.

이때까지 비폭력 운동으로서의 3·1독립운동에 대하여는 그 연구가 많이 축적되어 있었으나[1] 아직도 미심하게 남겨져 있는 분야와 또한

1) 3·1독립운동에 대한 본격적인 연구를 집대성한 것은 『3·1운동 50주년 기념논집』(동아일보사, 1969)이 그 효시라고 할 수 있는데, 이 논문집에는 76편에 달하는 내외 학자들의 3·1독립운동 관계 논문이 수록되어 있다. 당시까지의 3·1독립운동 연구의 학계 수준과 연구 방량에 대한 바탕을 마련해 준 것이라고 할 수 있다. 김창수, 「3·1운동연구사론」, 『개정증보한국민족운동사연

밝혀져 있지 않은 부분도 많이 있는 것 같다. 그중에서도 3·1독립운동으로 결집되어 간 과정, 즉 봉기의 직접적인 동기 및 경위에 대하여 구체적인 연구가 이루어져야 할 것 같다.

더욱이 최근에 와서는 역사학자가 아닌 이들이 무책임하게 확실한 사료 비판의 뒷받침 없이 풍문에 의한 역사 사실의 왜곡이 이루어지고 있는 등 역사 실증을 외면한 역사 해석이 유행병처럼 번지고 있다. 이러한 경향은 역사학을 위해서도 경계해야 하고 바람직하지 못함은 물론이다.

아래에서 필자는 3·1독립운동에 대한 몇 가지 문제에 대하여 살펴봄으로써 최근 이루어지고 있는 3·1독립운동 해석에 대한 잘못된 견해를 바로잡아 보고자 한다.

구』, 교문사, 1998, 399쪽. 그리고 3·1독립운동에 대한 연구사적 검토로는 천관우, 「3·1운동연구사론」, 『문학과 지성사』 통권35, 1978.

II. 3·1독립운동과 민족대표 33인의 역할

먼저 3·1독립운동의 성격을 밝히기 위해서는 3·1독립운동을 준비하고 지도한 민족대표 33인의 역할과 성격 등에 걸쳐 살펴볼 필요가 있을 것이다. 민족대표에 대하여는 최근에 와서 3·1독립운동에 있어 민족대표 33인을 이 운동의 성격 문제와 연결시켜 연구사적으로 검토하여 성공론과 실패론, 민족대표운동 방기론(放棄論), 비폭력노선, 민족자결주의의 기대 문제와 같은 내용을 다룬 논문[2)]이 발표되었다. 이 논문은 3·1독립운동에 대한 이때까지의 연구 동향을 정리한 것으로 3·1독립운동과 성격을 살피는 데 도움을 주고 있다.

따라서 먼저 3·1독립운동의 성격을 밝히기 위해서는 민족대표 33인의 폄하론(貶下論)에 대하여 검토해 볼 필요가 있다. 민족대표 33인에 대한 폄하된 평가는 대체로 학술논문이 아닌 신문지상에 발표된 것이 대부분이기 때문에 학문적 가치는 없다고 생각된다. 먼저 민족대표 33인이 독립선언서를 낭독한 장소에 대하여 살펴본다.

> 3·1절이 다가오면 기억나는 일이 있다. 민족지도자 33인이 파고다공원에서 독립선언문을 낭독했다고 분명히 학교에서 배웠는데, 나중에 알고 보니 그 장소는 음식점 태화관이었다. 그게 뭐 그리 대수냐 하겠지만 파고다공원과 태화관은 분명 큰 차이가 있고, 철석같이 믿었던 사실이 허위로 드러났을 때 받은 충격은 대단히 컸다.[3)]

---

2) 이정은, 「3·1운동 연구의 현황과 과제」, 『한국사론』 26, 국사편찬위원회, 1996. 이정은, 「3·1민족대표론」, 『한국민족운동사연구』 32, 한국민족운동사학회 2002

3) 박지향, 「민족주의몰락과 영토분쟁」, 「조선일보」 2004.02.19

위의 인용문에 따르면 독립선언서를 낭독한 장소가 학교에서 배운 탑골공원이 아니라 음식점인 태화관이었다는 점에 큰 충격을 받았다고 한다. 그러나 3·1독립운동의 준비 과정에서 독립운동은 비폭력으로 할 것을[4] 결정하였고 이에 따라 탑골공원에서 독립선언서를 낭독하면 학생을 비롯한 많은 군중이 일제 관헌의 탄압으로서 피해를 당할 것을 우려했기 때문이었다.

따라서 위 인용문에 학교에서 배운 것이 탑골공원이라 한 것은 학교에서 잘못 배운 것이며, 윗글의 필자도 독립운동의 성격이 비폭력 평화운동으로 출발하였다는 사실을 이해하지 못한 오류인 것이다.

최근에 와서는 역사가가 아닌 비전문자에 의하여 사실이 왜곡되는 경우를 종종 볼 수 있다. 곧, 역사가가 아닌 시인(時人)의 한 사람은 3·1독립운동 당시 33인 중 한 사람을 친일변절자로[5] 매도하거나 독립소원, 지조를 지킨 이는 극히 일부이며, 3·1독립운동은 거사가 아니라는 일부[6] 주장이 있다. 이러한 주장의 연장선상에서 3·1의거 당시 독립선언서에 든 사람 중 32인은 변절했다는 황당한 주장을 펴는 사람도 있다.[7]

이러한 주장은 확실한 근거는 물론 유의할 가치도 없다. 그러나 이러한 주장은 역사의 진실을 혼란스럽게 할 우려도 있다.

3·1독립운동에 있어서 33인의 민족대표 가운데는 대부분이 지조를 지켰으나 몇몇 사람은 지조를 꺾고 변절한 경우도 있었다. 박희도

---

4) 김진봉·이현희, 『3·1독립운동』 14쪽

5) 이승하, 「이해못할 친일파 이해론」, 「문화일보」 2004년 2월 7일에 "3·1운동 당시 민족대표 33인 중 한 사람인 이갑성은 총독부 촉탁으로 변절했음에도 건국훈장 대통령장을 받고 국립묘지 애국지사 묘역에 누워있다. 그가 초대 광복회장으로서 독립유공자를 심사했다는 것도 역사의 아이러니다. 사학자들은 독립유공자 중 최소한 20명 정도는 친일 흔적이 역력하다."라고 하였다.

6) 「동아일보」 2001년 8월 4일

7) 최훈영, 2006년 6월 16일, 광복회 홈페이지 게시판

(1875~1951), 최린(1878~6.25 때 납북), 정춘수(1875~1951) 등이 그들인데, 그중 3 · 1독립운동 준비 과정에서 중요한 역할을 한 최린이 광복 후 반민특위의 재판 과정에서 한 발언은 단순한 변명으로만 들리지 않는다. 그렇다고 그의 변절이 면해지는 것은 아니지만 민족적 비극임에는 틀림없다.

Ⅲ. 민족대표 33인의 의거 준비와 그 성격

3 · 1독립운동을 지도하여 의거를 준비하고 거족적으로 봉기하는 데 중요한 역할을 담당한 것은 33인의 민족대표였다. 그럼에도 불구하고 민족대표의 역사적 위상을 폄하하는 일부 주장이 주로 민중운동사의 일부 좌파학자들에 의하여 이루어지고 있다.

3 · 1독립운동에 있어서 천도교, 기독교, 불교계 대표로 구성된 33인의 민족대표의 역할에 대하여는 1960년대 이후 오늘날까지 긍정론과 부정론이 공존하면서 평행선을 긋고 있다.[8]그리고 긍정론에 있어서도 그 일부만을 인정하고 아울러 부정적인 측면도 인정하는 절충론[9]이 주장되기도 하였다.

이 가운데 긍정론에 더 비중을 둔 견해는 천관우의 논문[10]과 김진봉 · 이현희의 저서[11]에 나타나 있다. 그리고 일본 학계에서는 박경식의 경우 대체로 긍정론의 입장에 서 있으나[12] 야마베겐타로우 및 강덕상 등은[13] 부정론의 논지를 펴고 있다.

---

8) 김진봉·이현희, 앞의 책, 이정은의 앞의 논문

9) 박현서, 「3·1운동과 천도교계」 동아일보사, 앞의 책

10) 천관우는 앞의 논문 「3·1운동연구사론」에서 3·1운동에 대한 실증의 문제로 계급사관의 입장에 선 서술, 전기, 회고록 등에 보이는 자기중심의 사관에 대한 비판과 「3·1운동에 대한 해석의 문제」로서 3·1운동에 대한 폄하 반대론과 옹호론을 지적하고 있으며, 마지막으로 「3·1운동에 있어서의 민중」에서 지도체와 민중을 대립시켜 고찰하지는 않는다 하더라도 3·1운동의 중심적 행태를 양면으로부터 상호 보완하는 것이 그 운동의 성격을 더욱 분명하게 하는 방편이라고 하였다.

11) 김진봉·이현희·박경식, 앞의 책

12) 박경식, 「3·1운동 연구의 재문제」 – 민족주의자의 평가에 대하여, 『사상』 제556호, 1970

13) 야마베겐타로우, 「3·1운동에 대하여」(1), 『일본역사연구』 1969. 강덕상, 「3·1운동에 있어서 민족대표와 조선인민」, 『사상』 제537호, 1969 및 「일본의

일본학계에서는 특히 좌파에 속하는 학자들이 3 · 1독립운동의 실패론과 함께 민족대표의 자수, 투항론을 주장하며, 이의 영향으로 1980년대 우리 학계의 소수 소장 역사학자 그룹에 의하여 여과 없이 받아들여졌다.[14]

그리고 1990년대 후반에서 2000년대에 와서도 3 · 1독립운동에 있어서 33인 민족대표의 역할을 부정하고[15] 민족대표를 투항주의이며 대외 의존적 무저항주의로 보는 견해는[16] 어디서 근거한 것일까?

따라서 북한의 사서(史書)에 보이는 3 · 1독립운동 인식이 참고가 된다. 이에 따르면 3 · 1독립운동은 노동자, 농민, 그리고 학생이 중심이 된 인민 봉기임을 주장하며, 민족대표 33인을 독립운동의 배신자로 규정하면서 다음과 같이 쓰고 있다.

> "스스로 '민족대표'로 자처하여 나선 이들은 민족의 슬기와 존엄까지도 헌신짝처럼 줘어버리고 구역질나게 '독립'을 청원하면서 우리 인민들 속에 무저항주의와 비폭력을 음으로 양으로 집요하게 설교하였다. 그것은 그들이 작성한 「독립선언서」의 내용과 손병희가 1919년 1월 하순 천도교의 상층인물들에게 독립운동은 비폭력적으로 해야 한다고 요구한 데서 여실히 찾아볼 수 있다."

라고, 하여 33인의 민족대표들의 활동을 비폭력적인 독립청원 운동이라고 평가하고, 다시 이어서

조선지배와 3·1독립운동」, 1970, 1999년 동경 한국 YMCA 강당에서 개최된 심포지엄 발표 논문.

14) 한국역사연구회 역사문제연구소, 「3·1민족해방운동연구」

15) 북한 사회과학원 역사연구소, 『조선전사(朝鮮全史)』 15, 124쪽

16) 앞의 책, 126쪽

"이른바 '민족대표'로 자처하여 나선 부르주아 민족운동 상층분자들은 인민들에게 무저항주의를 설교하는 데만 그치지 않았다. 그들은 3월 1일 오후 2시 태화관에서 먹자판을 벌려놓은 다음, 「독립선언서」조차 낭독하지 않고, 불교대표 한용운의 짤막한 '연설'에 뒤이어 조선총독부 경무총감부에 스스로 전화를 걸고, 일제의 품속으로 기어들고 말았다. 이것은 그들이 그때까지 뒤집어썼던 가면마저 다 벗어 던지고 민족의 원수들에게 투항하여 버렸다는 것을 그대로 보여준 것이었다. 이러한 노골적인 배신행위는 이른바 '민족대표'들 자신의 계급적 및 정치 사상적 입장의 반영으로서 그들에게 있어서 그것은 필연적인 귀결이었다. 이처럼 부르주아적 민족운동 상층분자들은 '독립' 청원에 매달리면서 인민들에게 투항주의를 설교하고, 그들의 혁명적 진출을 가로막고 나섰다."

위에서 보는 바와 같이 민족대표들은 무저항주의적 배신행위의 굴욕적인 행동을 하였다고 하여 이는 투항주의적이며, 부르주아 민족운동이 지니는 한계점으로 지적하고 있다. 그러나 이러한 주장은 3·1독립운동을 인민봉기로 규정하기 위한 궁핍한 논리로 어느 혁명이건 역사적 사건이건 간에 지도자 없는 운동이 있을 수 있겠는가? 3·1독립운동에 있어 이를 준비, 지도하고 거족적, 전국적인 운동으로 이끌고 나간 것은 33인의 지도자가 있었기 때문이었음은 말할 나위 없을 것이다.

요컨대, 북한에서의 3·1운동 민족대표에 대한 폄하된 평가는 역사적 사실을 정면으로 부정하는 것에 지나지 않는다. 결국 3·1독립운동 민족대표에 대한 부정적 평가는 최근에도 3·1독립운동이 민족대표 33인의 거사가 아니라는 주장이 있었지만 이것 또한 북한의 역사 인식과 궤를 같이한다고 할 수 있다.

따라서 3·1독립운동에 있어서 민족대표의 역할에 대하여는 당시의 역사적 조건을 고려할 때 높이 평가해야 할 것이다.

Ⅳ. 맺음말

3 · 1독립운동에서 운동의 지향은 어디까지나 비폭력에 의한 자유와 평화 정신을 발휘하는 데 있었다. 그러므로 폭력에 의한 독립의 쟁취가 아니라 비폭력 운동에 의하여 민족의 정의로운 자유의사를 광명정대하게 밝히는 데 있었다.[17] 이러한 비폭력주의를 소극적 자세라고 비판하는 일부 견해도 있지만 이는 옳지 못하다.

그리고 일제는 식민지하 한국에서의 평화적인 만세시위운동을 무력으로 진압하려고 하였다. 이러한 일제의 무력 탄압에 특히 지방에서 저항한 것을 폭동으로 규정한 일제는 군대까지 동원하여 무력으로 탄압한 것이다.[18] 3 · 1독립운동에 있어서 폭력은 일제에 의하여 먼저 저질러졌으며, 피를 본 민중, 특히 농민들이 이에 항거한 것이다.

따라서 3 · 1운동에 있어서 폭력과 비폭력은 일제의 폭력, 즉 무차별 충격에 대한 한국인의 유혈이 그 진상이며, 그 대표적인 예로서 경기도 화성의 제암리교회의 학살 사건을 들 수 있다.[19]

한편 조선총독부 고등법원 판결을 통해 보면, 3 · 1독립운동을 내란죄, 소요죄에 해당시켜 대중의 폭행 협박이 존재하였다고 하였다는 것이다.[20] 그러나 이러한 판결은 성립되지 않으며, 3 · 1만세시위는 어디까지나 조선독립만세를 절규한 것이 비폭력운동이었다는 것이며, 3 · 1만세시위는 어디까지나 비폭력 운동이었다.

17) 기미독립선언서 본문 및 공약삼장
18) 박성수, 「3·1독립운동에 있어서의 폭력과 비폭력」, 『3·1운동 50주년 기념논집』 및 「국제학술심포지엄」, 동아일보사, 1998.02.26.~27, 프레스센터
19) 한국기독교역사연구회 편저, 『3·1독립운동의 제암리 교회사건』
20) 세천기승, 「3·1독립운동과 비폭력」, 앞의 국제심포지엄 논문

끝으로 3·1독립운동에 관한 최근의 연구 동향은 그 축적된 연구 성과에도 불구하고 아직도 많은 과제가 남겨져 있다.

특히 최근에는 민중사관이라는 편향된 시각에서 역사의 실증적, 실사구시의 역사 연구를 외면하고, 이데올로기에 함몰되어 해석하려는 경향이 없지 않다. 그뿐만 아니라 역사 연구의 기본인 사료 비판도 외면한 채 풍문을 사실인 양 역사 서술에 원용하고 있다.

이러한 경향을 극복하기 위한 몇 가지 과제를 살펴보았으나, 아직도 3·1독립운동에 대한 해결해야 할 과제가 많이 남겨져 있음을 지적해 두고자 한다.

이갑성의 항일독립운동과 문화투쟁

유준기*

차례

* 문학박사. 전 총신대학교 명예교수

I. 머리말

박은식은 『韓國獨立運動之血史』 서문에 "기미년 3월 1일 태극기가 하늘에 걸려 일월과 더불어 광휘를 다투고 독립만세소리는 천지를 진동시켰다. 남녀노유가 흘린 피, 길에 가득하였으나 용기는 더욱 떨치고 기세는 장렬했다."[1]라고, 3 · 1독립운동의 현장을 이렇게 서술하고 사상자가 수만 명을 넘었으나 의로운 피는 조금도 그칠 줄 모른다고 감격했다. 그뿐만 아니라 그는 3 · 1독립운동의 민족사적 의의를 거족적인 민족혁명으로 규정하면서 3 · 1운동 이전 30년간을 3 · 1독립운동의 전사를 구성하여 갑신정변에서 화이관(華夷觀)을 극복하고, 동학농민혁명운동에서 평민혁명의 의미를 부여하였다. 그리고 그는 독립협회의 민권운동과 의병정신이 융합하여 우리의 내재적 독립운동의 축적에 의해서 3 · 1독립운동이 일어날 수밖에 없었던 필연성을 강조하였다.

특히 3 · 1독립운동을 혁명으로 규정한 이유는 민족의 독립과 자유를 위해 일제에 항쟁한 것 그 자체가 혁명이며, 3 · 1독립운동의 산물로서 대한민국임시정부를 세워 앞으로 광복을 성취하는 것을 혁명의 완성으로 보았던 것이다.

박은식이 지적한 대로 3 · 1독립운동은 1919년에 거족적으로 일어난 자주 독립운동으로 국내외에서 전개된 항일투쟁의 정신적 지주가 되었다. 이러한 이유에서 3 · 1독립운동은 중요한 연구 대상이 되고 있으

1) 박은식, 「서언」, 『한국독립운동지혈사』, 1920, 2쪽. "己未年三月一日我太極國旗突然擧空輿日月箏輝獨立萬歲之聲振動天地我男女老幼之流血載塗而勇益奮氣益壯"

며, 3 · 1독립운동의 발생 배경이나 전개과정 및 참여 계층의 특징과 성격에 대한 광범위한 연구가 이루어지고 있다.2)

그리고 이러한 연구들을 종합해 보면, 기독교인들에 의한 국민계몽 운동과 기독교계 학교의 민족교육이 국권을 회복하려는 민족의식 형성에 촉매 역할을 하였을 뿐만 아니라, 이를 대중화시키는 중심 세력이 되었다. 이러한 민족의식의 대중화는 일제의 무단 정치 기간에도 꾸준히 이어져 3 · 1독립운동의 동인이 된 것이었다.

그러므로 일제의 한국 강점을 이해하는 데 있어 정치·경제적 침략에 못지않게 종교 침투를 중심으로 하는 문화 · 정신 침략도 간과할 수 없다. 그럼에도 불구하고 일제의 종교 침략과 기독교의 대응에 대한 연구는 부진을 면치 못하는 실정이다.

필자는 3 · 1독립운동과 기독교계 민족대표의 활동3)에 주목하여 3 · 1독립운동에 있어서의 기독교계 민족대표의 역할과 위상을 개괄적으로 살펴보고 기독교계 민족대표 중 학생층을 3 · 1운동에 참여시키는 데 주도적인 역할을 한 이갑성에 대해 그의 생애와 항일독립운동을

2) 3·1독립운동의 문헌자료 및 연구사를 다룬 것으로는 다음과 같은 글이 참고가 된다.
이병헌, 『3·1운동비사』, 시사시보출판국, 1959. 동아일보사 편, 『3·1운동50주년기념논문집』, 1969. 윤병석, 『3·1운동사』, 정음사, 1975. 안병직, 『3·1운동』, 한국일보사, 1975, 정광현, 『3·1운동사-판례를 통해서 본-』, 법문사, 1978, 천관우, 「3·1운동연구사론」, 『문학과 지성』, 35호, 1978 봄, 이현희, 『3·1운동사론』, 동방도서, 1979, 金昌洙, 『3·1운동연구사론』, 『동국사론』, 14. 1980. 김진봉, 『3·1운동』, 민족문화협회, 1980. 김진봉, 『3·1운동사연구』, 국학자료원, 2002. 한국연사연구회·역사문제연구소 편, 『3·1민족해방운동연구』, 청년사, 1989. 역사문제연구소, 「쟁점과 과제: 민족해방운동사」, 역사비평사, 1990. 신용하, 「3·1운동연구의 현단계와 과제」, 『한국민족운동사』, 12, 국사편찬위원회, 1993. 이정은, 「3·1운동」, 『한국사』 47, 국사편찬위원회, 2001. 이정은, 「3·1운동 민족대표론」, 『한국민족운동사연구』32, 2002. 笹川紀勝·金勝一 編, 『3·1獨立運動判決精選』, 도서출판 고구려, 1999
3) 유준기, 「3·1독립운동과 기독교계 민족대표의 활동」, 『총신대논총』 23, 2003.12

중심으로 정리하면서 그의 '친일 관련설'을 밝혀 보고자 한다.

광복 61년을 바라보는 현시점에서 아직까지도 친일파 문제 등 식민지 시대의 유물을 청산하지 못한 점은 부끄러운 일이며, 친일파 청산은 민족사적 정통성과 직결되기 때문에 시급히 해결해야 할 과제이다. 다만 애국지사들의 친일 행적을 논할 때는 객관적이며 확실한 자료의 뒷받침이 있어야 한다. 그렇지 못할 때 국가를 위해 헌신한 애국지사들의 명예를 더럽히기 때문에 이점은 간과할 수 없는 중요한 문제이다.

따라서 필자도 이러한 점에 유의하여 이갑성의 1930년대 이후 광복 때까지 행적에 관하여 주목하고, 그의 생애와 항일독립운동과 '친일 관련설'[4] 대하여 소략하게 검토한 바가 있다. 그러나 당시에는 자료적 한계로 인하여 심도 있게 논증하지는 못하였다. 이에 필자는 관련 자료를 수집하기 위하여 일본 국회도서관과 미쓰비시(三菱) 사료관, 국사편찬위원회 등을 직접 방문하여 자료를 수집하였다. 그리고 이 글의 논지를 전개하기 위해 『미쓰비시상사사사(三菱商事社史)』, 국사편찬위원회 홈페이지 『조선총독부 직원록』, 일본 국회도서관 소장 마이크로필름 『齊藤實文書』와 당시에 발간된 신문 · 잡지 · 일제통치 사료, 그리고 일제 비밀문서 등을 적극적으로 활용하여 이 글을 재구성하였음을 밝힌다.

4) 유준기, 「3·1독립운동과 기독교계 민족대표의 활동-이필주·이승훈·이갑성을 중심으로-」, 『3·1독립운동 85주년 기념 '민족대표 33인의 재조명' 학술회의』, 2004,03,30. 서울 프레스센터 19층.

Ⅱ. 이갑성의 생애와 3·1독립운동에서의 활동

1. 생애

이갑성의 생애는 크게 4시기로 구분할 수 있는데, 첫 번째 시기는 1889[5]~1918년까지로 그의 유년·학창기에 해당한다. 그는 1889년 10월 23일 경상북도 대구부 수정(壽町) 72번지에서 양반 가문인 경주 이씨 이기덕의 장남으로 출생했다. 그는 향리에서 7세부터 가학으로 한학을 공부하였고, 1900년(12세)에 상경하여 선교사를 통해 기독교를 접하게 되었다. 경신학교(1910년), 사립 세브란스 의학교 약학과(1914년), 사립세브란스 연합의학전문학교(1918년 3년 수료) 등에서 수학하였고, 1915년 세브란스병원 제약주임으로 근무하였다. 이 시기 이갑성은 안창호·김규식·정재용·김원벽 등 많은 애국지사를 배출한 경신학교와 세브란스의전에서 수학하고 근무하는 동안 기독교 신앙과 확고한 민족의식을 갖게 되었다.

두 번째 시기는 국내 항일 민족운동기(1919~31년)였다. 이때를 다시 구분하면 3·1운동과 피체투옥기(1919~22), 민립대학건설운동(1923~27)과 물산장려운동(1924), 그리고 신간회운동(1927~31) 등 실력 양성 운동기로 나눠볼 수 있다. 그 후 1923년 세브란스제약회사 지배인으로, 1924년 세브란스약학전문학교 약물학 강사, 1924년 8월 경성공업사 서무주임으로[6] 있었으며, 1925년 조선중앙기독교청년회

5) 자필 이력서와 호적등본에는 1889년 10월 23일로 되어 있는데, 안상균의 저서에는 1886년으로 되어 있음.

6) 『동아일보』, 1925년 10월 5일자 2면, 「기미독립운동가 조선의 48인 최근 소

(YMCA) 이사, 1926년 흥업구락부 간사 등 사회활동이 왕성했다. 이 시기 이갑성은 독립운동가, 문화운동가로서 교육진흥운동과 항일독립운동 세력의 통일을 위해 노력하였다.

세 번째 시기는 신간회 사건으로 중국으로 망명했던 시기(1931~37)와 상해에서 국내로 압송된 후 광복까지의 시기(1937~45)이다. 그는 1937년 국내로 압송되면서 3년형을 선고받고 1년을 복역하였으며, 가출옥한 후 1938년에는 흥업구락부사건이 탄로되어 7개월 투옥, 1941년 대구 경북경찰국에 11개월 투옥, 1942년 해주·평양·원산경찰서에서 각 3개월간 피체되었고, 1943년 함흥경찰서에서 4개월, 그리고 1945년 경기도 경찰국 외사과에서 2개월간 피체되는 등 일경의 집요한 감시 아래 고난의 나날을 보냈다고 하겠다.

그리고 마지막 네 번째 시기는 해방 이후부터 1981년 서거할 때까지의 시기이다. 그는 해방 직후 1948년까지 독립촉성회 회장과 입법위원으로, 1950년에는 국회의원으로 활약하였고, 1962년 건국공로훈장

식의 片片」, "이갑성 선생, 이갑성씨는 출옥 후에 다시 세브란스 병원에서 사무를 보시다가 재작년 가을에 조선련하의 ○를 한 곳에 집중하여 민립대학 사무를 ○시고 각 지방으로 순회하시다가 그 일도 일반이 다 아는 바와 같이 뜻같이 되지 않아 작년 팔월부터 경성공업사 서무주임으로서 계시게 되어 매일매일 마치소리로 벗을 삼으신답니다. 그런데 출옥하신 후 따님을 두 분이나 보셔서 매우 단락한 가정을 이루시고 계시답니다." 한편, 국사편찬위원회 한국사데이타베이스 자료에도 京城工業社에 관한 기록이 보이고 있는데, 이 회사는 자동차 및 자동차부속품 제조판매, 난방장치 및 위생공사 및 그에 필요한 기구재료 등을 판매하는 주식회사로 주로 외국인이 경영했던 주식회사인 것으로 나타나고 있다, 주소지는 경성부 숭2동 41번지였다. 다만 설립일이 1925년 3월 1일로 나타나 위의 신문기록과는 차이를 보이고 있는데, 총독부로부터 설립허가를 받은 날과 경성공업사가 영업을 시작한 시기가 차이가 있을 수 있다는 점을 감안하여 생각한다면 이갑성이 이 회사에서 근무했을 가능성이 있었을 것으로 생각되기도 한다. 김행식, 「민족대표33인과 독립운동의 각계 주역들의 약전 15, 연당 이갑성 선생 편」, 『한민족의 항쟁』 129쪽에는 1931년으로, 1952년 국회 제출 이력서에는 1930년으로 되어있다. 따라서 그가 경성공업사에 창업 멤버로 24년을 근무했다가 다시 1930년에 잠시 재취업한 것으로 유추된다.

대통령장을 받았으며, 1965년 초대 광복회장으로 피선되어 광복회를 국가유공자 단체로 육성하는 데 기여하였다.

2. 3 · 1독립운동에서의 활동

민족대표 33인 가운데 최연소로 활약한 이갑성은 3 · 1운동에 있어서 대내적으로는 학생조직을 활성화시키고[7] 대외적으로는 尹山溫(G.S. McCune) 등 외국 선교사를 위시해서 외국인과의 연락 책임을 수행하는 중요한 책임을 맡았다. 그는 박희도와 함께 이 문제를 鄭春洙 · 董錫璣(제암리교회) 목사 등과 논의한 결과, YMCA 청년부 회원을 중심으로 학생조직을 확장해 나가는 것이 좋다는 의견을 듣고 학생조직에 착수하였다. 박희도는 경성의학전문학교 2학년에 재학 중인 韓偉健을 설득하였고, 이갑성은 경신학교 후배이며 연희전문학교 학생인 金元璧을 만나 시내 각 전문학교의 졸업생과 재학생 중에서 대표적인 인물을 모으기로 논의하였다. 1월 26일경 박희도의 이름으로 보성전문학교 졸업생인 朱翼, 연희전문학교 학생인 尹和鼎, 보성전문의 康基德, 연전의 金元璧, 경성전수학교의 尹滋英, 세브란스의학전문학교의 李容卨, 경성공업전문학교의 宋鍾宇, 경성의전의 金炯璣 등 8명을 관수동 대관원으로 초대하여 YMCA에 가입할 것을 권고했다. 그리고 독립운동에 대한 각자 의견을 토로하였다.

이때 주익은 세계 정세를 말하면서 앞으로 민족자결주의가 팽배해져 우리나라의 독립이 이루어지리라는 것을 강하게 피력하였는데 박희도도 이에 동의하였다. 그리하여 학생들이 독립운동을 전개할 것을

7) 서울 지역 기독교계의 동향에 대해서는 김양선, 「3·1운동과 기독교계」, 『3·1운동 50주년기념논문집』, 동아일보사, 1969에 구체적으로 정리되어 있다.

강력히 주장하자 김원벽은 신중을 기하자는 의견을 제시하였다. 김원벽은 대관원에 모였던 학생대표들을 자기 집으로 초대하여 독립운동에 관한 토론을 개진하였다. 당시 학생 사이에 큰 영향력을 가진 김원벽이 찬성하지 않을 때는 학생독립운동에 지장이 클 수밖에 없었다. 김원벽은 처음에 약간 회의적이었지만,[8] 당시 평북 선천 신성학교 교장이던 윤산온(G.S.McCune) 박사를 YMCA 사무실에서 만나 독립운동에 타당성을 듣고 독립운동에 투신할 것을 결심하였다. 박희도를 중심으로 하는 학생 세력은 독자적으로 2월 20일을 전후하여 독립선언을 하기로 결정하였다.

그런데 거의 같은 세력을 거느리고 있던 남대문교회와 세브란스의전 학생을 중심으로 하는 이갑성계 학생들도 2월 12일과 14일 음악회를 빙자한 모임에서 학생만의 거사를 계획하고, 전문학교 학생들이 주동이 되어 독립운동을 전개할 것과 선언서는 주익이 기초하기로 합의하였다. 그러나 이때 박희도가 천도교와 기독교 측이 독립운동에 연합운동을 할 가능성이 있음을 말하면서 학생만의 독자적인 행동을 자제할 것을 요청했다. 이에 2월 20일 각 전문학교 대표들은 제1회 학생간부회의를 승동교회에서 개최하였다.[9] 특히 이갑성은 李商在・尹致昊・咸台永・孫貞道 등 기독교계의 유력 인사들을 만나 독립운동에 관한 문제를 논의한 결과 반대하는 사람은 없었고, 손정도 목사의 경우는 적극적인 지지를 표명하기도 하였다.

다음으로 기독교 민족대표의 3・1운동 참여 과정에 이갑성은 천도교계와 제휴하는 과정에서 적극성을 띠고 중심 역할을 하였음을 알 수 있다. 즉, 1919년 1월 28일경 崔麟으로부터 기독교계가 독립운동을 시

8) 박한설, 「3·1운동 주체 형성에 관한 고찰」, 『3·1운동 50주년기념논문집』, 동아일보사, 1969. 198쪽
9) 승동교회, 『승동교회백년사(1893-1993)』, 1996, 141~142쪽

작하였다는 보고를 들은 손병희는 기독교계 내에서 신망이 두터운 이승훈과 연락을 취하여 양측의 제휴를 추진하기 시작하였다.[10] 천도교로부터 양 교단의 제휴를 위한 구체적인 요청을 받은 이승훈은 여러 경로를 통해 평소 아끼던 이갑성과 상의하고 이어서 金秉祚·李明龍·양전백·유여대·길선주·손정도 등과 이 문제에 대해 구체적으로 상의하였다. 그 후 이승훈은 서울로 상경하여 2월 20일부터 22일까지 3차례에 걸친 논의를 거친 후 천도교와의 제휴를 최종결정한 것으로 보인다.

제1차 회의는 2월 20일 協成學校 사무실에 개최되었는데, 이승훈·박희도·정춘수·오화영·신홍식·오기선 등이 참석한 이 회의에서는 독립운동을 일으킬 것과 일제에 독립을 요구할 것에 대해 의견의 일치를 보았다. 또한, 독립을 청원하느냐 선언하느냐의 문제에 대해서는 오화영 목사의 제안대로[11] 기독교 측의 주요 인물들이 연서한 독립청원서를 일본 정부에 보내기로 하였으며, 동지들의 규합을 위해 오화영은 개성과 춘천지구에서 정춘수는 원산지구에서 나머지 사람들은 서울에서 동지를 모집하기로 하였다. 그러나 천도교와의 합작 문제에 대해서는 반대의 의견이 있었다. 박희도는 양측의 제휴가 교리상 부합되지 않으며, 양교 간에 아무런 교류가 없었기 때문에 행동 통일이 원활하지 않을 것이라고 주장하였으며, 정춘수는 천도교 측이 위험할지 모른다는 이유를 들어 반대하였다.

제2차 회의는 2월 21일 이갑성의 집에서 개최되었는데, 함태영·이승훈·安世桓·金世煥·金弼秀·吳祥根 등 장로교 측 인사와 박희도·오화영·신홍식·오기선 등 감리교 측의 인사가 모였다. 청원서의 草案을 작성하는 문제가 논의되었으며,[12] 독립운동의 형태가 종파

---

10) 대정 9년 11월 8일, 「송진우 조서」
11) 대정 8년 11월 12일, 「오화영 조서」

를 초월한 거족적인 운동이 되어야 한다는 함태영·안세환 등의 의견이 주효하여 천도교와의 제휴에 관한 논의에 상당한 진척이 있었던 것으로 보인다. 이밖에 이 회의에서는 국제정세와 강화회의에 대한 정확한 정보를 파악하기 위하여 玄楯을 상해에 파견하기로 결정하였으며,[13] 지방의 동지 규합을 위해 이갑성·김세환·신홍식·이승훈을 지방순회위원에 추가로 임명함으로써 기독교 측 활동 영역의 확장에 박차를 가하기 시작하였다.

제3차 회의는 2월 22일에 개최되었는데, 이승훈과 함태영이 천도교 측과의 교섭 내용 전말을 보고하였으며, 양 교단의 제휴에 대한 가부를 결정한 회의였던 것으로 파악되고 있다. 그리고 이상 3차의 회의를 통해 논의된 양측의 제휴는 2월 24일 최종적으로 손병희에게 전달되었으며, 이후 이승훈·함태영과 만난 최린은 3·1운동의 진행 절차와 양측의 역할을 분장하였다. 「선언서」와 「청원서」의 작성과 인쇄에 관한 일을 천도교 측에서 담당하였으며, 미국 대통령 및 강화회의 참전국 대표들에게 청원서를 전달하는 일은 기독교 측에서, 일본정부에 제출하는 것은 천도교 측에 맡았다. 그리고 대표를 일본에 파견하여 일본정부와 직접 담판하는 일과 「선언서」의 배포와 3월 1일에 학생과 시민을 동원하는 일을 기독교 측에서 맡기로 하였다.[14] 그리고 2월 27일에는 이필주의 집에서 이인환·박희도·오화영·최성모·함태영·

---

12) 대정 8년 11월 15일, 「오화영 조서」. 1차 회의 때는 박희도·오화영이 청원서 초안의 작성을 담당하기로 했으며, 2차 회의에서는 함태영과 이승훈이 담당하기로 했던 것으로 보인다.

13) MY AUTOBIOGRAPHY, The Reverend Soon Hyun, Yonsei University Press, 2003, p.291

14) 상해로 파견되는 현순에게는 기독교측이 천도교로부터 빌리기로 한 5,000원의 자금 중 일부가 여비로 지급되었으며, 이 경비는 양측이 공동으로 부담하기로 하였다고 한다. 최린과 함태영은 각각 양측 교단의 대표가 되어 모든 일을 협의 진행하기로 하였다.

김창준·신석우·박동완 등이 모여 함태영이 최린으로부터 가져온 최남선이 기초한 「선언서」 초안을 회람하였다. 여기서 참석자들은 「선언서」의 취지에 찬동하고 기독교의 민족대표로 최종적으로 서명·날인하였다.[15)]

이와 함께 이갑성은 3·1운동의 성공을 위해 지방 조직 확산에도 적극 가담하고 있는데, 1919년 2월 24일 대구에서 남산정 교회 李萬集 목사를 대구에 대표자로 서명할 것을 권유하였는데[16)] 이만집 목사는 성취 여부를 의심하여 서명하지 않았다. 그 후 이만집 목사는 이갑성이 보낸 '독립선언서'를 받고 대구에서 김태련·김영서 등 동지들을 규합해 3월 8일 독립만세 운동을 전개한 것이었다.[17)]

---

15) 국가보훈처, 『독립유공자공훈록』 2, 1986, 389~390쪽

16) 경상북도 경찰부, 『고등경찰요사』, 1934(소화 9), 23쪽

17) 김남식, 「복심법원판결문 대정 8년 형사본 329호 판결」, 『이만집 목사 생애와 사상』 새순출판사 1987, 244쪽. 피고 이만집은 대정 8년 2월 24일, 25일경 경성 세브란스 병원의 사무원 이갑성에게서 프랑스 파리에서의 평화회의에서 재외 조선인이 조선독립의 청원을 함에 있어서 조선 내 각지에서 독립의 희망을 표시하는 시위운동을 하고 이를 응원하는 계획이 경성에서는 이미 착수하였으므로 대구에서도 동 시위운동에 동의하고 또 정부에 대하여 각기 대표자의 연서를 가지고 독립의 청원을 시도함에 있어서 동 피고는 대구의 대표자로서 서명하라는 교섭을 받았으나 동 피고는 대구의 대표자로서 서명하라는 교섭을 받았으나 동 피고는 당시 일의 성패를 의심하여 이의 가부를 결정함을 물어 동년 3월 2일경 이갑성이 손병희 외 대표 명의인 조선의 분기를 촉구하는 취지의 격렬한 문구를 인쇄한 선언서를 동 피고에게 송부하고 동 피고는 이것을 입수함과 동시에 도연월 1월 이후, 경성, 평양 방면에는 이미 조선독립 만세를 부르는 시위운동이 거행되었다는 보도에 접하였으므로 드디어... 이만집은 시장정에서 권유에 응하여 집합한 군중에 대하여 격려하며 지금이야말로 조선이 독립할 시기로서 각인은 독립의 희망을 품고, 스스로 이것을 이룰 것을 바라며, 힘차게 대한 독립만세를 고창하라는 취지의 연설을 하고, 동 피고 스스로 "대한독립만세"라고 높이 부르며 군중으로 하여금 합창하도록 하고, 그 전후 그 장소에서 피고의 지휘하에 피고 김태련 등에게 이에 따르도록 전기의 새로 인쇄한 선언서를 단상에서 군중 가운데 살포하여 조선인 군중 수백 명의 찬성을 얻고, 피고 이만집, 김태련, 김영서, 최경학, 박재원, 이태학은 이들이 선두가 되어 "대한독립만세"라고 대소의 기를 앞세우고 동소를 출발하여 모두 함께 "대한독립만세!"라고 고창하면서 혹은 구한국 태극기에 박은 기 또는

따라서 이상의 내용을 통해서 보면 당시 민족대표 중 30세의 가장 어린 나이로 참가했던 이갑성은 학생 조직과 연합, 독립선언서 배부, 외국 선교사 및 외국인과의 접촉 지원, 이를 통한 해외 연락 업무, 대구 등 지방 조직 강화 등의 업무를 맡아 3·1독립운동을 성공으로 이끄는 데 중요한 역할을 하였다.

그뿐만 아니라 그는 재판 과정에서도 의연한 자세로 독립운동에 대한 의지를 굽히지 않았고, 또 감옥 안에서도 동지들과 3·1운동의 계속적인 항쟁을 주도하였으며, 이로 인하여 다른 민족대표들이 가출옥한 후 뒤늦게 1922년 5월에 출옥하였다.

요컨대, 이갑성의 활동은 3·1운동의 준비 단계에서 중요한 촉매제 역할을 하고, 나아가 3·1운동이 거족적인 민족운동으로 발전하는 데 크게 기여하였음을 알 수 있다.

이에 "조선독립", "대한독립" 또는 "대한독립만세"라고 쓴 기를 흔들며 본정, 경정을 거쳐 동성정에 이르기까지 행진을 계속하여 시위운동을 하고....

Ⅲ. 3·1독립운동 이후의 문화 투쟁

1. 민립대학건립운동과 물산장려운동

3·1운동에서 적극적인 활동을 전개했던 이갑성은 이후 국내의 민족운동계에 이름이 널리 알려지기 시작했던 것으로 보이는데, 우선 1922년 7월에 발간된 『開闢』 25호에서는 이갑성의 출옥에 대해, "독립선언의 33인 중 1人인 오화영·이갑성 양씨는 以來 경성감옥에서 철창생활하다가 5월로써 만기 출옥하다."라고 보도함으로써 3·1운동에서 민족대표로 활동했던 이갑성에 대한 세간의 관심을 반영하고 있었다.[18)]

그뿐만 아니라 이갑성은 출옥 직후 고향인 대구에서 유력한 기독교인들이 개최한 '환영만찬회'에서 그의 노고를 위로해 주기도 하였다.

李氏 歡迎晩餐會
大邱府 南城町 야소교회 내 유력자 50여 명은 鄭光淳씨 家에 모여서 이갑성씨 환영만찬회를 거 1일 하오 6시에 개최하고, 金兌鍊 長老의 개회사와 이갑성씨의 답사가 유하였으며, 順道여학교 교사 方達順 女史 외 2인의 환영가가 有하고, 李萬集 牧師의 축도가 終하자 식탁에 就하였다가 혹은 獨唱과 혹은 朝鮮歌曲으로 趣味진진하게 主客間에 2시간을 歡樂한 후 撮影까지 하고, 동 8시 20분경 폐회(대구)[19)]

18) 一記者, 「朝鮮日誌(5月−56月)」, 『開闢』제25호, 1922.07
19) 「동아일보」 1922.09.07

위의 내용에서 보면 3·1운동 이후 출옥한 이갑성에게 이만집 목사를 비롯한 대구 지역의 유력 기독인들 50여 명은 그를 환영하는 만찬회를 비교적 성대하게 베풀었음을 알 수 있는데, 이는 3·1운동에서 이갑성이 활발한 활동을 전개하였음을 의미하는 것인 동시에, 3·1운동을 통해 이갑성이 국내의 민족운동계에 상대적으로 중요한 인물로 부상하고 있었음을 보여 주는 것이라고 하겠다.

그뿐만 아니라 「동아일보」나 『개벽』 등에는 3·1운동의 재판과정을 설명하면서 이갑성의 이름이 거명되기도 하였는데, 「동아일보」에서는 "금일 공판 시작되는 朝鮮民族代表 사십 팔인의 肖像"[20], "宣言動機의 眞實한 告白"[21], "友邦의 好意가 必要-李甲成"[22] 등의 기사 제목에서 이갑성을 언급하고 있었으며,[23] 『개벽』에서는 3·1운동에 관한 내란죄 적용과 관련된 논의를 소개하면서 48人 중의 1인으로 이갑성의 이름을 거명하기도 했던 것으로 보인다.

한편, 1920년대에 들어 이갑성은 민립대학건립운동과 물산장려운동을 적극적으로 전개하였는데, 이는 3·1운동에서 보여준 이갑성의 활동이 출옥 후 국내 민족운동과 연결되는 자연스러운 과정이었던 것으로 생각된다.

---

20) 「동아일보」 1920.07.12.
21) 「동아일보」 1920.07.16.
22) 「동아일보」 1920.09.23.
23) 이밖에 「동아일보」 1921년 12월 23일에는 "獨立宣言한 崔麟 咸台永 吳世昌 權東鎭 李鍾一 金昌俊 韓龍雲등 假出獄, 작 이십이일하오 두 시삼십분 돌연히, 同志中 在監者는 李寅煥 吳華英 李甲成 등 三人"이라는 보도가 있었고, 「동아일보」 1922년 1월 2일에는 "조선독립선언 사건으로 옥중에서 환세하는 李甲成 가족의 형편. 一間의 貰房에 몸을 부처 있는 李甲成의 처자"라는 기사가 게재되고 있었으며, 「동아일보」 1922년 5월 6일에는 "독립선언서 사건의 민족대표 吳華英 李甲成 兩氏 昨日 出獄" 등의 기사가 게재되었다.

일제는 거족적이고 비폭력·평화적이던 3·1독립운동을 가혹한 수단을 동반한 무력으로 진압하는 한편, 종전의 무단정치에서 기만적인 문화정치로 통치정책을 변경하는 등 국내의 민족운동에 보다 정교하게 조직적인 탄압을 가하기 시작하였다. 이에 국내에서는 실력 양성이라는 문화운동과 러시아의 영향으로 사회주의가 대두되었으며, 상해에서는 대한민국 임시정부가 수립되어 항일독립운동은 새로운 활기를 찾기 시작하였는데 민립대학건립운동[24]과 물산장려운동은 국내에서 전개된 가장 대표적인 민족진영 계열의 민족운동이었다. 민립대학설립운동은 1920년대 적극적으로 전개된 것이지만 그 시작은 1910년에 시작되었다. 즉 숭실학교는 1907년에 이미 대학부가 설립되었고, 이화학당에서 1910년에 대학부를 개설하였다. 그러나 일제의 우민화정책으로 인하여 1915년 「개정사립학교규칙」과 「전문학교규칙」이 공포되어 각종 학교로 격하되었다. 그리고 1907년 국채보상운동으로 모금된 600만 원을 기금으로 해서 대학 설립을 위한 민립대학기성회를 조직하였지만, 총독부의 방해로 이루어지지 않았다.

그 후 1920년대에 들어 우리 국민들은 민립대학설립을 갈망하였다. 1922년 2월 6일 개정 공포된 「조선교육령」은 민립대학건설운동 전개에 하나의 기폭제가 되었다. 그 내용 중 핵심적인 것은 한국에서도 대학교육과 사범교육을 실시하겠다는 것이었다. 이전의 경험을 바탕으

24) 민립대학건립운동에 관한 연구는 다음 논문이 참고가 된다.
손인주, 「조선민립대학설립에 관한 연구」, 『교육학 연구』 5-1, 1967. 김호일, 「일제하 민립대학설립운동에 대한 일고찰」, 『중앙사론』 1, 중앙대학교 사학연구회, 1972. 이명화, 「민립대학설립운동의 배경과 성격」, 『한국독립운동사연구』 제5집, 1991. 박찬승, 『한국근대정치사상사연구』, 역사비평사, 1991. 김한종, 「1920년대 조선교육협회의 교육운동」, 『충북사학』 제8집, 1995.12.노영택, 「민립대학설립운동 연구」, 『국사관총론』 제11집, 1990. 차석기, 「일제하 민립대학설립운동」, 『교육문제연구』 제2집, 1989.7. 이명화, 「민립대학설립운동의 배경과 성격」, 『한국독립운동사연구』 5, 1991

로 기독교인들을 중심으로 순수한 한국인들의 재력과 노력으로 교육을 일으켜야 한다는 주장하에 1922년 12월 23일 발기인 47명이 남대문 식도원에서 조선민립대학기성준비회를 개최하면서 민립대학설립운동을 전개하였다.

이때 이갑성은 이상재 선생을 도와 발기인으로 활약하였는데, 1923년 3월 29일부터 3일간 열린 민립대학기성회 창립총회에서 이갑성은 중앙집행위원에 피선되어 1차 사업으로 400만 원을 모금하여 법학부 · 경제학부 · 문학부 · 이학부를 설립하고, 2차 사업으로 총 1,250만 원으로 앞의 4부 외에 공학부 · 농학부 · 의학부를 추가하여 총 7개 학부를 설립할 계획을 세울 때 앞장서서 활동하였다.

당시 창립총회는 서울을 비롯해서 전국 170여 군에서 1,000명 이상의 발기인을 선정한 가운데 462명의 발기인이 참석하였던 것이다. 여기서 집행위원 30인, 감사위원 70인, 회금보관위원 7인, 지방위원 등이 선정되었는데, 임원 외에도 많은 인사가 관여하여 민립대학에 대한 관심을 나타냈던 것이다. 1923년 5월 10일 경성부지방부 발기를 시작으로 민립대학 지방부가 설치되었는데, 이갑성은 황해도지방별 순회위원으로 선정되었다.

그런데 그는 1924년 평안남북도의 특파위원으로 파송되어 선전 · 강연과 기타 회무 진행에 진력하였고, 또 4월 11일에는 조만식, 김탁, 강인택 등과 함께 평양에 도착하여 지방부 조직과 취지 · 선전 · 회원 · 모금운동에 노력하였다고 보도하고 있다.[25] 이어서 4월 14일에는 평안남도 각지를 조만식과 함께 순회하였는데, 평양은 4월(10~14일), 진남포(15~16일), 강동(17~18일), 성천(19~20일), 평원(22~23일), 안주(24~25일) 등에서 강연하여 많은 호응을 얻었다고 한다.[26]

25) 「동아일보」 1924.04.11
26) 앞의 주 참조

특히 4월 12일 오후 8시에는 평양 천도교회당에서 대규모의 선전 강연이 있었는데, 이 강연에서는 이갑성의 연설 내용이 문제가 되어 강연을 감시하던 일본 경찰과 마찰을 빚기도 하였다.

> 民立大學 宣傳講演
> 조선민립대학 중앙집행위원이 평안남도 각지를 순회하며 선전강연을 한다 함은 이미 보도하였거니와 지난 12일 하오 8시에 평양부 천도교회당에서 선전강연을 하였는데, 첫째로 동회 중앙집행위원 조만식씨가 「民立大學 期成에 대하여」라는 문제로 한 시간 동안 열성이 넘치는 강연이 있고,
> 이갑성씨가 「우리의 요구」라는 문재로 말을 시작하야 우리 조선은 모든 것이 貧乏하다는 것을 말하는 중 입회한 경관의 주의를 받으며 모든 것이 우리의 소유가 아니라는 몇 가지를 말할 동시에 경관의 중지 명령을 당하였다.
> 동시에 장래가 터질 듯이 모였던 군중은 대단히 紛擾하였으나 姜仁澤씨의 민대 경과보고가 계속되어 당소가 다시 점점 정숙하게 되었다. 약 반시간 동안에 필하고 입회하였던 평양경찰서 고등계 주임 楊井에게 양해를 얻어 일반 민중에게 평온한 말로 한다는 조건하에 앞서 중지당하였던 이갑성씨가 다시 강연하게 되어 일반 청중의 갈채 중에 강연을 마치고 10시경에 폐하였다더라.[27]

위의 내용을 통해서 보면 이날 강연에서는 첫 번째로 중앙집행위원 조만식 선생의 「민립대학 기성에 대하여」라는 내용으로 1시간 동안 열성에 넘치는 강연이 있었으며, 이후 이갑성이 「우리의 요구」라는 제목으로 강연을 진행하던 중, "조선은 모든 것이 貧乏하며", "모든 것이 우리의 소유가 아니다"라는 등의 발언이 문제가 되어 일제 경찰에 의해 중단

27) 「동아일보」 1924.04.14

되었으며, 장내 군중들의 분위기도 격앙(紛擾)되었던 것으로 보인다.

이후 강연은 姜仁澤의 경과보고가 이어져 다소 진정되었으며, 30분이 경과한 후 평양경찰서 고등계 주임 楊井에게 양해를 얻어 평온한 말로 한다는 조건으로 중단되었던 이갑성의 강연이 계속될 수 있었던 것으로 보인다. 그리고 다시 강연에 나선 이갑성은 일반대중의 갈채 중에 강연을 마칠 수 있었다고 하고 있는데, 이러한 내용을 종합해 보면, 이날 이갑성의 강연 내용은 일정하게 일제의 식민정책을 비판하는 내용을 포함하고 있었던 것으로 생각된다고 하겠다.

그뿐만 아니라 이 기사에서는 조선민립대학기성회에서는 중앙집행위원인 조만식과 이갑성으로 하여금 평안도 각지를 순회케 하였다고 하면서 그 순회 일정을 밝히고 있는데, 4월 11일부터 14일까지는 평양을, 16일과 16일은 진남포, 17일과 18일은 江東, 19일부터 21일은 成川, 22일과 23일은 平原, 24일과 25일은 安州 등을 방문하도록 되어 있었으며, 이 일정은 29일까지 계속되었던 것으로 나타나고 있다.[28] 따라서 이러한 내용을 통해서 보면 민립대학설립운동에 있어서 이갑성의 역할과 지위는 상당한 것이었다고 판단된다.

그러나 이갑성의 이러한 노력에도 불구하고 민립대학운동은 소기의 성과를 거두지 못하였는데, 이는 1923년과 1924년에 대홍수와 재해가 발생하여 기금 모금에 어려움을 겪고 있던 상황에서 총독부의 끈질긴

28) 「동아일보」 1924.04.14. 이밖에 「동아일보」에는 이갑성의 활동과 관련하여 다음과 같은 내용이 보도되기도 하였다. "조선민립대학중앙회 기성부에서는 종래로 각 지방에 위원을 파송하야 지방부 조직과 취지, 선전, 회원, 회금 모집에 노력하야 위선 전라남북도와 황해도 등에서의 대성황으로 회무가 진행한다 함은 본보에서도 루차 보도한 바이어니와 이렇게 일치 합동으로 나아간다면 아모려도 금년 내로는 귀 사업에 착수하게 되리라는데, 금회는 평안남북도에 다시 특파위원을 파송하여 선전강연과 기타 회무 진행에 전력하게 된 바 금일 삼십일일은 중앙부위원 이갑성, 조만식, 김탁, 강인택 사씨가 평양에 도착한다."라고 보도하고 있다. 「동아일보」 1924.04.11

방해 공작이 운동의 지속적인 전개를 어렵게 만들고 있었기 때문이었다. 실제로 이갑성은 민립대학 선전강연 중 일본경찰에 체포되어 1924년 평남 성천에서 6개월을 복역하였으며, 1927년에는 전국순회강연 중 평남에서 피체되어 2년형을 선고받기도 하였다.

이러한 상황에서 민립대학운동은 조직적으로도 취약함을 드러내기도 하였는데 지방 조직이나 중앙 조직 역시 자금의 모집이나 지도력의 발휘에 있어서 한계를 드러내고 있었고, 따라서 민립대학설립운동은 모금과 회원모집 등 모든 면이 기대에 미치지 못한 채 지지부진하게 되었다. 이에 민립대학설립운동을 강화하고자 이종린·박승철·최원순·안재홍 등은 이갑성·홍성 양인을 기초위원으로 선정하여 재기를 노렸지만 역부족으로 끝내 쇠멸되고 말았다.[29] 민립대학을 좌절시킨 일제는 조선인에 대한 민심수습책으로 경성제국대학을 설립하였다.

한편, 물산장려운동은 1920년과 1923년 평양과 서울에서 각각 조직된 조선물산장려회를 중심으로 추진되었다. 평양의 조선물산장려회는 1920년 8월 曺晩植·吳胤善·金東元·金寶愛 등 70인이 발기, 조직하였으며, 같은 해 12월에는 평양기독교청년회관에서 선전강연회를 개최하는 등 조선물산장려운동을 전개하였다. 이 운동이 본격화한 것은 1923년 1월 9일 兪鎭泰·李鍾麟·白寬洙 등 20여 단체의 대표들이 서울에서 조선물산장려회 발기준비위원회를 구성하고, 같은 달 20일 서울 낙원동 協成學校에서 창립총회를 개최하여 조선물산장려회 등을 조직한 이후의 일이다.

서울의 조선물산장려회는 집행기관으로 이사회를 두었고, 그 안에 경리부·조사부·선전부를 설치하였으며, 여기에 상무이사를 두어 회의 실무를 계획, 집행하였다.

29) 이명화, 앞의 논문, 47쪽.

이갑성은 창립총회에서 兪成濬·金喆壽·金潤秀·金東赫·崔淳鐸·朴鵬緖·金德昌·崔敬鎬·高龍煥 등과 함께 이사로 선출되었으며, 그는 경기도 참여관이었던 유성준을 이사장으로 선출하는데[30] 큰 역할을 하였다.

이후 물산장려회는 평양과 동래에 지방 조직을 두었으며, 그 밖의 지역에서는 청년회와 商人會 등으로부터 활동을 지원받았다. 창립 직후 맞이하는 舊正 때부터 남자는 두루마기, 여자는 치마를 토산품 또는 가공품을 염색하여 입고, 음식 및 일용품은 가능한 한 토산품을 상용할 것을 결의하였다. 그리고 이를 계몽하기 위하여 강연회를 개최하고, 가두시위를 하며 선전활동을 벌였다. 활동을 시작하자 전국의 조선인들로부터 열렬한 호응을 얻어 조선기업의 제품은 날개 돋친 듯 팔려나갔다.

그러나 이 열기는 1년이 되지 못하여 급격히 냉각되었다. 그 이유는 첫째, 토산품의 가격이 급등하여 기업과 상인은 큰 이익을 남겼으나, 서민들은 이에 반비례하여 손해를 보았기 때문이다. 둘째, 사회주의자들로부터 식민지하에서 민족적 산업 기반 구축이라는 것은 불가능한 일이며, 설사 민족기업이 어느 정도 성장한다고 하더라도 그것은 무산대중과는 아무런 관계가 없으므로, 이 운동은 오히려 유산계급을 옹호하고 무산자의 혁명적 의도를 약화시킬 뿐이라는 비판을 받았기 때문이다.[31]

그 후 활동 방향을 바꾸어 소비조합조직, 조선물산진열관 설립, 조선물산품평회의 개최를 시도하는 등, 새로운 사업을 계획하였으나 실현하지 못하였으며, 활동이 매우 침체되었다.

---

30)「동아일보」1923.01.27

31) 이성태, '중산계급의 이기적 운동',「동아일보」1923.03.20

2. 흥업구락부와 신간회 운동 참여

감옥에서 출옥한 후 민립대학설립운동과 물산장려운동에 적극적으로 참여하고 있던 이갑성은 이러한 활동 이외에 강연 활동과 「시대일보」의 발기인으로 참여하는 등의 활동을 전개하였는데, 그의 강연 활동과 관련해서는 아래의 내용을 통해 그 일면을 확인할 수 있을 것으로 생각된다.

(Ⅰ) 朝鮮文通信講習學會에서 조선문선전강연
시내 도렴동 58번지 조선문통신강습학회에서는 그 취지를 선전하기 위하야 금 22일(화) 하오 8시부터 시내 수송동 覺皇寺에서 강연회를 개최한다는데 演題와 演士의 氏名은 다음과 갈다더라
조선글의 장래 영향 최성모
조선글의 보급에 대하여 이필수
우리정신 이갑성32)

(Ⅱ) 삼우구락부 강연회
금일하오 7시 반에 宗橋예배당에서 개최하는데 演題와 演士는 다음과 갈다고
엇지하면 조흔가? 이갑성
론돈회의와 經濟的 影響 李順澤33)

위의 내용에서 보면 우선 (Ⅰ)에서는 이갑성이 1923년 5월 조선문통신강습회에서 그 취지를 알리기 위해 개최했던 조선문선전강연에서

32) 「동아일보」 1923.05.22
33) 「동아일보」 1924.10.18.

「우리정신」이라는 제목의 강연을 했으며, (II)에서는 1924년 10월 삼우구락부가 종교예배당에서 개최한 강연회에 연사로 초청되어 이순탁은 「런던회의와 경제적 영향」이라는 제목으로 강연하였으며, 이갑성은 「어찌하면 좋은가」라는 제목으로 강연했음을 알 수 있다.

그런데 특히 삼우구락부에서 개최한 강연에 대해서는 종로경찰서장이 경성지방 검사정에게 그 상황을 보고하고 있는 것으로 보아 이는 일종의 시국 강연이었던 것으로 생각된다.[34]

또한, 이갑성은 1924년 8월 9일에 개최된 주식회사 시대일보사 발기인회에 주주로 참여하였는데, 이는 1923년 3월 31일에 최남선에 의해 창간되었던 「시대일보」가 경영난에 처하자 이를 해결하기 위한 노력의 일환으로 이루어졌던 것으로 보인다.[35] 그런데 초창기 「시대일보」 朱鍾建, 卞榮晩, 安在鴻, 辛泰嶽, 李時穆, 廉尙燮, 玄鎭健), 羅彬, 金達鎭, 柳志永, 柳淵和, 李健赫 등이 기자로 활동하였으며, 1925년 4월 3일 이후에는 이범세 등 10여 명이 재단을 구성하여 사장에 洪命熹, 부사장에 李灌鎔, 편집국장에 韓基岳을 임명되어 활동하였는데 「시대일보」에 주주였던 이갑성은 이들과 일정하게 교유하고 있었을 것으로 생각된다.[36]

따라서 이상의 내용을 종합해 보면 이갑성은 민립대학설립운동이나

---

34) 이 보고와 관련해서는 국사편찬위원회 역사통합문서 중 『검찰행정사무에 관한 기록』(2), '삼우구락부 주최 강연회의 건'으로 「京鍾警高秘 제13602호의 2」에 수록되어 있다.

35) 당시 주주로 참여했던 인물로는 殷成夏, 李成英, 梁正煥, 朴來弼, 李成喆, 朱翼, 柳周熙, 高龍煥, 崔蒙煥, 林鎬慶, 張斗貞, 金學淵, 李順鐸, 蔡圭淵, 金志健, 金善煜, 崔燉濟, 金一楨, 林世熈, 裵仁煥, 趙根泳, 南廷哲, 呂運弘, 李甲成, 郭龍周, 辛奭柱, 梁惠君, 李愚赫, 尹弼求, 林圭, 柳時泳, 朴益鉉, 申五均, 崔泰旭 등 36명이었다. 이 보고와 관련해서는 국사편찬위원회 역사통합문서 중 『검찰행정사무에 관한 기록』(2), '시대일보사 발기인에 상황에 관한 건'으로 「京鍾警高秘 제10144호의 3」에 수록되어 있다.

36) 국사편찬위원회의 역사통합 「시대일보」 해제 참조

물산장려운동 등 민족진영이 주도했던 대규모의 민족운동에 적극적으로 참여하고 있었을 뿐만 아니라 강연 활동이나 『시대일보』의 발행 등에도 일정하게 영향력을 행사하면서 1920년대 전반기까지 민족진영 내에서의 영향력을 확대해 갔으며, 이러한 활동은 이후 흥업구락부의 조직과 활동 및 신간회 운동에서도 이갑성이 이 운동에 일정하게 참여하는 기반이 되었을 것으로 생각된다.

이러한 상황에서 이갑성은 우선 1925년 3월 李承晩의 독립노선에 따라 결성된 흥업구락부의 조직에 참여했던 것으로 보이는데, 이 조직은 申興雨·李商在·具滋玉·兪億兼·朴東完·安在鴻 등이 조직한 항일비밀결사였다. 1924년 5월 北監理派總會 및 기독교청년회간부협의회에 조선대표로 참석한 신흥우가 귀국 길에 호놀룰루에서 이승만과 회견한 것이 계기가 되어 결성되었다. 이 자리에서 신흥우는 이승만으로부터 미국에서는 조선의 독립을 위해 동지회를 결성하여 활동 중인데 국내에서도 동지회와 같은 목적의 단체를 조직하여 흥사단을 견제하고 조국광복에 힘써 달라는 부탁을 받고 이를 승낙하였다.[37]

〈표 1〉 흥업구락부원의 중요 경력[38]

성명	중요 경력
李商在	독립협회 부회장, 중앙 YMCA교육부 위원장, YMCA연합회 위원장, 조선교육협회 화장, 민립대학기성회 위원장
尹致昊	독립협회 회장, 한영서원 교장, 청년학우회 회장, 중앙 YMCA 총무
兪星濬	중앙학교 교장, 충북도지사, 민립대학기성회 상무위원, 물산장려회 이사장, YMCA연합회 농촌부 위원
申興雨	배재고보 교장, 중앙YMCA 이사
李甲成	민족대표, 민립대학기성회 집행위원, 물산장려회 이사
吳華英	민족대표, 중앙 YMCA 종교부 위원장

37) 조선총독부 경무국, 『最近における朝鮮の治安狀況』, 1938, 380-381쪽

朴東完	민족대표, 물산장려회 이사, YMCA연합회 농촌부 위원, 중앙 YMCA 교회진흥연구 중앙위원
洪鍾肅	중앙YMCA 이사, 중앙 YMCA 교회진흥연구 중앙위원
具滋玉	중앙 YMCA 연합회 도시부위원
安在鴻	중앙학교 학감, 중앙 YMCA 교육부 간사, 조선사정연구회 회원
兪億兼	조선사정연구회 회원
張斗鉉	興一社 사장, 조선상업은행 감사, 인천 米豆取人所 取締役, 광장주식회사 취체역, 민립대학기성회 회금보관 위원, 물산장려회 이사
鄭春洙	민족대표, 중앙YMCA 이사
申錫九	민족대표
申洪植	민족대표
金永燮	同志會 간부, 뉴욕한인교회 목사
金一善	중앙YMCA 회우부 감사, 민립대학기성회 회금보관위원, 인창의숙 이사장
洪秉德	중앙YMCA 교육부 간사, 중앙YMCA 교화진흥 중앙연구위원
李建春	중앙YMCA 회원부 간사
李商協	매일신보 편집장, 동아일보 편집부장, 민립대학기성회 발기인
金東成	동아일보 조사부장, 범태평양기자대회 부회장
金俊淵	조선사정연구회 회원
曺政煥	조선사정연구회 회원
崔斗善	조선사정연구회 회원
鄭大鉉	민립대학기성회 발기인
朴勝喆	조선산직장려계 회원, YMCA학교 동창회 회장, 조선사정연구회 회원
金潤秀	동양물산주식회사 상무취체역, 범태평양상업대회 부회장, 민립대학기성회 회금보관 위원, 물산장려회 이사
李政範	범태평양상업대회 참석
崔楠	조선상업은행원, 조선일보 기자, 德元商店 사장
具永淑	감리교 전도사

38) 김상태, 「1920~30년대 동우회·흥업구락부연구」, 『한국사론』 28, 1992,

이후 신홍우는 이승만의 권유에 따라 귀국 후 같은 해 12월 15일 서울기독교청년회에서 단체 조직을 위한 준비회를 결성하고 운동의 목적 및 방법을 결의하였다. 이 결의문은 미국에 있는 독립혁명동지회의 3대 정강 및 4대 진행 방침을 지도정신으로 하여, 동지의 획득, 운동자금의 축적, 기독교를 중심으로 하는 학교·교회, 기타 사회·문화단체의 지도권 파악에 노력한다는 것이었다.[39]

그 뒤 1925년 3월 23일 신홍우의 집에서 이상재 이하 9명이 모여 실업단체로 위장한 흥업구락부를 조직하였다. 명칭은 일제의 감시를 피하기 위하여 친목 단체로 위장하고 있었으나, 실은 YMCA를 중심으로 뜻있는 민족진영의 지도자들이 참여하여 독립사상을 고취하였고, 특히 미국의 이승만과 연결되어 있었기에 일제의 주목 대상이 되었다. 이 단체의 관계 인사들은 이승만의 요청에 의하여 上海 대한민국임시정부에 보낼 군자금의 염출을 결의하고 수만 원을 모금하여 미국으로 보내는 등 독립운동을 직접·간접으로 지원하였다.

일제는 이러한 움직임을 크게 우려하고, 1937년 가을 尹致昊·張德秀·유억겸·신홍우 등을 검거하였으며, 1938년 5월 22일에는 안재홍 등 흥업구락부의 간부 회원 60여 명 등 모두 100여 명이 검거되었다. 일본 경찰은 구자옥 등 54명을 「치안유지법」 위반으로 기소하였는데, 이른바 흥업구락부사건이다. 이갑성은 흥업구락부 간사[40]로 피선되어 독립운동에 참여했던 것으로 보인다. 그런데 〈표 1〉에서 보면 흥업구락부에는 3·1운동 민족대표와 중앙 YMCA. 및 물산장려회에서 활동했던 인물들이 중심이 되어 조직된 것으로 보이며, 이러한 조직구성하

234~235쪽.

39) 조선총독부 경무국, 위의 책, 1938, 321쪽.

40) 독립기념관, 「흥업구락부」. 『한국독립운동사사전』 7, 669쪽, 2004.

에서 이갑성은 흥업구락부의 초기 활동에 있어서 주도적인 역할을 했을 것으로 생각된다.

한편, 이갑성은 1920년대 좌·우익의 민족협동전선운동의 일환으로 전개되었던 신간회 운동[41]에도 발기인으로서 적극적으로 참여[42]하기도 하였는데 신간회의 발기인 중에는 홍명희와 조만식, 박동완, 안재홍, 한용운, 한위건 등 이갑성과 3·1운동 및 민립대학설립운동이나 물산장려운동을 전개했던 인물들 및 기독교인들이 다수 참여하고 있었다.[43] 이갑성은 1927년 1월 초순경 천도교 간부인 권동진과 홍명희, 박동완, 백관구 등이 조선일보사에서 회합하고 신간회의 발기에 합의하였다. 실제로 신간회는 1927년 2월 종로의 중앙 YMCA. 강당에서 창립대회를 개최하고 회장과 부회장 그리고 간사진을 선출하였는데 〈표 2〉에서 보는 바와 같이 이갑성은 신간회에 기독교 세력으로 참가했던 것으로 파악되고 있다.[44]

41) 유준기, 「1920년대 말 민족협동전선 운동과 신간회」, 『한국 민족운동과 종교활동』 국학자료원, 2001, 106쪽, 1920년대 항일민족운동의 큰 특징으로는 '협동전선운동'을 꼽을 수 있는데, 일제의 소위 '문화통치'를 배경으로 민족운동 세력은 투쟁역량을 제고하여 항일운동전선의 대오를 정비하였다. 1920년대 중반 이후 국내의 독립운동 진영에서 전개된 민족협동전선운동은 이후 항일운동 및 근대 민족국가 수립 운동에 방향성을 제시하였다. 특히 타협론, 자치론, 참정론 등을 주창하는 세력들이 등장함으로써 민족운동 진영 내부는 분화와 정비과정을 거쳐야했다. 비타협적 민족주의 세력은 공산주의 세력내의 협동선전론자들과 연합하여 신간회운동을 주도함으로써 1920년대 말기 국내 민족운동의 흐름을 협동전선흐름으로 이끌었다.

42) 조선총독부 경무국, 『고등경찰요사』, 48-49쪽

43) 그런데 일제는 신간회의 조직계획과정에서 이갑성을 '시대일보 기자'로 파악하기도 하였는데, 이는 이갑성이 「시대일보」에 깊이 관여하고 있었음을 보여주는 일면으로 생각되기도 한다. 「신간회조직계획에 관한 건」, 『사상문제에 관한 조사서류』, 『朝京』 103호, 1927.12

44) 「조선일보」 1927.02.16.

한편, 신간회 주도 세력은 조선민흥회의 발기인들과 접촉하여 강령을 초안하여 창립 준비를 서둘렀다.[45] 신간회 강령의 초안을 보면,

-, 조선민족의 정치적 · 경제적 구위 해결을 도모한다.

-, 민족적 단결을 공고히 한다.

-, 타협주의를 부인한다.

라고, 하였다. 그러나 이러한 강령은 일제로부터 허가를 받을 수 없으므로 1927년 1월 11일 신간회 발기인대회에서 다음과 같이 강령을 수정하고 발기인을 선정하였다.[46]

신간회 강령

1. 우리는 정치적 · 경제적 각성을 촉진한다.
2. 우리는 단결을 공고히 한다.
3. 우리는 기회주의를 일체 부인한다.

이갑성은 신간회 발기인으로서 강령 수정에 참여하였을 뿐만 아니라 이승훈, 박동완, 이상재와 함께 기독교계 발기인으로 참여하였다. 당시 기독교인들이 신간회에 참여하는 배경은 첫째, 날로 거세어지는 기독교에 대한 도전과 비판에 자극받으면서 기독교인들이 사회적 책무감을 강조하는 '사회개조론'을 주장하기 시작했다는 점이다.

45) 이병헌, 「신간회운동」, 『신동아』 8월호, 1969, 194쪽.
46) 「조선일보」, 1964.05.03. 한홍구·로버트 스칼라피노 외, 「이관구 회고담」·「김준연 회고」, 『한국공산주의 운동사』 제3권, 35쪽.

〈표 2〉 신간회에 참여한 기독교계 인물[47)]

성명	생년	출신지	교육경력 및 활동사항	신간회
이상재	1850	충남 서천	독립협회, YMCA, 민립대학기성회, 흥업구락부, 현 조선일보사장	회장
김영섭	1888	경기 강화	와세다대, 청산학원, YMCA, 흥업구락부	간사
김활란	1899	경기 인천	이화여전, 보스턴대, YMCA, 흥업구락부, 근우회, 이화여전 교수	간사
박동완	1885	경기 양평	협성신학교, 민족대표, 기독신보 주필, 물산장려회, 흥업구락부	발기인 간사
박희도	1889	황해 해주	숭실중, 협성신학교 졸, YMCA, 민족대표, 신생활사, 흥업구락부, 중앙보육원	간사
백관수	1889	전북 고창	명치대졸, YMCA, 흥업구락부, 조선사정연구회, 조선일보	발기인 간사
안재홍	1891	경기 평택	와세다대, YMCA, 흥업구락부, 조선사정연구회, 조선일보	발기인 간사
오화영	1879	황해 평산	협성신학교, 민족대표, 물산장려회, 흥업구락부, 조선민흥회	간사
유각경	1892	서울	북경 협화학교졸, YMCA창설, 흥업구락부, 근우회 회장	간사
유억겸	1895	서울	동경대졸, 흥업구락부, 조선사정연구회, YMCA, 연희전문교수	발긴인
이갑성	1889	경북 대구	연희전문졸, 민족대표, 조선민흥회, 민립대학기성회, 물산장려회, 흥업구락부	발기인
이동욱	1897		청산학원졸, YMCA, 흥업구락부, 물산장려회	간사
정춘수	1874	충북 청주	민족대표, 조선민흥회, 물산장려회, 흥업구락부	간사
조만식	1883	평남 평양	숭실중, 명치대졸, 민립대학기성회, 평양YMCA총무, 평양물산장려회 회장	발기인
조병옥	1894	경기 천안	숭실중, 콜롬비아대, YMCA, 수양동우회, 조선사정연구회, 연희전문교수	간사

47) 김권정, 「기독교세력의 신간회참여와 활동」, 『한국민족운동사연구』 25, 2000, 147쪽.

기독교계의 저명한 민족주의자 이상재는 '적자생존', '우승열패'를 강조하는 사회 진화론적 사회 현상이 하나님 뜻에서 벗어나는 제약 상태임을 지적하고 사회 개조에 기독교인들이 책임 의식을 갖고 적극 나서야 한다고 주장했다.[48]

이갑성은 홍업구락부원, YMCA 임원들과 함께 조직 기반을 다져 신간회 운동에 기독교 세력을 규합하는 데 기여했을 것으로 보이는데, 조선일보사 사장인 이상재가 신간회 회장에, 이동욱이 규칙심사위원으로, 안재홍, 박희도, 김활란, 박동완, 조병옥, 이동욱 정춘수 등의 기독교인들과 함께 신간회에 참여한 기독교 세력의 일원으로 활동했을 것으로 생각된다.

그러나 일제가 신간회에 대한 대대적 탄압을 가함에 따라 신간회 본부의 활동을 제약되었고 자연히 신간회 활동은 지회중심으로 전개되었다.

이갑성은 1929년 광주학생의거 직후 '신간회 사건'으로 6개월간 복역하였다. 그리고 일제의 탄압을 피하여 상해로 망명한 것이었다.

48) 이상재, 「상재의 뜻은 여하하뇨」, 『백목강연』 2집, 1921, 138쪽.

Ⅳ. '친일 관련설'에 대한 검토

1. '친일 관련설' 중요 쟁점

지금까지의 살펴본 바와 같이 이갑성은 3·1운동에 민족대표로 참가한 이후 1920년대 말까지 기독교 세력의 일원으로서 민족진영 내에서 다양한 민족운동과 사회운동을 전개하고 있었음을 알 수 있다고 하겠다.

그런데 이러한 활동을 전개했던 이갑성에 대해서는 그가 1920년대(1922~1924) 초반부터 친일 활동을 전개했다는 주장이 제기되고 있다. 이갑성의 친일 논란은 1960년대에 그가 광복회 초대회장으로 취임하면서 제기되었으며, 그 후 1967년에 광복회 제2대회장으로 선임되자 이 문제가 비상총회 측에 의해 확대되어 오늘에 이르고 있다.[49]

이갑성의 '친일 관련설'에 의해 제기되고 있는 중요 쟁점을 정리해 보면 크게 네 가지로 요약된다. 첫째는 그가 1922년부터 1924년까지 조선총독부 경무국장 마루야마 쓰루기치(丸山鶴吉)의 촉탁이었다는 설, 둘째, 上海로 망명한 이후 그곳에서 '密偵'으로 활동하였다는 설, 셋째, 1930년대에는 조선총독부 산업국장의 알선으로 일본 미쓰비시(三菱)회사의 新京 출장소장으로 활동했다는 설, 넷째, '岩本正一'로 창씨개명과 관련해서도 문제가 있다는 주장이 제기되고 있다. 그 밖에 일제 말기 군수공업체인 경성공업사의 중역을 지냈다는 주장과 주식회사 '日滿産業公司 專務 취제역'이란 명함 문제 등도 있다.

---

49) 이후 이 문제는 법정으로 비화되어 당시 서울지검 강태훈 부장검사에 의해 '이갑성의 친일 혐의를 찾을 수 없다'라는 결론을 짓고 유야무야로 끝났다고 한다. (이재윤 선생 증언)

그런데 이러한 설들은 대체로 확실한 사료적 근거를 갖고 있지 못한 것으로 판단되고 있으며,[50] 따라서 본 장에서는 이러한 관점에서 이갑성의 '친일 관련설'을 분석·검토해서 그 진위를 밝혀 보고자 한다.

2. '친일 관련설'에 대한 분석·검토

1) 조선총독부 경무국장 丸山鶴吉의 촉탁설

우선 이갑성이 경무국장 丸山鶴吉[51]의 촉탁이었다는 주장의 문제점에 대해 검토해 보면, 丸山는 1909년 동경대학 법학부 정치학과를 졸업한 후, 3·1운동 직후인 1919년 8월 총독부 事務官으로 조선에 부임하여 警務局에서 근무하였으며, 1922년 6월부터 1924년까지 警務局長을 역임했던 것으로 나타나고 있다.[52]

그런데 본고의 제Ⅲ장에서 살펴본 바와 같이 이 시기에 이갑성은 민립대학기성회 중앙집행위원으로 조만식 선생 등과 함께 활발한 모금 활동을 전개함은 물론, 강연 도중 연설 내용을 감시하던 경찰의 제

50) 박만주, 「민족정기의 순수성은 보존돼야」, 『자유』, 1981.03, 22-23쪽.

51) 丸山鶴吉에 대한 기록은 국사편찬위원회 홈페이지에 탑제된 한국사데이터베이스에 다음과 같은 기록이 있다. "內務書記官에서 朝鮮總督府 警務局長이 되어 1922년에서 1924년까지 재임하여 명국장으로 크게 이름을 떨친 인물이다. 국경경비의 노래는 丸山局長이 고취시켜 천하에 알려져 사기의 진작과 함께 仁情丸山, 粹局長이라고 불리워졌다. 그가 警務行政을 통하여 조선의 치안, 민중 보건에 커다란 공로를 남긴 것은 널리 후세에까지 전해지고 있다. 그는 처음에 警視廳에서 체험을 축적하고, 歐美警察을 시찰하고 돌아온 뒤 조선에 왔기 때문에 이 분야의 권위자였다."

52) 국사편찬위원회 홈페이지에 탑재되어 있는 「조선총독부 직원록」에는 1920년부터 1924년까지의 丸山鶴吉의 지위에 관한 기록이 나오는데, 중요 경력을 살펴보면, 1920년에는 경무국 사무관이었으며, 1921년에는 총독관방 참사관실 참사관이었고, 1922년에는 도경부보 특별임용고시 위원이었으며, 조선정보위원회 위원, 조선중앙위생회 위원 등을 역임하였고, 1923년에는 조선총독부 경무국장이었다.

지로 연설이 중단될 정도로 총독부의 식민지정책에 대해 비판적인 태도를 취하면서 문화 투쟁을 활발히 전개하던 시기였다.

또한, 1923년에는 물산장려회의 이사로 활동하였으며, 1925년 이후에는 흥업구락부의 간사와 신간회의 발기인으로 활동하는 등 이 시기 국내에서 전개되고 있었던 민족진영의 독립운동에 깊이 관여하고 있었음을 알 수 있다고 하겠다.

이밖에 1924년 8월에는 『시대일보』 발기인에 참여하고 있었으며, 1923년 5월과 1924년 10월에는 각각 삼우구락부와 조선문통신강습학회에서 강연 활동을 전개하는 등 활발한 사회활동을 전개하고 있었던 것으로 나타나고 있다.

따라서 이 시기에 이갑성이 '丸山鶴吉의 촉탁'으로 활동했다는 주장은 시기적으로 이갑성이 3·1운동 이후 여전히 활발한 민족운동을 전개하고 있었다는 점에서 볼 때 성립하기 어려운 면이 있는 것으로 보인다. 그뿐만 아니라 일제하 총독부가 발행 1910년부터 1943년까지의 소속 직원의 성명, 소속, 관직, 관등 등을 정리했던 『朝鮮總督府職員錄』에도 이갑성의 이름은 없는 것으로 확인되고 있다.[53]

2) 상해 망명 후 일제의 '밀정'이었다는 설

이갑성이 상해로 망명한 이후 일제의 밀정이 되었다는 설에 대해서는 대체로 그가 상해로 망명한 시기와 목적 및 상해에서의 활동 내용이 문제가 되고 있다.[54]

---

53) 앞의 『자유』 22쪽의 증언서에서는 "李○○은 日帝 當時 朝鮮總督府 警務局長(丸山鶴吉)의 囑託으로 있었다고 하고"라고 되어 있다. 또한 국사편찬위원회 홈페이지에 탑재되어 있는 「조선총독부 직원록」의 '囑託' 관련자 명단에도 이갑성의 이름은 나타나 있지 않다.

54) 앞의 『자유』 22쪽의 증언서에서는 "李○○은 일제시기 상해에 어떻게 갔으며, 또 무엇하러 갔는가. 三十三人의 한 사람이라면 한국 독립운동의 근거지인 임시정부에는 출입을 왜 못하고, 상해일본영사관계 한국독립운동자

먼저 이갑성이 상해로 간 이유는 무엇인가? 상해로의 망명 시기와 동기에 대해서는 자료에 따라 약간의 차이를 보이고 있는데, 우선 1934년(소화 9) 7월 조선총독부 경무국에서 발간한 『國外에 있어서 容疑朝鮮人名簿』에서는 이갑성이 1929년 7월 藥種類의 무역을 하기 위해 상해로 도항한[55] 것으로 되어 있으나 그 밖의 다른 기록에서는 그가 광주학생의거 직후 신간회 사건으로 6개월간 복역한 후 1931년에 상해로 망명했다고 보는 견해가 일반적이다.[56] 그리고 이와 관련해 이갑성 자신도 1967년 5월 12일 국내 신문에 게재한 기사에서 '본인은 민립대학, 신간회 사건으로 기소되어 丹東(安東)에서 영국이 조지 쇼가 경영하는 이륭양행의 기선으로 상해에 망명한 후 佛租界 霞飛路에 거주하였다.'라고 하여 망명 동기가 독립운동과 관련이 있음을 밝히고 있다.[57]

한편, 상해에서의 이갑성의 활동과 성향에 대해서는 다음과 같은 문건의 내용을 통해서 그 일면을 확인할 수 있을 것으로 보인다.

第三章 在留朝鮮人의 狀況

一. 一般槪況

1. 户數 및 人口

當地에 있어서 在留朝鮮人의 户數 및 人口는 複雜한 各國勸力의 錯雜 등 周圍의 關係上 아직 正確한 調査 수행하기 어렵지만, 昭和 九年末 現在의 조사에 의하면 共同租界 户數는 186, 인구 남 252, 여

체포의 두목이며, 조선인거류민회 회장인 李甲寧과만 접촉하였고"라고 되어 있다.

55) 조선총독부경무국, 『國外ニ於ケル容疑朝鮮人名簿』, 1934년 6월, '凡例', 318쪽.

56) 이갑성이 1931년에 상해로 갔다고 보는 연구와 자료는 다음과 같은 것들이 있다. 민족연구소, 『청산하지 못한 역사』, 청년사, 1994, 76쪽. 안상균, 『친일변절자 33인』, 가람기획, 1995. 정신문화연구원, 『한국인물대사전』, 1999. 1446쪽.

57) 「대한일보」 1967년 5월 12일자 1면 광고

312, 계 564명, 부근 支那街 户數 138, 인구 남 235, 여 184, 계 419명, ... 佛租界 在留者는 地域的 關係 및 在留者의 性質上 특히 正確을 其하기 어렵지만 昭和 九年 말 현재 호수 124, 인구 남 452명, 여 149명, 계 601명으로...[58]

위 내용은 1934년 말 상해에 있는 일본총영사관 경찰부에서 조사한 조선인 거주지별 인구 현황인데, 위의 내용에서 보면 상해에 거주하고 있던 조선인들은 주로 공동조계와 중국인 거주 지역 및 불란서 조계지에 거주하고 있었던 것으로 나타나고 있다.

〈표 3〉 在留 上海 朝鮮人의 重要營業者[59]

種類	商號	經營者	資本金	주소	摘要
仲介業	海松洋行	韓鎭教	合資三千元	法界馬恨路 430號	
萬年筆商	林山公司	林得山	個人一千元	法界霞飛路 1270號	目下南京에 支店을 둠
織物商	金文公司	金時文	二千元	法界霞飛路 139號	
朝鮮物産商	元昌公司	趙尙燮	合資五千元	法界霞飛路 寶康里 24	
雜貨商	林盛公司	林承業	個人二萬元	法界霞飛路 429	
産婆	惠生醫院	崔惠淳	二千元	法界馬恨路 446	全南 光州醫院 出身
藥種商	百濟醫院	孔凱平	合資三千元	法界霞飛路 352號	
藥種商	濟衆醫院	李甲成	個人二千元	法界霞飛路 452號	
齒科醫		李東一		法界霞飛路 甲江醫院	

58) 在上海日本總領事館警察部, 「特高警察ニ關スル事項」, 63~64쪽.
59) 在上海日本總領事館警察部, 앞의 문서, 66~67쪽. 본래 이 자료에는 각 인물의 본적도 기재되어 있으나 본고에서는 이를 생략하였으며, 몇 가지 판독하기 어려운 글자가 있었다.

				內	
齒科醫	武相齒科醫院	李武相		法界霞飛路 389 東明公司 二樓	
寫眞業	東明公司	朴容喆	個人一千元	法界霞飛路 389	
寫眞業	星光照相館	郭哲鎬	一千元	法界霞飛路 464	
寫眞業	美容寫眞館	朴容珏	個人一千元	共同租界靜安○路 1230	
飮食店		崔學俊	個人二千元	共同租界○○路	
飮食店		吳鉉淑	個人二千元	華街○江路	
料理店	海樂	曹應道	五千元	共同租界北西川路美○里 17號	
藥種商	三德洋行	孫昌浩	合資三千元	共同租界四川路 123	
食料品店	太平洋行	田龍德	個人五千元	共同租界東鴨○路 110	
食料品점		李建宰	一千元	共同租界東○匯路	
ブイス萬年筆工廠(製造業)		李守仁	合資 八萬元	法租界○○希路10821-2호	支那人과 合同
○氣電光公司(製造業)		鄭潤僑	十萬元	共同租界 北京路 19	美國人과 合同
醫師	福世醫院	朴用駿	個人 一千元	法租界嵩山路街角	目下○鮮中

그런데 일본 영사관 경찰에서 특히 불란서 조계지에 거주하고 있던 조선인들에 대해서는 '佛租界 在留者는 地域的 關係 및 在留者의 性質上 특히 정확하게 파악하기 어렵다.'라고 하여 불란서 조계지가 일본의 영향권이 아니며, 거주자들의 성향에도 문제가 있음을 밝히고 있었음을 알 수 있다.

또한, <표 3>에서 보면 상해의 총영사관 경찰부에서는 총 22명의 조선인들에 대해 '在留朝鮮人 營業者'라 하여 그 현황을 파악하고 있는데, 일본 경찰이 주로 파악하고자 했던 대상은 모두 프랑스 조계나 공동조계에서 활동하는 인물이었던 것으로 나타나고 있으며, 이 중에 이갑성도 포함되어 있었다.

그뿐만 아니라 위에 언급했던 1934년 7월에 발행된 『國外에 있어서 容疑朝鮮人名簿』에서도 이갑성에 대해 '排日親美思想을 抱持하고 있는 인물로 기록하고 있는데, 이 名簿는 고등경찰 직무상의 참고자료로써 과거 수년에 걸쳐 각종 정보 중에 나타나고 있는 것 및 '在外 要視察 要注意人' 등의 범죄와 관련 있는 要項을 拔萃'한 것으로 이 명부에 이갑성이 포함되어 있다는 것은 적어도 이 시기까지는 이갑성은 일제의 감시 대상에 속하는 인물이었음을 말해주는 것이라 하겠다.[60]

따라서 이러한 정황을 종합해 볼 때 적어도 이갑성이 1934년까지 일제의 密偵 노릇을 할 정도로 적극적인 친일을 했거나 친일적 성향을 나타내고 있었다고 주장하는 것은 문제가 있는 것으로 생각된다.

이 밖에 이갑성이 상해로 이주한 것은 1931년경인 것으로 추정되는데, 당시 상해에 있던 임시정부는 1932년 4월 29일 한인애국단 단원 윤봉길의 虹口公園 의거에 성공하자 일제의 박해를 피해 상해를 떠나 嘉興을 거쳐 抗州로 이동하여 5월 10일 항주에서 국무회의를 열고 개각을 단행하였다.[61] 그리고 이렇게 본다면 이갑성과 임정 관련자들이 함께 상해에 머물렀던 시간은 상당히 짧은 기간이었을 것으로 생각된다.

3) 일본 미쓰비시(三菱) 회사 신경 출장소장설

또한, 이갑성이 조선총독부 산업국장의 소개로 일본 '三菱會社 新京出張所長을 委囑받았다는 설'에 대해서는 일단 三菱商社의 기록을 통해서 보면 신경출장소가 있었던 것은 확인되고 있다. 三菱商社에서는 1931년 만주사변이 발발하고 만주지역에 대한 일제의 영향력이 확대되

---

60) 조선총독부 경무국, 『國外ニ於ケル容疑朝鮮人名簿』, 1934년 6월, (凡例), 318쪽

61) 국가보훈처, 『대한민국임시정부수립80주년기념논문집』(하), 1999. 744쪽

자 1932년 3월 하얼빈 出張員을 출장소로 승격시켰으며, 1933년 7월에는 중화학공업 기지였던 봉천 출장원을 출장소로 승격시켰다. 그리고 1933년 6월에는 新京出張員을 13년 만에 부활시켰으며, 이를 1934년에는 출장소로, 1937년에는 支店으로 승격시켰던 것으로 나타나고 있으며, 이 지점은 三菱合資가 1935년에 준공하여 康德會館이라고 명명했던 지상 4층짜리 건물의 1층에 사무실이 있었던 것으로 파악되고 있다.[62]

그런데 이와 관련해서 문제가 되는 것은 우선 이갑성 자신이 이미 1967년 5월 12에 발표한 반박 성명에서 자신은 "新京에 거주한 일이 전혀 없으며, 日語도 모르는 사람이 더욱이 三菱會社 같은 데서 출장소 소장을 했다 하니 三尺童子도 웃을 일"이라고 반박한 바 있다.[63]

〈표 4〉 新京支店 책임자 명단[64]

이름	년도	비고	이름	년도	비고
井上德三	1934년 7월 1일	出張所主任	井上德三	1937년 4월 12일	出張所長
井上德三	1937년 9월 1일		谷村順臟	1939년 8월 1일	
(兼)臼井經倫	1941년 7월 30일	本務 滿洲監督	(兼)高垣勝次郎	1944년 6월 8일	
(兼)高垣勝次郎	1945년 11월 1일	本務 常務取締役兼 滿洲監督			

62) 三菱商社, 『三菱商社史』(上), 三菱史料館, 342~343쪽
63) 『대한일보』 1967.05.12
64) 三菱商社, 『三菱商社史-資料編』, 三菱史料館, 66쪽.

그뿐만 아니라 〈표 4〉에서 보는 바와 같이 三菱商社가 발간한 『三菱商社史-資料編-』에는 「신경지점 책임자의 명단」이 기재되어 있는데, 이 명단에도 이갑성의 이름이 없는 것으로 확인되기 때문에 이갑성이 三菱商社 신경출장소의 소장으로 활동했다는 설은 문제가 있는 것으로 보인다.

또한, 그가 1930년대에 新京있던 '株式會社 日滿産業公司 專務取締役'으로 활동했다는 주장의 경우도 이와 관련해서는 현재 '株式會社 日滿産業公司 專務取締役 岩本正一'이라는 1930년대에 사용한 것으로 알려진 명함이 증거의 전부인데, 최근까지 밝혀진 바에 의하면 일제하에 만주지역의 일본기업의 명단을 정리해 두었던 명단 가운데에서 '일만산업공사'라는 회사의 이름이 확인되지 않고 있다.[65]

그뿐만 아니라 더욱이 이 명함은 고 이강훈 선생이 소지하고 있었던 것인데, 이갑성으로부터 직접 받은 것이 아니라 전 광복회 회장 고 유석현 선생으로부터 받았다고 하여 그 출처 자체가 불분명한 면이 있는 것도 문제라고 할 수 있다.

4) 창씨개명 문제

끝으로 이갑성의 창씨개명 문제와 관련해서도 생각해 볼 여지가 있는 것으로 보인다. 그의 호적에 따르면 이갑성은 1940년 7월 23일에 岩本正一로 창씨개명한 것으로 나타나고 있는데,[66] 이에 대해 우선 이갑성은 "본인이 日帝時 國外에 있었음으로 몰랐던 사실"이라고 밝히고 있다.[67]

---

65) 1950년 12월 일본의 持株會社整理委員會 調査部에서 발행한 終戰 이후 발행한 商號變更會社名索引 자료에서도 "日滿産業公司"라는 회사명은 보이지 않고 있다. 持株會社整理委員會, 『日本財閥とその解體資料』, 1950.

66) 이갑성의 호적부에서 날짜가 확인되고 있다.

67) 「대한일보」, 1967.05.12.

그런데 이와 관련하여 문제가 되는 것은 창씨개명을 했다는 것이 곧바로 친일과 연결되지 않을 수 있다는 점이다. 실제로 1940년 2월 이후 본격화된 창씨개명[68]은 이를 어길 경우 자녀들의 상급학교 입학과 진학이 거부되었고, 행정기관과 관련된 모든 사무가 처리되지 않았으며, 비국민 혹은 不逞鮮人으로 단정하여 갖은 박해를 당해야만 했다. 더욱이 창씨하지 않은 아동은 일본이 교사가 이유 없이 질책·구타하였기 때문에 아이들의 호소 때문이라도 부모는 창씨하지 않을 수 없는 상황이었다.[69] 그리고 이러한 상황에서 국내에서는 창씨개명을 거부하기 어려운 상황이었으며, 이 같은 상황에서 1941년 말까지 322만 694호, 전체 호수의 81.5%가 창씨개명을 하고 있었다.[70]

따라서 이러한 관점에서 볼 때 일제하에서 이갑성이 창씨개명을 했다는 것만으로 그가 친일했다고 단정하기는 어려울 것으로 생각되며, 전체적으로 이갑성이 일제하에서 친일과 관련이 있었다고 하는 설들은 논리적으로 설득력을 갖기 어려운 것으로 생각된다.

---

68) 「경성일보」 1940.02.11. 「오늘은 맑개 갠 창씨의 날」.

69) 양태호, 「창씨개명의 사상적 배경」, 정운현 편역, 『창씨개명』, 학민사, 1994, 115쪽.

70) 장미회, 「일제말기 황민화정책과 창씨개명」, 서강대학교 대학원 일본학과 석사논문, 1999.

V. 맺음말

지금까지 본고에서는 3 · 1운동의 민족대표였던 이갑성의 생애와 민족운동에 대해 살펴보았으며, 그의 '친일 관련설'이 갖고 있는 논리적 문제점을 정리해 보았다. 이를 정리하면 다음과 같다.

첫째 이갑성은 3 · 1운동에 민족대표로 참가하여 서울 지역 학생층을 중심으로 적극적으로 운동에 가담하였고, 출옥 후에도 민립대학운동과 물산장려운동에 참여하였으며, 이후에는 흥업구락부와 신간회 운동에 참여하여 1920년대 국내 민족운동에서 민족진영의 중심적 인물의 한 사람으로 활동했던 것으로 보인다. 그뿐만 아니라 삼우구락부 강연이나 조선문통신강습소에서의 강연 활동 등을 통해 민중계몽활동에서도 일정하게 영향력을 발휘하고 있었던 것으로 보인다.

둘째, 이갑성은 민립대학운동에서는 중앙집행위원으로 평양에서 개최된 강연회에서 강연 내용에 문제가 있어 일제 경찰에게 제지를 당할 정도로 적극적인 활동을 전개하였던 것으로 보이며, 흥업구락부에서는 간사로, 신간회에서는 발기인으로 활동하는 등 상당히 적극적으로 민족운동에 참여하다가 일제의 탄압으로 상해로의 망명을 결정했던 것으로 추정된다.

셋째, 본고에서는 이갑성의 친일 관련설에 대해 그 논증의 문제점에 대해 정리해 보았는데, 우선 이갑성이 1922년부터 1924년까지 조선총독부 경무국장 丸山의 촉탁으로 활동했다는 설에 대해서는 이 시기가 이갑성이 국내의 민족운동에 가장 적극적으로 활동했던 시기였다는 점에서 이갑성이 丸山의 촉탁으로 활동했다고 보는 것에는 문제가 있다는 점을 강조하였다.

또한, 상해 망명 이후 밀정으로 활동했다는 설에 대해서는 상해 주재 일본총영사관 경찰부가 1934년까지 불란서 조계 지역에 거주하고 있던 이갑성을 감시 대상의 한 사람으로 그의 현황을 파악하고 있었으며, 같은 시기에 조선총독부 경무국이 발행한 자료에서도 이갑성에 대해 민족주의 사상을 갖고 있는 인물이라고 파악하고 있었던 점에서 그가 '밀정 노릇'이라는 적극적인 친일을 했다고 보기에는 문제가 있음을 주장하였다.

이밖에 三菱商社 新京出張所長이었다는 설과 株式會社 株式會社 日滿産業公司 專務取締役으로 활동했다는 설에 대해서는 관련설을 입증할 만한 어떠한 자료도 발견되지 않고 있거나 제시된 자료의 신빙성에 문제가 있다는 점에서 문제가 있음을 지적하였다.

그리고 끝으로 이갑성의 창씨개명과 관련해서는 그가 창씨개명을 했다고 하더라도 일제하 1940년대에 국내에서 창씨개명을 했다는 것이 곧바로 친일과 연결되는 것은 아니라는 점을 염두에 둘 필요가 있음을 주장하였으며, 궁극적으로 이갑성의 친일설과 관련된 논쟁은 논리의 비약이 지나치다는 점을 논증하고자 하였다.

전체적으로 볼 때 이갑성의 친일문제와 관련된 연구는 보다 세밀하고 심도 있는 연구가 필요할 것으로 생각되며, 지금까지 그의 '친일관련설'을 주장했던 논의들은 일정하게 문제가 있는 것으로 생각된다고 하겠다.

3·1운동 배경과 연당 이갑성의 역할

이태룡*

차례

* 문학박사. 국립인천대학교 인천학연구원 독립운동사연구소장

【국문 초록】

3·1운동 배경과 연당 이갑성의 역할

이태룡, 국립인천대학교 독립운동사연구소장

배달겨레는 일제침략기(1894~1910)에 30여만 명의 의병을 일으켜서 16년 동안 의병투쟁을 벌인 역사가 있다. 배달겨레는 나라를 잃지 않으려고 재산은 물론 목숨까지 바쳤던 의병투쟁이 무기의 열세로 인하여 결국 경술국치를 당하자 나라를 되찾기 위한 활동을 전개하였다.

1910년 경술국치 직후부터 이듬해 봄까지 서울과 경북 안동 등지의 우국지사들이 서간도 유하현으로 이주하여 대고산에서 노천군중대회를 열어 경학사라는 자치단체를 창설하고, 신흥강습소를 설립하여 광복을 위한 무관을 양성하였다. 1912년 경학사를 발전시켜 이주한 배달겨레의 자치기관인 부민단을 조직하고, 통화현의 합니하(哈泥河)에 신흥강습소를 신흥학교로 바꿔 명실상부한 무관학교로 거듭나서 병농일치를 지향했던 이상룡 · 여준 · 김동삼 · 이시영 등의 지도자는 전술한 대종교 지도자 김교헌 · 김좌진 · 박은식, 연해주에서 활약하던 문창범 · 이동휘 · 이범윤, 중국 본토에서 활약하던 신규식 · 신채호 · 조소앙, 미주 지역에서 활동한 박용만 · 안창호 · 이승만 등 39인이 무오년(1918)에 서명하고, 기미년(1919)년 2월 1일(음력 1월 1일) 간도 길림성에서 「대한독립선언서」를 발표하기에 이르렀다.

이어 2월 8일 일본 도쿄 YMCA 회관에서 도쿄 유학생 최팔용·송계백 등이 독립선언서와 결의문 낭독을 하였다. 그리하여 2월에는 국내에는 중국 본토나 간도, 연해주에서 온 우국지사와 일본에서 귀국한 학생을 통하여 국외에서 발표된 독립선언에 관한 소문이 크게 번져 나갔다.

본고에서는 종교 지도자 33인이 민족대표로서 하나가 되어 「선언서」를 발표하게 된 역사적 배경을 살펴보고, 그 선언서가 서울뿐만 아니라 전국 각지에 배부되어 전국 방방곡곡에서 독립만세시위를 벌이게 되는 과정에서 연당(硏堂) 이갑성(李甲成)의 활동과 역할을 살펴보았다.

대한민국 임시정부에서 나온 기록은 한계가 있어 일제의 기록인 「신문조서(訊問調書)」, 「공판시말서(公判始末書)」, 판결문 등을 중심으로 연구하였는데, 연당은 유력인사와 학생을 규합하기 위해 경향(전국) 각지를 몸소 다니거나 동료·학생을 각지에 파견하였고, 특히 기독교·천도교 지도자들을 규합하기 위해 자기 집에서 오하영, 이승훈, 함태영 등 지도자들과 철야회의를 통하여 마침내 중지를 모았으며, 학생들이 독자적으로 독립선언을 하려는 것을 김원벽, 박희도 등과 힘을 합쳐 종교 지도자들이 독립선언을 하기로 되었으니, 학생들은 이를 도울 것을 요청하여 마침내 3월 1일 민족대표 33인의 이름으로 「선언서」가 탄생하게 된 사실이 「신문조서」와 「공판시말서」에 자세히 드러나고 있다.

연당은 종교 지도자를 민족대표로 통합하고, 학생들을 규합한 3·1운동의 산파 역할을 하였으며, 치밀한 계획에 의해 2월 28일 인쇄된 「선언서」를 서울 지역의 각 학교에 배부하고, 돈독한 관계를 유지하던 세브란스의전 학생을 경남북, 전북으로 보내 「선언서」을 전파하여 독립만세를 외치게 한 3·1운동의 기폭제 역할을 한 민족 지도자였다.

【영문 초록】

The Background of the March 1st Movement and the Role of Yeondang Lee Gap-seong

Lee Tae-ryong, Director of the Institute of Korean Independence Movement Studies at Incheon National University

During the Japanese invasion of Korea, especially between 1894 and 1910, over 300,000 Righteous Armies were formed and battled against Japanese army throughout Korea for 16 years.

Korean carried out activities to reclaim their nation when they faced the National Humiliation in the year of Gyeongsul(also known as Japan's Forced Annexation of Korea) due to inferior military power, despite the Righteous Army's desperate fights even being willing to sacrifice their lives and properties.

From shortly after the National Humiliation in 1910 to spring of the following year, lots of patriots from Seoul and Andong, Gyeongsangbukdo moved to Yuhahyeon in Seogando. They held an open air mass rally in Daegosan Mountain to establish a local government called "Gyeonghaksa" and also established the "Shinheung Training Center" to cultivate military officers for liberation. The national leaders such as Lee Sang-ryong, Yeo-jun, Kim Dong-sam, and Lee Shi-young who developed

“Gyeonghaksa” into the “Bumindan”, the autonomous institution of Korean in 1912 and changed the “Shinheung Training Center” to the “Shinheung Military School”. the leaders of Daejonggyo such as Kim kyo-heon, Kim Jwa-jin and Park Eun-shik, the independence activists sush as Moon Chang-beom, Lee Dong-hwi and Lee Beom-yoon from Yeonhaeju, Shin Kyu-shik, Shin Chae-ho and Cho So-ang from mainland China, Park Yong-man, Ahn Chang-ho, Rhee Syngman from the United State et al. 39 independence activists signed the "Declaration of Korean Independence" in 1918 and proclaimed on February 1, 1919, in Jilin Province, Gando, China.

Following this, On February 8, korean students Choi Pal-yong, Song Gye-baek et al. red the “Declaration of Independence” and the “Resolution” at the YMCA Hall in Tokyo, Japan. Thus, in February, rumors about the “Declaration of Independence” announced abroad spread widely through the independence activists from mainland China, Gando and Yeonhaeju and the students returned from Japan.

This paper examined the background of how 33 religious leaders stuck together and proclaimed the “Declaration” as the representatives of Korean and Yeondang’s role and activity when they distributed the “Declaration” not only to Seoul but also to widely across the country and independence demonstrations shouting “Manse”(hurray) took place throughout the country.

Since the documents recorded by the “Provisional Government of the Republic of Korea” are insufficient, most of the research consisted of analyzing the documents made by Japanese government such as the interrogation reports, the trial transcripts and the written judgments. Yeondang visited all over the country and also sent his colleagues and students to all parts of the country. Especially, in order to gather leaders of Christian and Cheondogyo, he had an overnight conversation with some leaders such as Oh Ha-young, Lee Seung-hoon, and Ham Tae-young at his home and finally reached an agreement. Furthermore he persuaded students willing to declare the "Declaration of Independence" on their own and delegated it to religious leaders instead of students. The fact that the students accepted Yoendang's proposition and finally the "Declaration" was authored in the name of 33 representatives on March 1st was stated in the interrogation reports and the trial transcripts

Yeondang was a national leader who integrated religious leaders into the national representatives, played an intermediary role in rallying the students to support the March 1st Movement, distributed the "Declaration" printed on February 28 to each school in Seoul through a strategic plan and sent intimate students of Severance Medical College to Gyeongsangdo and Jeollabukdo to spread the "Declaration" and urge people to shout "Manse" for independence.

Ⅰ. 들머리

일제가 흔히 선전하기를, 3·1운동은 제1차 세계대전 후 윌슨(W. Wilson) 미국 대통령이 제창한 민족자결주의의 영향을 받아 일어난 것이며, 한민족의 본의가 아닌 듯이 강변하고 있으나, 이것은 문자 그대로 본말이 전도된 주장이라 아니할 수 없다. 물론 3·1운동은 이를 계기로 하여 발발한 것만은 부정할 수 없으나, 무엇보다도 경술국치 후 오랫동안 한민족(배달겨레)의 가슴 속 깊이 쌓이고 쌓였던 자주독립정신의 자발적이고도 거족적인 폭발이었다.[1)]

3·1운동이 일어난 원인을 외적으로서는 윌슨의 민족자결주의나 러시아 혁명이고, 내적으로서는 일제의 무단 통치 등 가혹한 식민지 지배와 한민족의 주체적 역량의 성숙에서 찾기도 하였다.[2)]

그러나 배달겨레는 나라를 잃지 않으려고 재산은 물론 목숨까지 던졌던 일제침략기(1894~1910) 의병투쟁에도 불구하고 경술국치를 당하자 광복을 위한 노력이 시작되었다.

경술국치 직후 연해주에 거주하던 최재형(崔在亨), 이종호(李鍾浩) 등이 연추(延秋)에서 국민회(國民會)를 조직하고, 이듬해 권업회(勸業會)을 조직하여 의장에 이상설(李相卨), 회장에 최재형이 추대되어 독립군을 양성하는 사관학교를 설립하고, 1914년 이상설·이동휘(李東輝)를 정·부통령으로 하는 대한광복군정부(大韓光復軍政府)가 세웠

1) 독립운동사편찬위원회, 『독립운동사』 제2권, 1971, 101쪽 참조
2) 이명희, 「민족대표 33인이 선택한 3·1운동의 목적과 방법」-최린의 3·1운동 준비와 기획행위를 중심으로, 『동서사학』 제6·7합집, 한국동서사학회, 2000, 185쪽

다. 그러나 그해 제1차 세계대전이 발발하자 러시아가 일본과 동맹을 맺고, 권업회를 해체하고, 이어 대한광복군정부 활동도 금지하였다.

1917년 7월 상하이에서 신규식(申奎植)을 비롯한 14인의 명의로 「대동단결의선언」이 발표되었다. 이 선언문의 중심 내용은 서로 단결하여 공화주의 이념을 바탕으로 한 임시정부를 수립하자는 내용이었으나 국내의 일반인은 그러한 사실을 잘 알지 못했다.

그런데 그 후 「대한독립선언서」(일명 「무오독립선언서」)가 발표되었다. 이 선언서는 당시 간도 지방의 대종교(大倧教) 2대 도사교 김교헌(金教獻)과 한인 단체 부민단(扶民團)을 이끌던 지도자 이상룡(李相龍)의 주도로 무오년(1918)에 서명하고, 기미년(1919)년 2월 1일(음력 1월 1일) 길림성(吉林省) 용정(龍井)에서 발표된 것이었다.[3] 주된 내용은 '일본의 병합 수단은 사기와 강박, 불법과 무력에 의한 것이므로 무효이니, 섬은 섬으로 돌아가고, 반도는 반도로 돌아오고, 대륙은 대륙으로 회복하라고 외치면서 2,000만 동포들은 국민된 본령이 독립인 것을 명심하여 육탄혈전(肉彈血戰)으로 독립을 완성할 것을 요구한 것'이었다. 이 선언서에 서명한 지도자는 간도와 연해주를 중심으로 활동하던 이가 많고, 중국 본토와 미주지역에서 활동하던 지도자 등 39인이었다.

이어 그해 2월 8일 일본 도쿄 YMCA 회관에서 도쿄 유학생 400여 명이 모인 가운데 조선청년독립단(朝鮮青年獨立團)의 이름으로 「선언문(宣言文)」을 발표한 것이었다. 그 내용은 '2천만 민족을 대표하여 독립을 선언하고, 민족자결에 의한 자유·독립을 요구한다. 한일합방은 일본의 강압으로 이룩된 것이니 무효이니, 세계가 개조되는 이때 한국이 독립함은 당연하며, 민족의 생존권을 위하여 일본에 대해 영원

3) 이태룡, 『민족지도자 석주 이상룡』, 푸른솔나무, 2018, 160~163쪽

한 혈전을 전개할 것'을 내용으로 「대한독립선언서」와 유사한 것이 많았는데, 중심인물은 최팔용(崔八鏞), 송계백(宋繼白) 등 11인이었다.

「대한독립선언서」와 「선언문」은 중국 본토나 간도지방에서 온 우국지사와 일본에서 귀국한 학생을 통하여 국내에 전파되어 1919년 2월에는 일제의 식민통치에 반발하는 기류가 우국지사는 물론, 학생들의 가슴을 뜨겁게 하였다.

독립운동사편찬위원회에서 『독립운동사』 제2권과 제3권을 통하여 국내외 3 · 1운동을 정리하였고, 『독립운동사자료집』 4~6집에 국내외회의 자료나 기록물, 판결문 등을 번역, 정리하였으며, 많은 학자의 논저가 나왔다.[4)]

본고에서는 종교 지도자 33인이 민족대표로서 하나가 되어 「선언서」를 발표하게 된 역사적 배경을 살펴보고, 그 선언서가 서울뿐만 아니라 전국 각지에 배부되어 전국 방방곡곡에서 독립만세시위를 벌이게 되는 과정에서 연당(硏堂) 이갑성(李甲成)의 활동과 역할을 살펴보았

---

4) 주요 논저로는 「동아일보」 편, 『3·1운동 50주년 기념논집』, 동아일보사, 1969. 박찬승 『한국근대정치사상사연구』, 역사비평사, 1991. 반민족문제연구소, 『청산하지 못한 역사』 2, 청년사, 1994. 전택부, 『한국 기독교청년회운동사』, 범우사, 1994, 김상기 외, 한국독립운동사연구소 편, 『한국독립운동의 역사』 35, 독립기념관 한국독립운동사연구소, 2009. 반병률, 『여기 민족운동의 순교자들』, 신서원, 2013. 연세대학교 의과대학 의사학과 엮음, 『세브란스 독립운동사』, 역사공간, 2019. 이태룡, 『3·1운동 100년』, kbs 한국방송공사, 2019. 이명희, 「민족대표 33인이 선택한 3·1운동의 목적과 방법」 –최린의 3·1운동 준비와 기획행위를 중심으로, 『동서사학』 제6·7합집, 한국동서사학회, 2000. 이정은, 「3·1민족대표론」, 『한국민족운동사연구』 32, 한국민족운동사학회, 2002. 허동현, 「통감부시기(1909–1910)를 어떻게 볼 것인가?」, 『한국독립운동사연구』 27, 2006. 유준기, 「이갑성의 3·1독립운동활동과 문화투쟁」, 민족대표 33인 유족회, 2006.12.05. 이정은, 「경남 함안군 3·1독립운동」, 『한국독립운동사연구』 27, 2006. 반병률, 「세브란스병원의학교 제1회 졸업생들의 독립운동」, 『연세의사학』 11–1, 2008. 박형우, 「1910년대 독립운동과 세브란스」, 『연세의사학』 12–1, 2009. 김상환, 「경상남도 3·1운동의 전개양상과 특징」, 『지역과 역사』 29, 2011. 신규환, 「3·1운동과 세브란스의 독립운동」, 『동방학지』 184, 2018 등이 있다.

는데, 그 자료로 당시 재판기록인 「신문조서(訊問調書)」, 「공판시말서(公判始末書)」, 「판결문」을 철저히 분석하였고, 『일본 외무성기록』 등도 살펴보았다.

이러한 자료는 국사편찬위원회 한국사데이터베이스에 공개된 것이기 때문에 이를 활용했는데, 일부 특정인의 불명예스러운 내용이 담긴 것도 있지만, 이는 사실 규명을 위한 불가피한 것이었을 뿐, 그분들의 명예를 훼손하려는 의도가 전혀 없었음을 밝혀 둔다.

Ⅱ. 기미년 독립선언

1. 배경

1) 일부 지도자와 일제의 인식

1919년 3월 1일 태화관에서 민족대표 33인의 이름으로 「선언서(宣言書)」[5]를 발표한 후 일본 경찰에 피체된 손병희(孫秉熙)는 경성지방법원 예심계 조선총독부 판사 나가시마 유우조(永島雄藏)의 신문(訊問)을 받았다.

① 「손병희(孫秉熙) 신문조서(제1회)」[6]

문: 어떤 동기에 의하여 독립운동을 기도했는가?

답: 그 일은 이전부터 계획하고 있었던 것이 아니고, 이번 파리강화회의에서 제창된 미국 대통령의 민족자결 문제에 의하여 민심이 움직이고 있는 것을 간취(看取)하였으므로 나는 우리 조선도 민족자결의 취지에 의하여 독립시키고 싶은 희망을 품고, 힘으로 다투지 않고 일본 정부에 대하여 그 취지를 건의하고, 형편을 보아 그 일을 선언하기로 하는 것이 좋겠다고 생각하고 있었는데, 예수교파에서도 그런 기도가 있어 쌍방이 의논하여 합동

---

5) 1919년 2월 1일 간도의 길림성 용정에서 민족지도자 39인의 이름으로 발표된 선언서의 이름은 「대한독립선언서(大韓獨立宣言書)」, 2월 8일 일본 도쿄에서 학생대표 11인의 이름으로 발표된 것은 「선언문(宣言文)」, 3월 1일 태화관에서 민족대표 33인의 이름으로 발표된 것의 원명은 「선언서(宣言書)」이다.

6) 국사편찬위원회 한국사데이터베이스, 「손병희 신문조서(제1회)」, 『한민족독립운동사자료집』, 11권, 1919년 4월 10일

으로 독립선언을 한 것이다.

재판정에서 피고의 답변은 진실보다 자기에게 유리한 입장을 위해 혹은 복잡함을 피해서 답변하기 때문에 편의적으로 한 경우도 많았던 것으로 보인다.

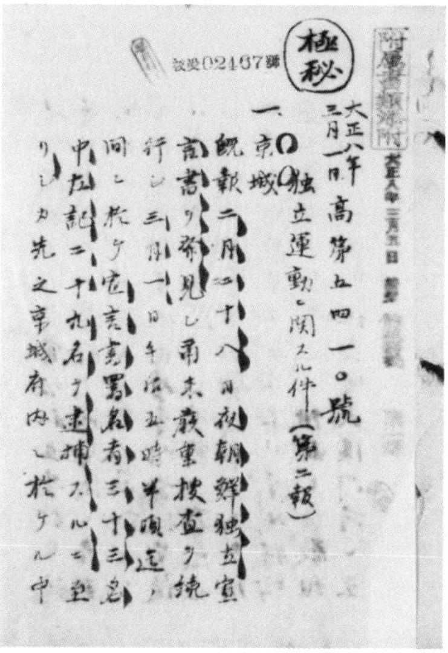
極秘
大正八年三月一日 高第五四一〇號
独立運動ニ関スル件（第二報）

▲ 「독립운동에 관한 건」(『일본 외무성기록』. 1919.03.01)

손병희는 독립운동의 동기를 민족적 입장이나 자신의 실제 의지를 대답하기보다는 '민족자결주의가 조선에서도 적용되어, 또 일본도 강화회의에 5대국으로서 참가하기 때문에 일본도 국제연맹이나 강화회의의 정신을 따라서 조선의 독립을 인정해 줄 것이다.'라는 인식에서 진술한 것은 여러 가지 면에서 편의성이 있기에[7] 재판 과정에서 피고의 답변을 그대로 믿고 수용하는 것은 다소 문제가 있을 수 있다.

그러나 계속된 신문에서 자기에게 유리한 입장을 위한 답변이었다고 하더라도 민족의식과 역사의식 측면에서 배달겨레와 상당한 차이가 있었다는 것이 드러나고 있다.

② 「손병희(孫秉熙) 신문조서」[8]

문: 피고는 일로전쟁(日露戰爭) 당시에는 인부 등을 공급하여 일본을 원조했다는데 어떤가?

7) 이명희, 앞의 논문, 205쪽
8) 국사편찬위원회 한국사데이터베이스, 앞의 주 참조

답: 그렇다. 그리고 내가 일본에 있을 때 군자금(軍資金) 1만 원을 헌납한 일이 있다. 그것은 그때 일본이 깨어지면 동양이 파멸된다고 생각했으므로 가급적 할 수 있는 일을 했을 뿐이며, 또 경부선, 경의선을 포설(布設)할 때는 천도교에서 적지 않은 원조를 하였다.

문: 피고는 일한병합(日韓併合) 때 어떤 감상을 품고 있었는가?

답: 나는 별로 찬성도 아니고, 불찬성도 아니고, 중립을 지키고 있었으므로 지방의 교도에 대해서도 당시 입을 열지 말라고 효유했었다.

문: 그러나 일한병합에 대하여 상당한 의견을 품고 있었던 것으로 생각되는데 어떤가?

답: 우리들은 일청전쟁(日清戰争) 당시 정부를 전복(顚覆)하지 않으면 인민의 행복은 얻을 수 없다는 생각으로 전복을 꾀했으나 성취할 수 없었으며, 한 번은 정부가 전복될 때가 올 것으로 생각하고 있었으므로 별로 감상도 없었다. 그래서 나는 방금 진술한 태도를 취했던 것이다.

「선언서」 발표에 참여했던 민족대표 29인[9], 뒤늦게 참석했거나 타지에서 「선언서」를 배포하고 만세시위를 벌이다가 붙잡힌 민족대표, 서울에서 만세시위를 벌였던 인사 등 362인에 대한 수사를 지휘했던 경성지방법원 검사국 검사 야마사와 사이치로(山澤佐一郎)는 그해 8월 30일 경성지방법원 예심계 판사 호리 나오키(堀直喜)에게 「의견서」[10]를 보냈다.

---

9) 민족대표 33인 중 4인(길선주·김병조·유여대·정춘수)은 여러 사정으로 「선언서」 발표식에는 불참함.

10) 국사편찬위원회 한국사데이터베이스, 「의견서」, 『한민족독립운동사자료집』 17권, 1919년 8월 30일

미국과 중국 북경·상해 등에 재류하는 불령선인(不逞鮮人) 등은 구라파 전란의 종식에 제하여 북미합중국 대통령의 대적강화(對敵講和)의 한 항목으로서 각 민족의 자결주의를 주창함을 듣자, 조선 민족도 또한 해당 주의에 따라 제국의 속박을 벗어나 한 독립국을 형성할 이유가 있다고 일컫고, 그 실현을 기하는 데는 우선 조선 민족을 규합하고 내외 호응하여 독립 희망의 의사를 표시하고, 이어 각종의 수단에 의하여 운동에 종사할 필요가 있다고 간주하여, 상해로부터 사람을 동경과 조선에 파견하여 주로 학생과 조선 서부에 있는 야소교도의 일부에게 이상의 사상을 선전하여 인심 동요의 형세가 나타나자, 동경에서는 대정 8년 1월 초순을 기해 최팔용(崔八鏞) 등 불령분자들이 재류 학생을 규합하여 동경시 간다쿠(神田區) 조선기독교청년회에서 조선독립에 관한 격렬한 논의를 거듭하고, 경시청에 출두하여 독립의 의견을 진술하는 등 불온한 행동을 하게 되자, 이것을 문지(聞知)한 서울에 있는 학생의 사상도 점차로 험악하게 되어 동경에 있는 학생의 주장에 따르려 하는 자가 점차로 많아지고 소재를 비밀로 하여 독립운동을 상의하였다.

이 「의견서」는 경성지방법원 검사국 조선총독부 검사의 '개인 의견서'에 불과한 것이지만, 3·1운동이 배달겨레의 독립 의지가 분출한 것이 아니고, 제1차 세계대전 후 미국 대통령 윌슨이 제창한 민족자결주의의 영향을 받아 일어난 것으로 파악하였다.

2) 배달겨레의 광복 활동

배달겨레는 일제침략기(1894~1910)에 30만여 명의 의병을 일으켜서 16년 동안 의병투쟁을 벌인 역사가 있다. 배달겨레는 나라를 잃지 않으려고 재산은 물론 목숨까지 바쳤던 의병투쟁이 무기의 열세로 인하여 결국 경술국치를 당하자 나라를 찾기 위한 활동을 전개하였다.

경술국치 후 국내에서는 일제의 혹독한 헌병경찰제도 시행으로 배달겨레는 움쭉달싹도 할 수 없는 처지가 되자 광복 활동을 위해 국외로 나가게 되었는데, 경술국치에 앞서 1907년 양기탁(梁起鐸), 안창호(安昌浩), 이동녕(李東寧) 등 많은 우국지사가 신민회(新民會)를 조직하여 국권회복(國權恢復)을 목적으로 크게 활약하였다. 신민회가 추진하려던 것은 '우수한 학교를 설립하여 인재를 양성할 것', '국외에 무관학교를 설립하여 독립전쟁에 대비할 것', '국외에 독립군 기지를 건설하고 독립군을 창건할 것' 등이었다.[11]

경술국치 전후 광복을 도모하기 위해 국외로 향했던 많은 지사는 신민회 소속이 아닌 사람이 더 많았지만, 주로 '학교를 설립하여 인재를 양성하고, 무관학교를 세워 독립군을 창건하는 활동'을 지향하였다.

국외 광복지사의 활동을 살펴보면, 1910년 12월 러시아 연해주에 거주하던 최재형, 이종호, 오주혁(吳周爀), 황병길(黃炳吉) 등은 연추에서 국민회(國民會)를 조직하였다. 국민회 설립 목적은 해빙기에 학교를 설립하여 인재를 양성하고, 국권을 회복하자는 취지였는데, 최재형이 회장, 이종호가 부회장을 맡아 활동하였다.

이어 연해주 블라디보스토크 신한촌(新韓村)에서 조직된 권업회(勸業會)는 1911년 5월 20일 창립총회에서 의장에 이상설, 회장에 최재형, 부회장에 홍범도(洪範圖)가 선임되었다. 권업회의 설립 목적을 겉으로는 '실업(失業)의 동포에게 실업(實業)을 수여하여 직업에 충실하고, 문명의 행동을 도모하는 데 있다.'라고 했으나 회원 수가 많이 증가하여 1914년에는 8,500여 명에 이르자, 독립군을 양성하는 사관학교를 설립하고, 이상설 · 이동휘(李東輝)를 정 · 부통령으로 하는 대한광복군정부(大韓光復軍政府)를 탄생시켰다. 그러나 그해 제1차 세계대전

11) 독립운동사편찬위원회, 『독립운동사』 제10권, 656~657쪽 참조

이 발발하자 러시아가 일본과 동맹을 맺고, 권업회를 해체하고 대한광복군정부 활동도 금지하였다.[12]

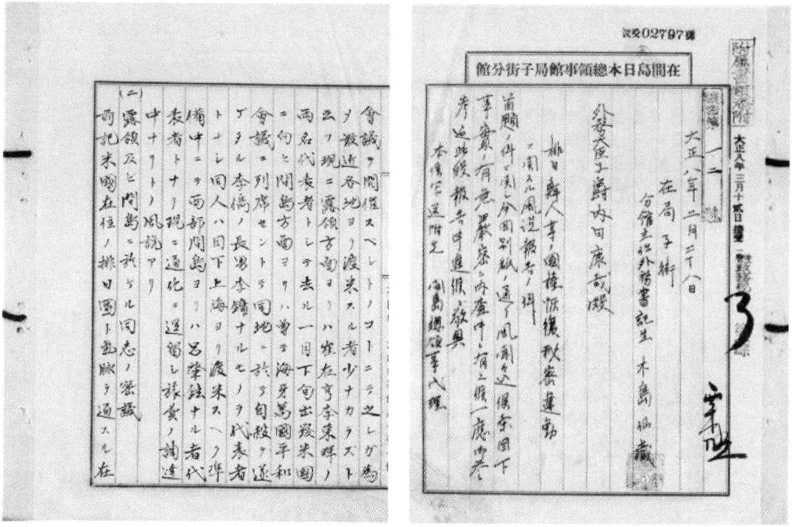
秘受02797號
在間島日本總領事館局子街分館

▲ 최재형과 이용(이준 장남)의 활동이 담긴 기록
-『일본 외무성기록』. 1919.02.28

1918년 11월 하순 미국 대통령 윌슨이 원동(遠東) 사정을 시찰코자 찰스 크레인(Charles R. Crane)을 중국으로 파견하였다. 이때 신한청년당원 여운형(呂運亨)이 상하이(上海)에서 그를 방문하여 한국의 사정을 개진하고, 우리 민족이 독립을 요구한다는 문건을 윌슨 대통령에게 전달케 하였다.

이 무렵 미국 샌프란시스코에 있던 대한인국민중앙총회(大韓人國民中央總會)는 회장 안창호(安昌浩)의 주최로 임시협의회를 개최하고, 조국의 광복을 도모하고자 이승만(李承晩)·민찬호(閔瓚鎬)·정한경(鄭翰景) 세 사람을 파리의 강화회의와 약소국동맹회의에 참석시키기로 하였다.[13]

12) 이태룡,『일제침략기 의병장 73인의 기록』제5권, 광문각. 2022, 168쪽

▲ 중국 화룡현 청파호 대종교 3종사 무덤(서일-나철-김교헌 순)

경술국치 전후 간도로 가서 나라를 되찾으려고 백두산 아래의 중국 화룡현 청파호(靑坡湖)에 총본사를 두고, 많은 학교를 세워 청년들에게 민족의식과 독립의식을 심어주었던 나철(羅喆)·김교헌(金敎獻)·서일(徐一)·윤세복(尹世復)·박은식(朴殷植) 등 대종교 지도자들이 있었다.[14)]

나철의 밀명을 받은 신규식(申圭植)은 1912년 12월 상하이 프랑스 조계(租界) 내 명덕리(明德里)에 박달학원(배달학원)을 개설하여 상하이로 모여드는 청년들을 수용하고 교육하였다. 이어 1915년 3월 대종교의 지도자였던 이상설·박은식·박찬익(朴贊翊), 그리고 북경으로부터 온 성낙형(成樂馨)·유동열(柳東說) 등과 신한혁명당(新韓革命黨)을 조직하고, 이어 대동보국단(大同輔國團)을 조직하였고, 1917년 7월

13) 독립운동사편찬위원회, 『독립운동사자료집』 6. 33~34쪽
14) 이태룡, 『민족지도자 석주 이상룡』, 푸른솔나무. 2018, 164쪽

상하이에서 신규식을 비롯한 14인의 명의로 「대동단결의선언」을 하였으니, 이 선언은 최초의 독립선언 성격을 띤 것이었다.

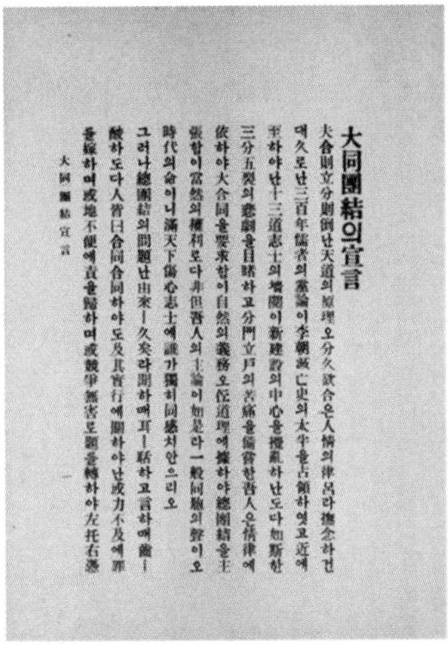

大同團結의宣言

夫合則立分則倒난天道의原理오分久欲合은人情의律呂라撫念하건
대久로난三百年儒者의黨論이李朝滅亡史의太半을占領하엿고近에
至하야난十三道志士의派閥이新建設의中心을攪亂하난도다如斯한
三分五裂의悲劇을目睹하고分門立戶의苦痛을備嘗한吾人은情律에
依하야大合同을要求함이自然의義務오道理에據하야總團結을主
張함이當然의權利로다非但吾人의主論이如是라一般同胞의聲이오
時代의命이니滿天下傷心志士에誰가獨히同感치안으리오
그러나總團結의問題난由來ㅣ久矣라聞하매耳ㅣ騂하고言하매齒ㅣ
酸하도다人皆曰合同合同하야도及其實行에關하야난成力不及에罪
를歸하며或地不便에責을歸하며或競爭無害로罰을轉하야左托右諉

大同團結宣言

一

▲ 「대동단결의선언」

그 선언에 참여한 14인은 신규식 · 조소앙(趙素昂) · 신백우(申錫雨) · 홍명희(洪命熹) · 박용만(朴容萬) · 김규식(金奎植) · 한홍(韓興) · 신채호 · 박은식 · 조성환(曺成煥) · 윤세복(尹世復) · 박찬익 · 이용혁(李龍爀) · 신대모(申大模) 등으로 대다수가 대종교 계열의 지도자였다.[15)]

1910년 경술국치 직후부터 이듬해 봄까지 서울과 경북 안동 등지의 우국지사들이 서간도 유하현으로 이주하여 대고산(大孤山)에서 노천군중대회(露天群衆大會)를 열어 경학사(耕學社)라는 자치단체를 창설하고, 신흥강습소(新興講習所)를 설립하여 광복을 위한 무관을 육성하였다.

1912년 경학사를 발전시켜 부민단을 조직하고, 그 본부를 통화현의 합니하(哈泥河)로 옮겨 신흥강습소를 신흥학교로 바꿔 명실상부한 무관학교로 거듭나게 되니 병농일치를 지향했던 이상룡 · 여준(呂準) · 김동삼(金東三) · 이시영(李始榮) 등의 지도자는 전술한 대종교 지도자 김교헌 · 김좌진(金佐鎭) · 박은식(朴殷植), 연해주에서 활약하던 문창범(文昌範) · 이동휘 · 이범윤(李範允), 중국 본토에서 활약하던 신규식 · 신채호(申采浩) · 조소앙, 미주 지역에서 활동한 박용만(朴容萬) · 안창호 · 이승만 등 39인이 무오년(1918)에 서명하고, 기미년(1919) 2

15) 독립운동사편찬위원회, 『독립운동사』 제4권, 106~107쪽

월 1일(음력 1월 1일) 간도 길림성에서 「대한독립선언서」를 발표하기에 이르렀다.

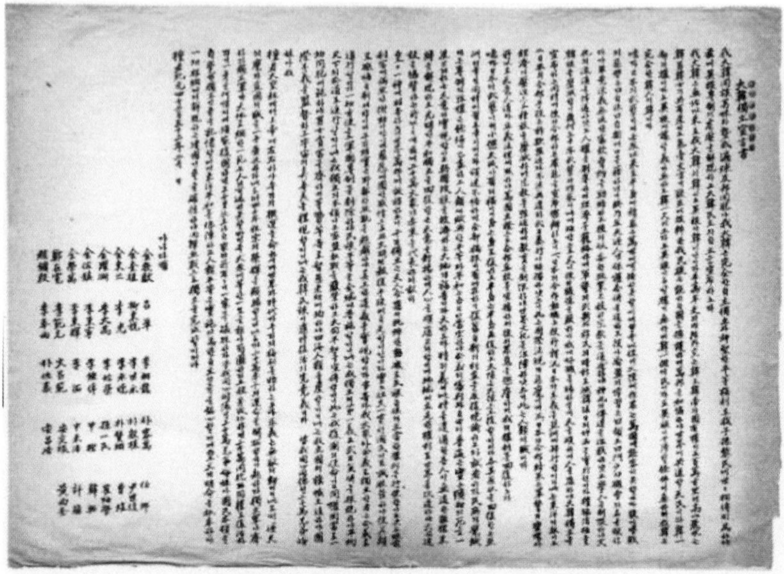

▲ 「대한독립선언서」(일명 「무오독립선언서」)

이 선언서에는 일본의 합병 수단은 사기 · 강박 · 불법 · 무력에 의한 것이고, 합병 결과는 정치적 · 경제적 압박으로 종족을 말살하고, 종교를 협박하며, 교육을 제한하여 세계 문화를 저해하는 것으로 인류의 적이라고 하였고, 하늘의 뜻과 인간의 도리와 정의와 법리에 비추어 합병은 무효라고 선언했다. 정의의 칼로 하늘을 거스르고 나라를 훔친 적을 도결(屠決)하여 운명을 개척하자고 했다.[16]

이어 2월 8일 일본 도쿄 YMCA 회관에서 유학생들이 독립선언을 하게 되었다. 2 · 8독립선언의 직 · 간접 계기가 된 것은 1918년 12월 1일 도쿄에서 발행된 「저팬 애드버타이저(Japan Advertiser)」라는 신문

16) 이태룡, 앞의 책, 161~164쪽

에 실린 파리강회회의의 기사와 15일 마이니치신문(朝日新聞)에 샌프란시스코 교민의 독립운동 자금 모금 기사가 실린 것을 유학생들이 보았다. 그해 12월 하순, 조선유학생학우회가 주최한 웅변대회가 도쿄 YMCA 강당에서 열렸는데, 이 자리에서 독립운동에 관한 의견을 교환하여, 최팔용(崔八鏞)·송계백(宋繼白)·백관수(白寬洙)·김철수(金喆壽) 등이 대표위원으로 선출되었다.

▲ 「선언문」(일명 「2·8독립선언문」)

대표위원들은 일본 경찰의 감시를 피해 밀의를 한 끝에 독립선언문과 민족대회소집청원서, 그리고 결의문을 국문·영문·일문으로 작성하여 서명하고 일본 조야(朝野)와 외국 공관에 보내기로 하였다. 또한, 비밀결사인 조선청년독립단을 발족시키기로 하고 구체적인 추진 계획도 수립하였으며, 이 운동을 국내에까지 파급시키기 위하여 송계백을 국내로 보냈다.

1919년 2월 8일 오후 2시, 조선유학생학우회 총회라는 명목으로 4백여 명의 유학생들이 동경 YMCA 강당에 모였다. 도쿄 경시청에서도 이미 눈치를 채고 오전부터 수십 명의 정·사복 경찰을 그곳에 파견하였다. 그러나 식은 거행되어 회장인 백남규(白南奎)가 개회를 선언하고, 그가 연단에 올라가 조선청년독립단을 발족할 것을 건의하여 찬성을 받았다. 이어 독립선언서와 결의문 낭독이 끝난 후 일경에 피체되었다.[17]

그리하여 1919년 2월에는 중국 본토나 간도, 연해주에서 온 우국지사와 일본에서 귀국한 학생을 통하여 국외에서 발표된 독립선언에 관한 소문이 크게 번져 나갔다.

▲ 「선언서」(일명 「기미독립선언서」)

1919년 3월 1일 민족대표 33인의 이름으로 발표된 「선언서」가 나오기까지 국사편찬위원회 「근대사연표」에 나오는 주요 내용을 살펴보면 다음과 같다.

일자	내용
01.22	광무황제 고종, 덕수궁에서 승하
01.23	박희도·김원벽 등 서울 각 학교대표, 대관원에서 독립문제 밀의
01.25	천도교주 손병희·권동진·오세창·최린 등, 천도교측의 독립운동계획 결정
01.26	서울시내 각 학교대표들 대규원에서 재회합
02.01	- 신한청년당 대표 여운형·김철·김규식·장덕수·조동호 등 상해에서 회합. 김규식을 파리, 장덕수를 일본, 김철·선우혁·서병호를 국내, 여운형을 노령에 파견, 종교계 및 각 사회

17) 독립운동사편찬위원회, 『독립운동사자료집』 13, 31~37쪽 참조

	단체의 인사와 회견토록 함 - 김교헌 · 김좌진 · 여준 · 이동녕 등 39명 명의로 만주 길림에서 「대한독립선언서」 발표
02.07	- 송진우 · 최린의 주선으로 비종교계와 천도교의 합동에 합의. 기독교계 포섭차 김도태 · 정노식을 이승훈에게 밀파 - 동경유학생회 조선청년독립단, 민족대회 소집 청원서 1천장 인쇄 · 독립선언문 결의문 6백 장 등사
02.08	2.8독립선언. 동경유학생 최팔용 · 백관수 · 김도연 등 600여 명, 조선기독교청년회관에서 조선독립청년단 명의의 독립「선언문」 발표. 최팔용 등 60여 명 일경에 피검
02.14	이갑성, 각 전문학교 학생대표들과 제2차 회합
02.20	- 상해에서 입국한 장덕수, 인천에서 피체 - 각 학교대표자 강기덕 · 김성덕 · 김원벽 등 승동예배당에서 간부회의 개최 - 전로한족회 중앙총회 니콜리스크한족회, 광무황제 추도회 개최
02.21	기독교계의 이승훈 · 박희도 · 오기선 등 천도교 측과 합동으로 독립운동할 것을 논의
02.22	학생대표 김원벽 · 강기덕 · 한위건 등 박희도와 협의하여 학생운동을 33인 중심의 운동과 합류키로 결정
02.27	보성사에서 독립청원서 2만 매 인쇄하여 전국 주요 인사에 배포 시작
02.28	민족대표 25명, 손병희 가(家)에서 최종 회합. 독립선언 장소를 태화관으로 변경
03.01	민족대표 29명, 태화관에서 독립선언의 「선언서」 낭독. 시민 2만여 명 탑골공원에서 독립을 요구하는 만세시위. 이를 계기로 만세시위 전국으로 확대

민족대표 33인의 이름으로 「선언서」 발표가 나오기까지 지도자들의 역할에 주목할 필요가 있다. 특히 2월 14일 '이갑성, 각 전문학교 학생대표들과 독립운동 위한 제2차 회합'을 비롯하여 '각 학교대표자 강기덕(康基德) · 김성덕(金盛德) · 김원벽(金元璧) 등 승동 예배당에서 간부회의 개최', '학생대표 강기덕 · 김원벽 · 한위건(韓偉健) 등, 박희도

(朴熙道)와 협의하여 학생운동을 33인 중심의 운동과 합류키로 결정' 등 2월 28일까지 민족대표 33인의 선정, 2만 매에 달하는 「선언서」의 인쇄 및 배포 등 거사에 필요한 모든 준비를 끝마치고, 일제강점기 독립운동사에서 가장 뜻깊은 날인 1919년 3월 1일을 맞이하게 되었다.

2. 이갑성의 활동

3월 1일 서울의 태화관에서 「선언서」를 발표했던 민족대표와 서울에서 만세시위를 벌였던 인사 등을 포함한 362인에 대한 수사를 지휘했던 경성지방법원 검사국 검사 야마사와 사이치로(山澤佐一郎)는 경성지방법원 예심계 판사 호리 나오키(堀直喜)에게 「의견서」[18]를 통하여 3·1운동 전모를 요약하여 보냈다.

> 천도교주 손병희(孫秉熙)와 각 여당인 최린(崔麟)·권동진(權東鎭)·오세창(吳世昌) 등은 일반 민심의 기미함을 보자 최남선(崔南善)·송진우(宋鎭禹) 등과 상모하여 항상 가지고 있던 조선독립의 야망을 수행하는 것이 바로 이때라고 좋은 기회를 놓치지 말세라, 더욱이 야소교 전도자인 이승훈(李昇薰)·함태영(咸台永)·박희도(朴熙道), 세브란스병원 사무원 이갑성(李甲成), 기타 자들과 또 두세 명의 불교 승려와 서로 결탁하기에 이르렀다.
> 위 주모자 중 박희도와 이갑성은 독립을 획책하고 그 운동을 하는 데에는 서울에서 학생을 규합하고, 그 실행 방면을 담당시키는 것밖에 없다고 생각하고, 가만히 학생 사이의 사상 동정을 살피며 거사하는 날에 대비하겠다고 하였다.

18) 국사편찬위원회 한국사데이터베이스, 앞의 주 참조

박희도는 대정 8년 1월 하순 각 전문학교 유력자라고 보는 자 즉 연희전문학교 학생 김원벽(金元壁), 보성법률상업전문학교 학생 강기덕(康基德), 경성의학전문학교 학생 한위건(韓偉健)과 피고 김형기(金炯璣), 경성공업전문학교 학생 주종관(朱鍾宜), 경성전수학교 학생 이공후(李公厚)를 경성부 관수동 중국요리점 대관원(大觀園)에 초청하여, 주익(朱翼)·윤화정(尹和鼎) 또한 이 자리에 연석하여 조선독립의 호기가 왔다면서 이를 위해 집회 논의를 거듭하여 상호 결속할 필요가 있음을 설득하고 독립운동에 힘쓸 것을 권유하였으며, 이갑성도 또한 각 학생 간의 결속을 공고히 하기 위해 2월 12일과 14일에 두 번에 걸쳐 음악회 등을 가탁하여 경성부 남대문통 세브란스연합의학전문학교 구내인 자택에 김원벽·피고 김형기·피고 윤자영(尹滋瑛)·김영진(金永珍)·배동석(裵東奭)·한위건(韓偉健) 등 각 전문학교 학생 중 유력자를 초청하여, 해외에서의 독립운동의 정세를 논의하고 독립의 사상을 고취하는 데 힘쓰고, 그렇지 않아도 일본에서의 학생의 맹동에 자극받고 있는 청년 학생들에게 사상을 선동하였다.

일제는 손병희·최린·권동진·오세창 등 천도교 지도자들이 최남선, 송진우 등과 모의하여 항상 가지고 있던 조선독립의 야망을 수행하는 좋은 기회로 생각하여 기독교 지도자 이승훈·함태영·박희도, 세브란스병원 사무원 이갑성 등과 두세 명의 불교 승려와 서로 결탁하였고, 박희도와 이갑성은 강기덕·김원벽·한위건·김형기·윤자영·김영진·배동석 등 학생들을 규합하는 활동을 하였다고 요약 정리하였다.

1) 주요 인사 규합을 위한 노력

민족대표 33인 중, 일경에 피체되지 않았던 김병조(金秉祚) 지사, 피체된 후 서대문감옥에 투옥, 심한 고문으로 1919년 5월 26일 옥사한

양한묵(梁漢默) 의사를 제외한 31인, 경성(서울)에서 만세시위를 벌였던 인사, 민족대표로 서명하지 않은 종교계 주요 인사 등 362명에 대한 「신문조서」가 있는데, 종교계 지도자를 비롯한 주요 인사를 규합하는 데 심혈을 쏟았던 이갑성의 활동이 다른 사람의 「신문조서」에 많이 나타나 있다.

① 「최린(崔麟) 신문조서」[19]

문: 예수교파의 사람과 독립운동에 대하여 이승훈(李昇薰) 이외에 누구누구와 회합했는가?

답: 2월 20일 나를 만나겠다고 이승훈이 함태영(咸台永), 박희도(朴熙道), 이갑성(李甲成), 안세환(安世桓)을 나에게 데리고 와서 이승훈의 소개로 동인 등과 만났었다.

② 「이인환(李寅煥)[20] 신문조서(제4회)」[21]

문: 2월 21일에 이갑성(李甲成)의 집에서 피고와 박희도(朴熙道), 오기선(吳箕善), 현순(玄楯), 안세환(安世桓), 이갑성, 오화영(吳華英), 신홍식(申洪植), 김세환(金世煥), 함태영(咸台永)과 함께 철야 회의를 한 일이 있는 것 같은데 어떤가?

답: 그렇다.

문: 이갑성 집에서 철야 협의한 다음 날은 회합하지 않았는가?

답: 그렇다. 회합하지 않은 것으로 생각된다.

문: 이갑성의 집에서 철야 협의한 때에는 동인의 집 안방에서 모였는가?

---

19) 국사편찬위원회 한국사데이터베이스, 「최린 신문조서」, 『한민족독립운동사자료집』 11권, 1919년 4월 7일

20) 이인환(李寅煥): 이승훈(李昇薰, 1864~1930)의 본명

21) 국사편찬위원회 한국사데이터베이스, 「이인환 신문조서(제4회)」, 앞의 책, 1919년 7월 17일

답: 그렇다.

문: 그때 천도교와 협동하여 운동하는 것과 독립선언을 하는 것을 결정했는가?

답: 그때 천도교와 합동할 것을 결정하고, 독립선언서는 최린(崔麟)이 담당하여 인쇄해 주기로 되어 있으므로 인쇄가 완성되면 어떻게 하는가를 협의했었다. 그런데 오기선은 주장이 달라서 그것에 찬성하지 않는 모양이었다.

문: 이갑성의 집에서 철야 협의했을 때 천도교와의 합동에 대해서는 확정하지 않고, 또 독립청원을 한다는 것뿐으로 독립선언을 하는 데 대한 말을 없었던 것이 아닌가?

답: 그렇지 않고, 그때 천도교과 합동하는 것을 결정하고, 또 독립선언을 하기로 했었다.

문: 피고가 최남선(崔南善)과 함께 최린의 집으로 가서 독립운동에 대하여 협의한 것은 이갑성의 집에서 철야 협의한 날 오후인 것이 틀림없는가?

답: 그렇다. 틀림없다.

문: 26일에 한강 인도교에서 회합했을 때는 박희도, 오화영, 최성모(崔聖模), 안세환, 이갑성, 이필주(李弼柱), 함태영 및 피고 등 8명이었는가?

답: 그렇다.

문: 그때 그대는 이갑성은 없었던 것으로 지방법원 예심에서 진술했었는데 어떤가?

답: 그것은 잘못이었다. 그 사람도 그때 회합한 한 사람에 틀림없다.

문: 2월 27일에 이필주의 집에서 모인 것은 박희도, 오화영, 이갑성, 최성모, 김창준(金昌俊), 함태영, 신석구(申錫九), 이필주, 박동완(朴東完) 피고인 등 10명이었는가?

답: 그렇다.

③ 「박희도(朴熙道) 신문조서(제3회)」[22)]

문: 2월 25일 정오가 지나서 용산의 한강 인도교에서 수명이 회합했는가?

답: 그렇다.

문: 그때 이승훈(李昇薰), 함태영(咸台永), 이필주(李弼柱), 이갑성(李甲成), 안세환(安世桓), 최성모(崔聖模), 오화영(吳華英)과 피고가 모였는가?

답: 그렇다.

문: 그때 독립선언서는 3월 1일 오후 2시에 파고다공원에서 발표할 것, 예수교에서 안세환, 천도교에서도 한 사람을 동경(東京)으로 파견할 것, 선언서를 발표하고 체포된 사람의 가족을 구조할 것 및 선언서에 명의를 낼 사람 등을 결정했는가?

답: 그렇다.

④ 「강기덕(康基德) 신문조서(제4회)」[23)]

문: 피고는 손병희(孫秉熙) 등이 기도(企圖)한 조선 독립운동에 가담하고, 그 사람들과 행동을 함께한 일이 있는가?

답: 그런 일은 없다.

문: 그러나 손병희 등이 그런 기도를 하고 있었다는 것, 이갑성(李甲成)이 그 중간에 끼어 있었다는 것은 알고 있었던 것이 아닌가?

답: 그것은 알고 있다.

문: 언제쯤 알았는가?

답: 2월 25일경에 한위건(韓偉鍵)에게서 손병희의 기도가 있음을

22) 국사편찬위원회 한국사데이터베이스, 「박희도 신문조서(제3회)」, 앞의 책, 1919년 7월 17일

23) 국사편찬위원회 한국사데이터베이스, 「강기덕 신문조서(제4회)」, 앞의 책, 1919년 7월 29일

들었고, 이갑성이 그 중간에 끼어 있다는 것은 2월 28일이 되어 비로소 알았다. 그것은 제중원 학생 김문진(金文軫), 이용설(李容卨)에게서 들은 것으로 이갑성 본인에게서 들은 것은 아니다.

문: 어디서 어떤 기회에 들었는가?

답: 그 무렵 나는 제중원(세브란스병원)에 뇌병으로 입원하고 있었는데 거기에 위 두 사람이 문병하러 와서 말했었다.

⑤ **「신홍식(申洪植) 신문조서(제2회)」**[24)]

문: 피고인은 금년 2월 19일에 경성에 온 일이 있는가?

답: 그렇다. 평양에서 경성으로 그날 왔었다.

문: 다음 날 밤에 박희도(朴熙道)의 집에서 동지들과 회합한 일이 있는가?

답: 있다.

문: 그때 함께 모인 사람은 이승훈(李昇薰), 곧 이인환(李寅煥) 등 수명이었는가?

답: 오화영(吳華英), 오기선(吳基善), 정춘수(鄭春洙), 이인환, 박희도와 나 6명이었다.

문: 그 뒤 2월 21일 밤에 이갑성(李甲成)의 집에서 동지 수명과 회합했었는가?

답: 그렇다. 그때에는 운동할 동지를 모집하는 것에 대하여 협의했었다.

---

24) 국사편찬위원회 한국사데이터베이스, 「신홍식 신문조서(제2회)」, 『한민족독립운동사자료집』 12권, 1919년 9월 12일

⑥ 「안세환(安世桓) 신문조서(제2회)」[25)]

문: 그대는 금년 2월 20일 박희도(朴熙道)의 집과 이갑성(李甲成)의 집에서 동지들과 집회하여 독립운동에 대하여 협의했는가?

답: 그렇다. 그때 두 곳에서 그런 회합을 했었다.

문: 다음으로 2월 21일에 동지가 회합했는가?

답: 그렇다. 그날 밤에 이갑성의 집에서 동지가 회합하여 철야 협의했었다.

문: 그날 함태영(咸台永)의 집에서도 회합하여 협의했던 것이 아닌가?

답: 아니다. 그날, 그 집에서 회합한 일은 없다. 함태영의 집에서 회합한 것은 20일 낮이었는데, 그 집은 형편이 좋지 않았으므로 그 이웃집인 이갑성의 집으로 옮겨서 회합했던 것이다.

⑦ 「함태영(咸台永) 신문조서(제2회)」[26)]

문: 그다음으로 회합한 것은 21일 밤에 이갑성(李甲成)의 집에서 있지 않았는가?

답: 날짜는 기억하지 못하나 박희도(朴熙道)의 집에서 회합한 다음 날 밤에 이갑성의 집에서 회합하여 철야 협의가 있었다.

⑧ 「공판시말서(제3회의 1)」[27)]

문: 성명 · 연령 · 직업 · 주소 · 본적 · 출생지는 어떠한가?

답: 출생지 경상남도.

본적 경상남도 부산부 영주동(瀛州洞) 30번지.

주소 경성부 화천정(和泉町) 126번지. 오한영(吳翰泳) 방

---

25) 국사편찬위원회 한국사데이터베이스, 「안세환 신문조서(제2회)」, 앞의 책, 1919년 9월 13일

26) 국사편찬위원회 한국사데이터베이스, 「함태영 신문조서(제2회)」, 앞의 책, 1919년 9월 15일

27) 국사편찬위원회 한국사데이터베이스, 「공판시말서(제3회의 1)」, 『한민족독립운동사자료집』 18권, 1919년 9월 30일

세브란스의학전문학교 생도
야소교도 김성국(金成國)

문: 이갑성(李甲成)이 조선 독립운동을 하는 데는 원산(元山) 지방에 있어서의 동지의 기명조인(記名調印)을 요하므로, 그 사자(使者)로 가 달라고 하여 이를 승낙하고 2월 26일경에 원산부에 간 사실은 틀림이 없는가?

답: 이갑성은 항상 만나는데, "원산에 간다."라는 이야기를 하였더니, "원산에 가거든 명함을 줄 터이니 정춘수(鄭春洙)에게 주고, 상대방이 주는 것이 있을 터이니 받아 달라."고 하므로 이를 승낙하고 그곳에 가서 정(鄭)에게 명함을 준 사실이 있다.

문: 그런데 명일에 문서를 준다고 하여서 그날 밤에 피고는 친구 차정은(車亨恩)의 집에서 투숙하였다는데 어떠한가?

답: 그것은 틀림없다.

문: 그리하여 그다음 날 아침에 목사 정춘수로부터 3, 4명이 서명날인을 한 종이 4, 5매를 받아서 가지고 왔는가?

답: 그렇다.

문: 몇 명 정도 서명날인을 하였는가?

답: 5, 6명의 서명날인이 있었다.

문: 그리하여 경성으로 가져와서 이갑성에게 주었는가?

답: 그렇다.

⑨ 「권병덕(權秉悳) 신문조서」[28)]

문: 2월 28일 밤에 피고 등은 손병희(孫秉熙)의 집에서 회합했는가?

답: 그렇다. 예수교 측의 동지는 손병희와 회합하고, 우리 천도교 측의 사람은 다른 방에서 회합했다.

문: 그때 누구누구가 회합했는가?

28) 국사편찬위원회 한국사데이터베이스, 「권병덕 신문조서」, 『한민족독립운동사자료집』 12권, 1919년 8월 21일

답: 유여대(劉如大), 길선주(吉善宙), 정춘수(鄭春洙), 백상규(白相奎) 이외의 동지는 전부 회합했다.

문: 그때 어떤 말이 있었는가?

답: 그때 3월 1일에 파고다공원에서 선언서를 발표하기로 되어 있었으나, 이갑성(李甲成)이 말하기를, 그 일을 학생이 알고 있어서 다수가 집합할 모양이라고 말하니, 손병희가 학생은 난폭하기 쉬우므로 발표의 장소를 변경하는 것이 좋을 것이라고 해서 명월관 지점에서 발표하기로 확정했었다.

⑩ 「이상재(李商在) 신문조서」[29)]

문: 피고는 한일합방에 대해 어떤 감상을 갖고 있는가?

답: 그 당시 총독부로부터 나한테 의견을 물어왔으나 나는 무슨 일이든 하느님의 뜻이니 내가 말할 것은 없다고 답신한 일이 있으며, 당시 조선은 하느님에게 죄를 지었기로 하느님의 뜻으로서 병합된 것이라고 생각하였으며, 아무런 감상도 없었다.

문: 피고는 이번 조선 독립운동을 기도(企圖)한 일이 있는가 말하라.

답: 그런 일은 없다. 그러나 그 일에 대해 2, 3인이 나에게 교섭하러 온 일이 있으나 나는 그것을 거절하였다.

문: 누가 어떤 교섭을 하러 왔던가?

답: 날짜는 잘 기억하지 못하나 금년 음력 정월 15일(양력 2월 15일 -필자 주) 이후 내가 병으로 누워 있을 때 평안도의 이승훈(李昇薰)이 나를 찾아왔기에, "무슨 일인가?" 하고 물었더니, 이승훈은 "병문안을 왔다." 하기에 "어째서 서울에 왔느냐?"라고 물었더니, "조선독립을 청원하기 위해 왔다."라고 하였다. 나는 "청원을 하면 독립이 되는가?" 하고 물었더니, 이승훈은 "그것은 실행해 보지 않고서는 판단하지 못한다." 하는 고로 내가 말

29) 국사편찬위원회 한국사데이터베이스, 「이상재 신문조서」, 『한민족독립운동사자료집』 16권, 1919년 5월 22일

하기를, "독립이 되면 물론 좋을 것이다."라고 했다.
그 며칠 후에 세브란스병원 안에 있는 함태영(咸台永)이 나를 찾아와 "독립청원서에 이름(연명)을 내겠는가?" 하는 뜻의 말을 하기에 나는 "못 내겠다."라고 대답하니, 함태영은 "어째서 이름을 못 내겠는가?" 하기 때문에 "나는 늙었으며, 또 독립이란 것은 희망하지만 운동 방법이 나쁘기 때문에 이름을 못 내겠다." 라고 말했다.
그 후 또 이승훈이 와서, "정부(일본 정부-필자 주)에 청원서를 내기 위해 동경(東京)에 가주지 않겠는가?" 하기에 나는 "내가 동경에 가서 청원하여 조선이 독립된다고 하면 가겠다."라고 말했더니, 이승훈은 "가주면 좋겠다."라고 말하였으며, "누가 나 외에 동경에 가는가?" 하고 물었더니, "임규(林圭)라는 자가 간다." 라고 하기 때문에 "그러면 임규를 나한테 보내달라."고 하였다.
그 후 임규가 왔는 고로 동인에 대해, "내가 동경에 가면 좋겠는가?" 하고 물었더니, 임규는 "너는 가지 않아도 좋겠다."라고 말하기 때문에 동경행을 중지한 것이다.
또 이갑성(李甲成)이 나한테 와서, "왜 이름을 안 내는가?" 하고 묻는 고로 "나는 싫어서 안 낸다."라고 대답한 일이 있다.
또 함태영이 나한테 와서, "독립선언서를 인쇄 배포하게 되었다."라고 말하기에, 나는 "조선의 독립을 꾀하는 데 그래서는 곤란하다."라고 말해 준 일이 있다. 그것은 나의 목적은 조선과 일본은 인종상으로나 지리상으로나 형제와 같은 사이로 합병한다든지 독립한다든지 형제간의 참된 사랑에서 나오지 않으면 형식만의 독립이 되어도 참된 사랑에서부터 나온 것이 아닌 이상은 곧 망하고 말 것이니, 일본 정부의 사랑을 받지 않으면 안 된다. 오늘날과 같은 상태로서 독립하면 일본을 적(敵)으로 만들게 되어 언제까지나 독립을 유지할 수가 없다. 명치 27년(1894)

의 때와 같이 온당하게 일본으로부터 조선의 독립을 허(許)하도록 하지 않으면 안 된다. 싫다 하는 것을 억지로 독립을 바란다는 것은 안 된다고 나는 생각한다.

문: 「선언서」에 이름을 낸 자들이 체포당한 뒤 피고는 어떤 행동을 했는가?

답: 나는 조선의 독립이라고 하는 것은 하느님의 도움에 의지하지 않으면 안 된다고 생각하고 있으므로 아무것도 하지 않았다.

이갑성이 이상재한테 가서, '「선언서」에 왜 이름(서명)을 내지 않는가?' 하니, 이상재는 '나는 싫어서 안 내겠다.'라고 대답하였음이 드러나 있다.

⑪ 「윤치호(尹致昊) 신문조서」[30)]

문: 이승훈(李昇薰)이 금년 2월 중에 상경하여 증인을 방문한 일이 있는가?

답: 온 일이 없다.

문: 이상재(李商在)가 조선독립에 대하여 무엇인가 증인에게 상의한 일이 있는가?

답: 아무런 상의를 받은 일이 없다.

윤치호는 이승훈이나 이상재와 독립운동에 관하여 상의한 적이 없었음을 알 수 있다.

---

30) 국사편찬위원회 한국사데이터베이스, 「윤치호 신문조서」, 『한민족독립운동사자료집』 11권, 1919년 7월 10일

⑫ 「이갑성 신문자료」[31]

문: 이상재(李商在)는 최초에 독립선언서를 발표하고, 또 독립청원을 하는 데 찬성하고, 일본에 갈 것을 승낙했으나, 선언서에는 명의를 내지 않기로 했던 것이 아닌가?

답: 그렇지 않고, 이상재는 나에게 독립선언을 한다는 것은 자기의 뜻에 반하므로 찬성할 수 없으나. 독립청원을 하는 것에는 찬성이라고 했었다. 그리고 이상재는 독립운동의 전체에 대해서는 찬성하고 있었다.

문: 하나의 운동의 일부에 대하여 반대할 수는 없는 것이니, 이상재는 독립선언을 하는 것에도 찬성하고 있었던 것이 아닌가?

답: 독립운동에는 찬성이지마는 독립선언을 한다는 것에는 반대라고 했었다.

이갑성은 1919년 7월 21일 이상재에 관하여 판사의 질문에 대답한 내용인데, 이상재는 "독립선언을 한다는 것은 자기의 뜻에 반하므로 찬성할 수 없으나. 독립청원을 하는 것에는 찬성"이라고 하였음이 나타나 있다.

이상 12건의 「신문자료」를 정리하면, 이갑성이 1919년 2월 기독교 · 천도교 지도자들을 규합하기 위해 동분서주하고, 자기 집에서 오하영(吳華英), 이승훈(李昇薰), 함태영(咸台永) 등 지도자들과 철야 회의를 통하여 마침내 중지를 모으기 위해 노력하였고, 학생들이 독자적으로 독립선언을 하려는 것을 김원벽(金元璧), 박희도(朴熙道) 등과 종교 지도자들이 독립선언을 하기로 되었으니, 학생들은 이를 도울 것을 요청하여 마침내 3월 1일 민족대표 33인의 이름으로 「선언서」가 탄생하게 된 사실도 주요 인사들의 신문조서에 드러나 있다.

31) 국사편찬위원회 한국사데이터베이스, 「이갑성 신문조서(제4회)」, 앞의 책, 1919년 7월 21일

2) 학생 규합을 위한 노력

일제는 독립선언에 참여한 민족대표를 포함한 학생대표, 독립만세시위에 참여했던 인사들을 체포하여 보안법 위반, 출판법 위반 등의 혐의로 경찰의 수사와 법원 검사국에서 몇 차례 검사의 신문이 있었다.

① 「권동진(權東鎭) 신문조서」[32)]

문: 2월 28일에도 손병희(孫秉熙)의 사저에서 회합했는가?

답: 그렇다. 정춘수(鄭春洙), 길선주(吉善宙), 김병조(金秉祚), 백상규(白相奎)[33)]의 네 사람이 결석했을 뿐이고, 예수교 측은 15인이었는데 16인으로 되었다는 것으로 도합 29인의 사람이 회합했는데, 우리들이 여기까지 운동을 해 왔는데 비밀이 누설되지 않았으므로 반쯤은 목적을 달성한 것과 같다는 등의 말을 하고 있었는데, 이갑성(李甲成)이 '내일 파고다공원에서 우리들이 독립선언을 발표한다는 것을 학생들이 알고 공·사립학교 학생 전부가 응원하기로 되어 있다.'라고 말하였으므로 나는 '그것은 큰일로 현재 국장(國葬) 때문에 지방 사람들이 다수 서울로 오고 있으므로 소동을 일으키게 된다.'라고 말하고, '선언서는 낭독하지 않더라도 배포하면 지장이 없으므로 장소를 변경해야 되지 않겠느냐?' 하였더니, '요리점이 좋겠다.'라고 하여 명월관 지점을 장소로 선정하고, 3월 1일 오후 2시경 거기에서 회합하기로 합의하고 돌아갔었다.

나는 3월 1일 정오경에 혼자서 명월관 지점으로 갔더니 동지들이 집합해 있어서 일동에게 선언서를 배부하고 오후 2시를 기

---

32) 국사편찬위원회 한국사데이터베이스, 「권동진 신문조서」, 앞의 책, 1919년 4월 8일

33) 백상규(白相奎)는 1919년 3월 1일 「선언서」에 서명한 불교계 대표 백용성(白龍城) 지사의 본명이다.

하여 총독에게 사람을 보내어 청원서를 제출하고, 종로경찰서에는 인력거꾼을 시켜 선언서를 보내기로 하여 그렇게 진행하고, 오후 2시에 일동이 점심을 들고 4시까지 거기에 있었는데, 우리들이 독립선언을 했다는 것은 벌써 경찰에게 알려진 시각이었음에도 경찰이 오지 않으므로 우리들은 체포되는 것을 각오하고 있었던 만큼 우리들의 목적은 이미 달성했다고 이야기하고 있었는데, 경찰관이 왔다. 이에 한용운(韓龍雲)이 '우리들은 독립선언을 하여 목적을 달성했다.'라는 내용의 연설을 하고, '만세 삼창'을 한 뒤에 경찰관의 체포를 받았던 것이다.

문: 선언서를 배포하고, 3월 1일에 군중이 만세를 부르면서 시내를 누비고 다니고, 시위운동을 하는 일은 박희도(朴熙道), 이갑성(李甲成)이 담당하기로 되어 있었고, 처음부터 학생 측과 연락이 있었던 것이 아닌가?

답: 그런 일은 없었지만, 선언서를 발표하는 장소를 파고다공원에서 명월관 지점으로 옮긴 것은 그것과 관계된다. 2월 28일에 손병희의 집에서 회합했을 때 이갑성이 '학생과 연락하여 독립운동을 한다.'라는 것 같은 말을 흘려 우리들은 '그것은 유해무익한 일로 선언서를 발표하는데, 그런 원조를 구할 필요는 없다.' 하고 크게 반대했으며, 그리고 실제로 3월 1일 명월관 지점에서 회합했을 때 학생 두 사람이 달려와서, '왜 파고다공원에서 발표하지 않고 여기로 도망쳐 왔는가? 만약 바로 파고다공원으로 오지 않는다면 어떤 일이 있을지도 모른다.'라고 공격했지만, 우리들은 '잘못 생각한 것'이라고 설유하여 돌려보냈을 정도로 결코 학생과 연락을 취하여 이 운동을 한 것이 아니다. 우리들은 학생과 일을 함께 하는 것을 피하고 있었던 것이다.

② 「손병희(孫秉熙) 신문조서(제2회)」[34)]

문: 학생들이 따로 그런 운동을 하는 것은 부적당하므로 그들도 천도교·예수교 연합의 운동을 원조하게 하도록 박희도(朴熙道), 이갑성(李甲成)으로 하여금 학생 측과 연락을 취하는 것을 담당하도록 하게 한 것이 아니었는가?

답: 그런 것을 들은 일은 없으나, 2월 28일 내 집에서 동지와 회합했을 때 3월 1일에 수백 명의 학생이 파고다공원에 집합하기로 되어 있고, 학생들도 운동을 한다는 것을 말한 사람이 있었으므로 학생이 그런 기도를 하고 있다면 파고다공원에서 선언서를 발표할 수는 없다고 하여, 발표의 장소를 명월관 지점으로 변경했었다.

권동진과 손병희의 「신문조서」에 나온 내용은 2월 28일 민족대표 29인이 손병희의 집에서 회합했을 때, 권동진은 "이갑성이 '내일 파고다공원에서 우리들이 독립선언을 발표한다는 것을 학생들이 알고 공·사립학교 학생 전부가 응원하기로 되어 있다.'라고 말한 것"과 "이갑성이 '학생과 연락하여 독립운동을 한다.'라는 말을 흘려 그것은 선언서를 발표하는데 유해무익한 일로 그런 원조를 구할 필요는 없다.' 라는 견해가 있었다." 하였고, 손병희는 "'3월 1일에 수백 명의 학생이 파고다공원에 집합하기로 되어 있고, 학생들도 운동을 한다.'라는 것을 말한 사람이 있었으므로 학생이 그런 기도를 하고 있다면 파고다공원에서 선언서를 발표할 수는 없다고 하여, 발표의 장소를 명월관 지점으로 변경했다."라고 하였다.

---

34) 국사편찬위원회 한국사데이터베이스, 「손병희 신문조서(제2회)」, 앞의 책, 1919년 4월 11일

③ 「김원벽(金元璧) 신문조서(제2회)」[35]

문: 강기덕(康基德), 김형기(金炯璣), 주익(朱翼), 전성덕(全性得) 등과 학생만으로 독립운동 계획을 진행하고 있는 가운데 세브란스병원에서 음악회가 있었던 2월 10일경에 이갑성(李甲成)의 집에서 피고는 김형기, 이용설(李容卨), 한위건(韓偉鍵), 윤자영(尹滋瑛) 등과 함께 회합한 일이 있는가?

답: 2월 10일 화요일에 세브란스병원 안 예배당에서 음악회가 있다는 말을 들었으므로 나는 음악을 들으러 갔었다. 그런데 음악회가 끝나자 이갑성이 나에게 와 달라고 해서, 그래서 동인 집으로 갔었다. 그런데, 방금 물은 바와 같은 사람들이 거기에 와 있었던 것은 틀림없다. 그리고 그 밖의 사람도 있었던 것으로 기억되는데, 그 이름은 기억하지 못한다.

문: 이갑성은 무엇 때문에 그런 학생을 모이게 했는지, 그 이유를 말한 일이 있는가?

답: 그때 이갑성은 나에게 '학생 측에서도 독립운동 계획이 있느냐?'고 물었고, 그 밖의 사람에게도 '학생 측의 속사정을 알고 싶다.' 하면서 물어보았는데, 나는 '학생 측에서 2, 3인이 독립운동을 계획하고 있다.'라고 막연한 말을 했을 뿐으로 그 내용을 상세하게 말한 일은 없다. 지금 생각해 보면 이갑성은 학생 측의 의향이나 계획을 물어보기 위하여 학생을 부른 것이라고 추측된다. 그리고 그때의 이야기는 주로 파리의 강화회의에 조선인도 관계하고 있다든가, 또는 지금이 독립의 좋은 시기라는 등에 대하여 말을 주고받았었다.

문: 피고는 이갑성과 어떤 관계가 있는가?

답: 동인은 나와 마찬가지로 경신학교 출신이므로 그래서 알고 있을 뿐이며, 별로 친밀한 사이는 아니어서 특히 방문한 일도 없

35) 국사편찬위원회 한국사데이터베이스, 「김원벽 신문조서(제2회)」, 앞의 책, 1919년 7월 11일

었다. 그러나 전번에 말한 바와 같이 수요일에 만났고, 또 그 주간의 금요일에도 만났었다.

문: 그 뒤 금요일에 모인 것은 무엇 때문인가?

답: 앞에서 말한 수요일의 회합 때 이갑성은 우리들이 돌아갈 때, '독립운동에 대하여 달리 계획이 있는데, 그것이 금요일쯤 되면 혹은 그 상황을 알 수 있을지 모르겠다. 그러므로 그 일에 대하여 이야기할 수도 있겠고, 또 그밖에 말할 것도 있을지 모르니 금요일 밤 8시에서 9시경 사이에 모여 달라.'고 했다. 그래서 나는 금요일 밤 9시경에 갔었는데, 그때는 이미 이야기가 끝나고 나오는 참이었다. 그때 '어떤 말을 했느냐?'고 물었더니, '아직 발표할 것도 없고, 다만 학생 측의 일에 대하여 말했다.'라는 것이었다. 그래서 그대로 돌아오는데, 이갑성의 집 대문을 나올 때 박희도(朴熙道)와 이승훈(李昇薰) 두 사람을 만났다. 그래서 나는 동인 등에게 '무슨 일이 있느냐?'고 물었더니, 동인 등은 '오늘 저녁에 간부의 모임이 있어서 그래서 왔다.'라고 대답했었다.

김원벽은 「신문조서」에서 황해도 안악 출신으로 서울의 경신학교를 마치고, 숭실대학에 들어가 졸업한 후 2년간 소학교 교사를 하다가 연희전문학교 3학년이었는데, 이갑성과 함께 경신학교를 다녔다. 그는 이갑성이 2월 10일 세브란스병원 안 예배당에서 음악회가 끝나고 김형기, 이용설, 한위건, 윤자영 등과 회합한 후 2월 11일, 13일(실제는 2월 12일과 14일)에도 모였다고 하였다. 김형기·한위건은 경성의학전문학교 학생대표, 이용설은 세브란스연합의학전문학교 학생대표, 윤자영은 경성전수학교 학생대표였고, 3월 1일 탑골공원에서 「선언서」 발표 때 학생 동원과 만세시위를 주도했던 인물들이었다.

④ 「강기덕(康基德) 신문조서(제4회)」[36)]

문: 학생 측에서는 최초에는 따로 독립선언을 하기로 되어 있었으나, 요청을 받아들여 천도교·예수교의 운동을 원조하게 되었던 것이 아닌가?

답: 학생 측의 독립선언서에 관한 것이나 천도교·예수교와의 연락에 대한 것은 김원벽(金元璧)과 박희도(朴熙道)가 교섭한 일로 두 사람 사이의 교섭의 경위는 나로서는 모르나, 위장병으로 제중원(濟衆院)에 입원해 있을 때 이갑성(李甲成)에게서 천도교·예수교가 합동하여 독립선언을 하기로 되었다는 말을 들었다.

강기덕은 「신문조서」에서 "이갑성에게서 천도교·예수교가 합동하여 독립선언을 하기로 되었다."라는 말을 전해 들었다고 하였다. 그는 보성법률상업학교 학생대표로 이갑성을 도와 학생 규합을 위해 노력했을 뿐만 아니라 「선언서」 배부에도 적극 참여하였다고 하였다.

⑤ 「강기덕 공판시말서(1)」[37)]

문: 성명·연령·신분·직업·주소·본적·출생지를 말하라

답: 본적·출생지 경상북도 청송군 청송면 금곡동(金谷洞) 749번지
주소 경성부 제동(齊洞) 60번지. 천하련(千河連) 방
경성전수학교 1학년 윤자영(尹滋瑛)
9월 13일생, 26세

36) 국사편찬위원회 한국사데이터베이스, 「강기덕 신문조서(제4회)」, 앞의 책, 1919년 7월 29일

37) 국사편찬위원회 한국사데이터베이스, 「공판시말서(1)」, 『한민족독립운동사자료집』 18권, 1919년 10월 16일

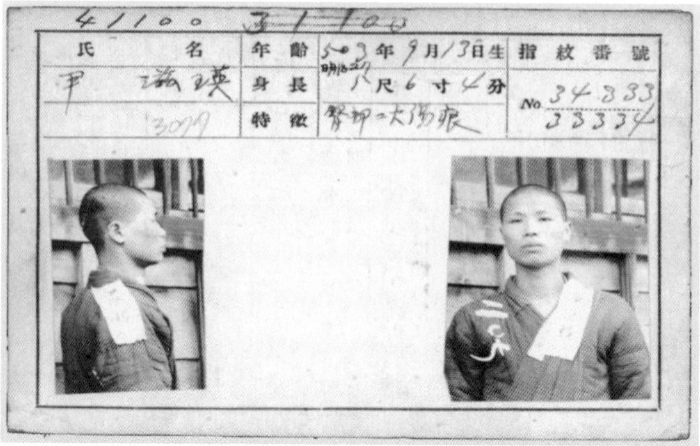

▲ 윤자영 지사의 서대문감옥 투옥 모습

문: 금년 1월 27, 8일경에 대관원(大觀園)에서 동지들과 회합한 것은 틀림없는가?

답: 틀림없다.

문: 그때 모인 사람은 누구누구인가?

답: 강기덕(康基德), 김형기(金炯璣), 김원벽(金元壁), 한위건(韓偉鍵), 주익(朱翼) 등이었다.

문: 그 뒤 한위건, 강기덕이 여러 번 피고를 방문했고, 또한 그 사람들을 피고도 방문했다는데 어떤가?

답: 강기덕은 전부터 알고 있었으므로 서로 왕래했지만 김원벽은 대관원에서 처음 만났으므로 그 뒤에 한 번 그 사람을 방문한 적은 있지만 김원벽이 피고의 집으로 온 일은 없었다.

문: 그처럼 서로 내왕한 것은 독립계획에 관한 이야기 때문이었는가?

답: 김원벽의 집에 간 것은 세브란스병원에서의 회합에 대한 이야기 때문에 갔었으나, 별로 독립 운운하는 구체적인 말은 듣지 못했다. 이갑성(李甲成)의 이야기도 세계 대세라든지 일본에서의 유학생들에 대한 말이라고 생각했었다.

문: 그와 같이 대관원에서의 회합이 있었고 얼마 뒤에 이갑성한테서 세브란스병원에서 음악회를 개최하니 와달라는 통지가 있었는가?

답: 그렇다. 2월 12일에 음악회가 개최되니 와달라는 통지가 있었다.

문: 12일에 세브란스병원에 모인 사람은 피고와 김원벽, 배동석(裵東奭), 김형기, 한위건 등이 있었다는데, 어떤가?

답: 틀림없다.

문: 그리고 그 음악회가 끝나자 이갑성의 집으로 오라고 했다는데 어떤가?

답: 그렇다.

문: 그리고 이갑성한테서 해외에서의 독립운동의 정세에 대한 이야기가 있었는가?

답: 그렇다.

문: 그래서 피고도 독립계획을 해 보려는 생각을 했었는가?

답: 그렇다. 독립이라는 것에 취미를 가졌다.

문: 그 뒤 2월 14일에 독립운동의 본부를 묻기 위하여 이갑성의 집으로 모였다는데 어떤가?

답: 12일의 회합에서 이갑성이 독립운동을 지식계급이 하는 것은 뒷날 알려주겠다고 했었다. 그것을 알고 싶어서 모이기로 했었는데, 나는 늦게 갔기 때문에 이갑성에게 '어떤 이야기가 있었느냐?'라고 물었더니, 그 사람은 안 좋은 얼굴을 하면서 아무 말도 하지 않으므로 한위건에게 물었더니, '아직 모른다.'라고 하므로 불만스러운 기분을 가지고 돌아왔었다.

문: 12일 음악회 때에는 김형기, 김성국(金成國), 김문진(金文鎭)[38], 이용설(李容卨) 등이 와 있었는가?

답: 김성국, 김문진은 보지 못한 것 같고 그 밖의 사람은 와 있었다.

38) 김문진(金文珍, 1892~1925)의 이명이다.

문: 그때 학생들은 단결을 공고히 한 후 거사를 한다는 말이었다고 하는데 어떤가?

답: 이갑성이 독립이라고는 하지 않았으나 '해외에서는 운동을 열심히 하고 있으나 국내에서는 무시하고 있는 것은 유감이다. 지식계급이나 학생은 어떠냐?'라고 말하자 한위건은 '학교는 걱정할 것이 없다.'라고 대답했었다.

윤자영의 「공판시말서」에는 1919년 1월 27, 8일경 대관원(大觀園)에서 강기덕, 김형기 등과 모인 후 여러 학생과 모임을 하였고, 2월 12일과 14일 세브란스병원 음악회가 끝난 후 이갑성이 자기 집으로 초대하여 이야기를 나누었는데, 이갑성은 "해외에서는 독립운동을 열심히 하고 있으나 국내에서는 묵시하고 있는 것은 유감이다. 지식계급이나 학생은 어떠냐?"라고 말하자 한위건은 "학교는 걱정할 것이 없다."라고 대답했는데, 이는 이갑성이 학생조직을 점검한 것으로 보인다.

⑥ 「김형기(金炯璣) 공판시말서(1)」[39)]

문: 금년 2월 12일경 본건 피고 중의 수모자(首謀者)인 이갑성(李甲成)이 세브란스병원의 음악회에 피고 등 동지를 모았다는데 어떤가?

답: 그렇다.

문: 그리고 2월 12일 밤 음악회가 끝나자 안내한 이갑성이 피고 등을 자기의 집으로 모이게 했었는가?

답: 그렇다.

문: 그때 모인 사람은 누구누구인가?

답: 윤자영(尹滋瑛), 이갑성, 이용설(李容卨), 한위건(韓偉鍵), 배동석(裵東奭), 김원벽(金元璧) 등이었다.

39) 국사편찬위원회 한국사데이터베이스, 앞의 주 참조

문: 모였을 때 이갑성은 "조선독립의 계획이 있는데, 그대들의 의견은 어떻냐?"는 문제를 제기했었다는데 어떤가?

답: 그렇다.

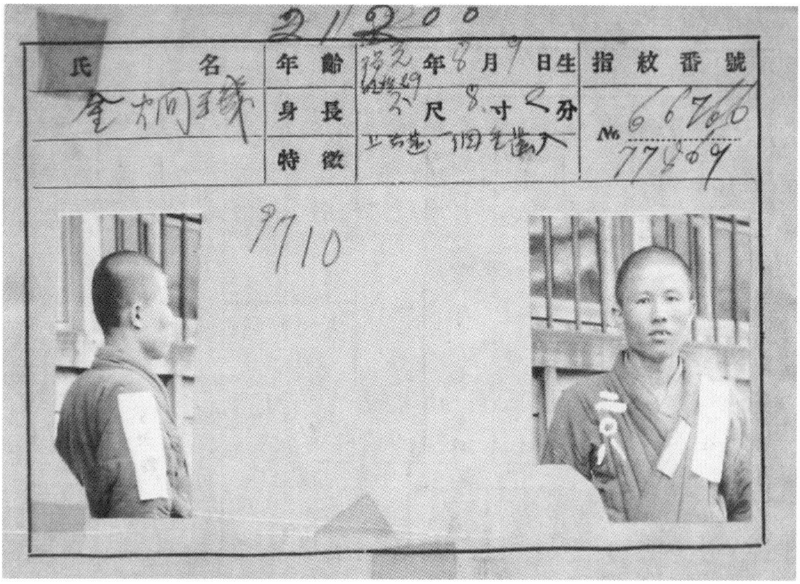

▲ 김형기 지사의 서대문감옥 투옥 모습

문: 그리고 이갑성은 일동에 대하여 "해외에서는 이승만(李承晚)이 미국의 조선인 단체를 대표하여 미국 대통령 및 강화회의에 조선독립을 청원하고, 또 일본에서는 조선인 유학생이 독립선언을 했다고 들었다. 또 남북 간도(間島)에 있는 조선인도 크게 활동하고 있는데, 조선 안에 있는 사람들이 묵시하고 있을 수는 없다. 그러므로 안팎에서 서로 호응하여 독립운동을 하지 않으면 안 되겠는데, 동감하는가, 어떤가?"라는 말을 했다는데, 어떤가?

답: 묻는 바와 같은 말이 있었음에 틀림없다.

김형기는 「공판시말서」에서 2월 12일 세브란스병원의 음악회가 끝난 뒤 이갑성의 요청에 따라 윤자영, 김원벽 등 7인이 모였는데, 이갑성은 학생대표들에게 “조선독립의 계획이 있는데, 그대들의 의견은 어떻냐?”라고 하여 호응을 받아낸 후, “해외에서 이승만이 미국의 조선인 단체를 대표하여 미국 대통령 및 강화회의에 조선독립을 청원하고, 또 일본에서는 조선인 유학생이 독립선언을 했으며, 간도에 있는 조선인도 크게 활동하고 있는데, 조선 안에 있는 사람들이 묵시하고 있을 수는 없으므로 안팎에서 서로 호응하여 독립운동을 하지 않으면 안 된다.”라고 주장하였음을 밝혔다.

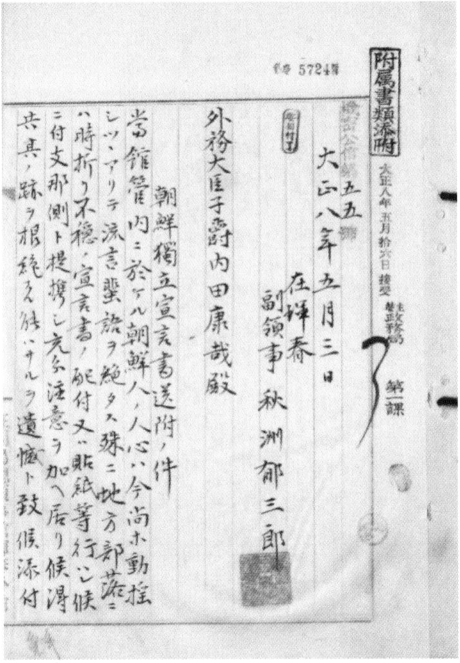
附屬書類添附
大正八年五月拾六日接受 政務局 第一課
大正八年五月三日
在琿春副領事 秋洲郁三郎
外務大臣子爵内田康哉殿
朝鮮獨立宣言書送附ノ件
當館管内ニ於ケル朝鮮人ノ人心ハ今尚不動搖ニアリテ流言蜚語ヲ絶タス殊ニ地方部落ニハ時折リ不穏ノ宣言書ノ配付又ハ貼紙等行ハレ候ニ付支那側ト提携シ充分注意ヲ加ヘ居リ候得共其ノ跡ヲ根絶スル能ハサルヲ遺憾ト致候添付

▲ 「조선독립선언서 송부의 건」
(『일본 외무성기록』. 1919.05.03)

『독립운동사』 제9권에는 「학생 · 기성인의 연합체 모색」[40]이란 소제목으로 다음과 같이 기술되어 있다.

이갑성은 박희도(그 뒤 변절)와 긴밀한 연락을 취하고 손병희 등을 비롯한 기성인의 결속과 추진 상황에 접촉하면서 학생계에 대한 동지적 단결, 그리고 학생 주도체의 형성을 굳혀 가기 위하여 2월 12일, 동월 14일, 2차에 걸쳐 음악회 개최의 명목으로 이갑성의 자택이 있는 세브란스의전 구내에 김

40) 독립운동사편찬위원회, 『독립운동사』 제9권, 172~173쪽

원벽, 김형기, 윤자영, 김문진, 배동석, 한위건 등 각 전문학교의 학생 유지를 초청하였다.

그 자리에서 해외 독립운동의 정황과 민족대표의 동향을 강기덕, 김원벽에게 알리고 특히 동경 유학생들의 독립운동에 격려와 자극을 받은 학생들의 참여 의욕을 집결시키는 공작을 전개하였다.

강기덕과 김원벽은 박희도와 접촉한 결과 각 전문학교의 활동 책임자를 결정하기로 하고 다음 학생들에게서 그 동의를 받았다.

경성전수학교: 김성득, 윤자영

경성의학전문학교: 김형기, 한위건

세브란스의학전문학교: 김문진, 이용설

경성공업전문학교: 김대우(그 뒤 변절)

보성법률상업전문학교: 강기덕, 한창환

연희전문학교: 김원벽

또한, 김원벽은 연전의 청년학생회장인 이병주에게 학생독립운동의 필요성을 역설했고, 이병주는 회원 40명에게 이 사실을 설득하여 학생들의 찬동을 얻었다.

이상의 활동으로 기성인과 학생 사이에는 연합전선을 펼 수 있는 방안에 관하여 일단 기초적인 조직 합의가 이루어진 것이다.

이갑성은 박희도와 서로 긴밀히 연락을 취하고, 종교 지도자를 비롯한 기성인의 결속을 도모하면서 2월 12일과 14일, 2차에 걸쳐 음악회 개최 후 세브란스의전 구내에 있던 자기 집에 김원벽, 김형기, 윤자영, 김문진, 배동석, 한위건 등 각 전문학교의 학생들을 초청하여 해외 독립운동의 정황과 민족대표의 동향을 강기덕, 김원벽 등에게 알리고, 국내의 독립운동에 학생들의 참여를 촉구하는 활동을 전개함으로써 서울 소재 학교의 학생을 규합하는 데 매우 큰 역할을 하였다.

Ⅲ. 「선언서」 배부와 독립만세시위

1. 개요

1919년 2월 중순에 접어들자 이갑성은 이승훈(본명 이인환)의 적극적인 도움을 받고, 박희도와 함께 기독교·천도교·불교 종교 지도자의 역할과 종교 지도자를 돕는 학생들의 역할을 조율하는 연합체 형성을 위해 매우 분주하게 움직였다.

2월 20일, 김성득, 김형기, 김문진, 강기덕, 김원벽 등은 서울 승동 예배당에서 학생지도자회의를 개최하여 각 학교의 학생 참여에 관한 일체의 임무를 담당하여 그 실천 수행을 맹세하였고, 윤자영, 한위건, 한창환 등은 전기 학생들이 투쟁 전개의 과정에서 일본 관헌에 구속되었을 경우, 제반 후사와 제2단계 투쟁을 맡기로 하였다.

2월 23일, 박희도는 손병희 등과 접촉하여 3월 1일을 기하여 독립운동을 전개한다는 계획을 김원벽을 통하여 각 학교 학생 대표들에게 알리고 각각 동의를 받았다.

2월 25일, 정동 예배당 구내에 있는 이필주 목사 집에서 지도급 학생들과 한위건, 한창환, 윤자영 등이 준비 모임을 하고 중등급 이상의 학생이 3월 1일 2시에 모두 탑골공원에 집결하여 독립선언과 시위를 벌이기로 결정하고, 경우에 따라서 전문학교 학생들이 별도로 투쟁을 벌이기로 결의하였다.

2월 26일, 지도급 학생들과 김문진, 이용로, 김택원, 최경하, 나창헌, 박윤하, 김영도 등은 이필주 목사 집에 다시 모여 3월 1일 이후의 제2

회 독립운동에 관한 계획 사항을 토의하고, 일본 관헌의 구속을 면한 자는 백절불굴의 의지로 독립운동을 계속할 것을 결의하였다.

전문학교 학생들의 준비 공작을 중등학교까지 확대하기 위하여 전기 학생들은 지연, 동창, 학우회 등의 관계를 찾아 동지 학생을 탐색, 포섭하기에 비상한 활동을 기울였다. 예를 들면 김원벽은 신학교의 강우열, 신창준, 경성고보의 박쾌인 등과 접촉하고, 강기덕은 평안도·함경도 출신의 학생들을 중심으로 동지 모집을 전개하고, 경성고보 김백평·박노영, 중앙학교 장기욱, 선린상업학교 이규종, 보성고보 장채극·전옥결을 초청하여 유사시 동지가 될 것을 촉구하여 합의를 보았다.

마침내 학생들에게 「선언서」를 배부하여 독립선언의 의미를 부각함과 동시에 일반인에게 널리 알리는 것을 민족대표와 합의를 본 이갑성은 2월 28일 오후 4시경 「선언서」 1,500매를 김성국을 통하여 강기덕에게 전했다. 그날 밤 강기덕과 한창환은 이필주 목사 집에 모인 중등학교 대표 10여 명에게 3월 1일의 거사 계획과 선언서 배부 장소를 지정하고 각 학교 대표에게 선언서 1,500매를 분배하는 것을 시작하였다.[41]

민족대표와 주요 인사들의 신문조서에 「선언서」 배부 계획과 배부를 담당한 인물이 드러나 있다.

① 「오세창(吳世昌) 신문조서」[42]

문: 예수교 측의 박희도(朴熙道), 이갑성(李甲成)이 각각 관립, 사립학교 학생과 연락을 취하여 선언서의 배포 및 많은 군중이 함께 만세를 부르도록 했다는 것인데 어떤가?

답: 최초에 나는 그 일을 몰랐으나, 3월 1일이 되어 학생들이 소요

41) 독립운동사편찬위원회, 앞의 책, 174~175쪽 참조

42) 국사편찬위원회 한국사데이터베이스, 「오세창 신문조서」, 앞의 책, 1919년 4월 9일

하고 있는 것을 보고, 예수교 측의 사람이 연락을 취하여 하게 한 것으로 추정했다.

② 「이인환(李寅煥) 신문조서(제1회)」[43]

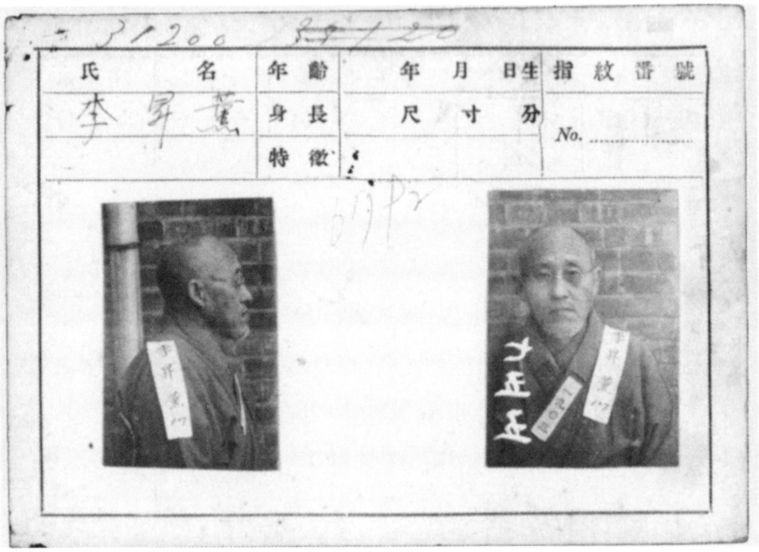

▲ 이인환(이승훈) 지사의 서대문감옥 투옥 모습

문: 선언서의 인쇄는 천도교 측에서 담당하고 그것을 배포하는 것은 예수교 측에서 담당한 것으로 보이는데, 그 배포 방법은 어떻게 했는가?

답: 인쇄와 배포를 묻는 바와 같이 분담한 것은 틀림없다. 그리고 그 기초도 천도교 측에서 했다. 곧 그 기초는 최린(崔麟) 등이 했었다. 그리고 그 배포는 예수교 측 사람이 각지의 교회에 배부하고, 다시 여러 사람에게 배포하기로 하고, 선언서를 발표하고, 그 배포도 했던 것이다. 그러나 각 지방에 많은 천도교 교

43) 국사편찬위원회 한국사데이터베이스, 「이인환 신문조서(제1회)」, 『한민족독립운동사자료집』 12권, 1919년 8월 23일

도·교구가 있으므로 그 방면에서도 약간 배포했을는지 모른다. 다만 그 일에 대해서는 별로 상의한 일이 없었다.

문: 사람을 파견했다고 하는데, 어느 방면으로 누구를 보냈는지는 모르는가?

답: 그것은 모른다. 그것은 이갑성이 김창준(金昌俊)과 두 사람이 주로 했으므로 그 사람들이 잘 알고 있을 것이다.

문: 그 배포할 때에 각 지방에서도 만세를 부르도록 하라고 통고했었는가?

답: 특히 만세를 부르라고는 하지 않았으나 각별히 그것을 말하지 않더라도 선언서를 배부해 주면 조선인으로서 누구나 독립을 바라지 않는 사람이 없으므로 독립했다고 하면 기뻐할 것이니, 새삼스레 낭독하라든지 만세를 부르라든지 하지 않더라도 당연히 낭독하고 만세도 부를 것이라고 생각했었다.

③ 「김창준(金昌俊) 신문조서」[44)]

문: 그대는 인쇄한 선언서를 각 지방에 배포하는 일을 담당했다는데 틀림이 없는가?

답: 이승훈(李昇薰)이 그 일을 맡아서 그 사람이 나와 이갑성(李甲成)에게 그것을 지시했었다.

문: 이승훈이 그것을 담당하게 된 것은 언제이며, 그대와 이갑성이 뒤에 그것을 맡은 것은 언제인가?

답: 그 전에 이필주(李弼柱)의 집에서 회합했을 때 이승훈이 그것을 맡아서 그 자리에서 곧바로 나와 이갑성을 불러 이승훈이 이런 저런 지방으로 배부해 달라고 했었다.

44) 국사편찬위원회 한국사데이터베이스, 「김창준 신문조서」, 앞의 책, 1919년 8월 26일

이인환(이승훈)은 신문조서에서 「선언서」의 인쇄는 천도교 측에서 담당하고, 그것을 배부하는 것은 예수교 측에서 담당하기로 했고, 그 배포는 예수교 측 사람이 각지의 교회에 배부하고, 다시 여러 사람에게 배부하기로 하고, 선언서를 발표하고, 그 배부도 했다고 하였으며, 각 지방에 많은 천도교도가 교구를 통하여 배포했을는지 모른다고 하였으나 김창준은 신문조서에서 이승훈이 배부 담당을 맡아 자신과 이갑성에게 각 지방에 배부하도록 했다고 하였다.

④ 「오화영(吳華英) 신문조서」[45]

문: 그 인쇄한 선언서의 배부는 누가 담당했는가?

답: 내가 개성, 박희도(朴熙道)가 원산, 이갑성(李甲成)이 남선(南鮮)의 한 지방, 김창준(金昌俊)도 어디인지 혹은 한 지방, 아마 평안도 방면으로 하는 식으로 담당했다.

문: 그대로 실행했는가?

답: 나는 실행했다.

문: 그 배부의 담당은 언제 어디서 정했는가?

답: 2월 27일에 이필주(李弼柱)의 집에서 정했다.

문: 서울 및 그 부근, 특히 수원 지방에는 누구누구가 배부하기로 되어 있었는가?

답: 2월 28일 밤 손병희(孫秉熙)의 집에 모였을 때의 말로는 이갑성(李甲成)이 서울에 배부한다는 것이었으나, 특히 수원 지방을 누가 배부한다는 것은 듣지 못했다.

45) 국사편찬위원회 한국사데이터베이스, 「오화영 신문조서」, 앞의 책, 1919년 8월 26일

⑤ 「박동완(朴東完) 신문조서」[46)]

문: 그 선언서를 각 지방에 배부하는 일은 누가 지휘하고, 누가 배부를 담당하게 되었는가?

답: 그 분담의 일에 대해서 그곳에서는 듣지 못했으나 그다음 날 밤 손병희(孫秉熙)의 집에서 모였을 때 이갑성(李甲成)이 그것을 맡았다는 것을 들었었다.

문: 이갑성뿐만 아니라 다른 사람도 담당하지 않았는가?

답: 별로 듣지 못했다.

문: 이승훈(李昇薰) 또는 함태영(咸台永)이 3월 1일 서울에서 발표하는 것과 같이 하도록 하기 위하여 다시 사람을 지방으로 보냈다는 것을 모르는가?

답: 이승훈에게서 선언서의 배부는 이갑성이 한다는 것을 들었을 뿐이다.

오화영은 「신문조서」에서 「선언서」 배부는 자신이 개성, 박희도가 원산, 이갑성은 서울과 조선의 남부 한 지방, 김창준도 평안도 방면에 배부를 담당했다고 하였고, 박동완은 "손병희의 집에서 모였을 때 이갑성이 그것을 맡았다는 것을 들었다."라고 진술하였다.

---

46) 국사편찬위원회 한국사데이터베이스, 「박동완 신문조서)」, 앞의 책, 1919년 8월 26일

2. 이갑성의 역할

1) 경성(서울) 지역

① 「김원벽(金元璧) 신문조서(제1회)」[47]

문: 그 선언서는 강기덕(康基德)이 어디에서 가지고 왔었는가?

답: 선언서를 이갑성(李甲成)에게서 받아 가지고 왔다는 것이었는데. 과연 어디에서 가지고 왔는지, 또 그 매수 등에 대해서는 모른다.

문: 각 전문학교의 학교 이름은 무엇인가?

답: 관립으로는 의학전문학교, 전수학교, 공업전문학교이며, 사립으로는 세브란스의학전문학교, 보성상업법률학교, 연희전문학교이다. 중학 정도의 학교로는 고등보통학교, 경신학교, 중앙학교, 보성보통학교, 배재보통학교, 양정고등보통학교, 선린상업학교, 약학교, 중동야학교, 보급학관, 여자고등보통학교, 이화학교, 숙명여자고등보통학교, 진명여자고등보통학교, 배화여자학교, 정신여학교 등이다.

문: 이상의 학교에는 각각 대표자가 정해져 있었는가?

답: 대표자가 선정되어 있는 학교도 있고, 그렇지 못한 학교도 있는데, 그 일에 대해서는 강기덕이 알고 있을 것으로 생각한다. 각 대표자의 성명은 의학전문학교는 김형기(金炯璣), 전수학교는 전성덕(全性得), 세브란스의학전문학교는 김문진(金文珍), 보성전문학교는 강기덕, 공업전문학교는 김대우(金大羽), 연희전문학교는 김원벽(金元熙) 등으로 그 밖에 전수학교의 윤자영(尹滋瑛), 세브란스의학전문학교의 이용설(李容卨)은 책임 있는 간부는 아니지만 이 운동에 중요한 관계를 가지고 있었다. 중등학교의 대표자에 대해서는 강기덕이 담당한다는 소문으로

47) 국사편찬위원회 한국사데이터베이스, 「김원벽 신문조서(제1회)」, 『한민족독립운동사자료집』 11권, 1919년 4월 7일

나는 관계하지 않았으므로 그 성명은 많이 모른다. 소문에 의하면, 중앙학교의 장기욱(張基郁), 고등보통학교의 박쾌인(朴快仁), 경신학교의 강우열(康禹烈)은 대표자는 아니지만 그 재학하는 학교의 일에 대하여 움직였다는 것이다.

② 「김원벽(金元璧) 신문조서」[48]

문: 그러면 그러한 배부와 기타 일에 대한 상의는 승동(勝洞) 예배당에서 했었는가?

답: 그렇다.

문: 그래서 그 선언서의 배부는 실행했었는가?

답: 그렇다. 실행했었다.

문: 이 운동에 대해서 피고는 박희도(朴熙道), 강기덕(康基德)은 이갑성(李甲成)과 주로 교섭했었는가?

답: 그렇다.

③ 「강기덕(康基德) 신문조서(제3회)」[49]

문: 그 선언서 배포에 대해서는 2월 28일 밤 세브란스병원에서 이갑성(李甲成)의 부탁을 받았는가?

답: 그렇다.

문: 이갑성이 그때 갑자기 그런 것을 부탁한 것인가?

답: 그렇다. 김문진(金文珍)이 나를 이갑성에게 소개했으므로 그래서 나에게 부탁했던 것이다.

48) 국사편찬위원회 한국사데이터베이스, 「김원벽 신문조서」, 『한민족독립운동사자료집』 12권, 1919년 8월 30일, 이 신문조서는 고등법원에서 예심계 조선총독부 판사 쿠스노키 쓰네조(楠常藏)가 신문한 것이고, 「김원벽 신문조서(제1회)」는 1919년 4월 7일 경성지방법원에서 예심계 직무대리 조선총독부 판사 호리 나오키(堀直喜)가 신문한 것이다.

49) 국사편찬위원회 한국사데이터베이스, 「강기덕 신문조서(제3회)」, 『한민족독립운동사자료집』 11권, 1919년 7월 7일

문: 무엇이라고 하면서 소개했는가?

답: 2월 28일 낮에 김문진이 나를 이갑성에게, "이 사람은 각 학교·학생 사이에 신용이 있는 사람이므로 이 사람에게 무엇을 부탁하더라도 결코 위험하지 않다."라고 하면서 소개했다. 그래서 독립선언서를 배포하도록 부탁을 받았었다.

1919년 4월 7일 당시 연희전문학교 3학년이었던 김원벽은 경성지방법원 예심계 직무대리 조선총독부 판사 호리 나오키(堀直喜)가 신문한 「김원벽 신문조서(제1회)」에서 「선언서」는 강기덕이 이갑성으로부터 받아 각 학교대표에게 배부하였다고 진술하였다. 김원벽이 그해 8월 30일 고등법원에서 예심계 조선총독부 판사 쿠스노키 쓰네조(楠常藏)가 신문한 「김원벽 신문조서」에서 「선언서」 배부는 승동(勝洞) 예배당에서 이뤄졌다고 하였으며, 자신은 박희도, 강기덕은 이갑성과 주로 교섭했다고 하였다.

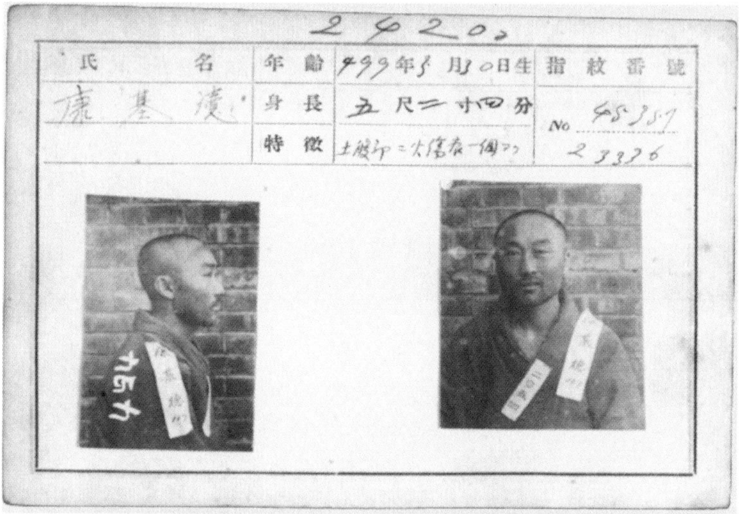

▲ 강기덕 지사의 서대문감옥 투옥 모습

④ 「강기덕(康基德) 신문조서」[50]

문: 피고는 2월 28일에 李甲成에게서 독립운동에 관한 선언서를 배포해 달라는 부탁을 받고 그것을 인수했다는 것인데 어떤가?

답: 이갑성(李甲成)이 내 병실에 들어왔을 때 김문진(金文軫)과 이용설(李容卨)에게, "선언서를 배포해 달라."고 이미 부탁했으므로 나에게도, "도와달라"고 부탁한 일은 있다.

문: 그대는 왜 배포해 주었는가?

답: 내가 분배한 것은 확실하게 알 수 없으나 김문진, 이용설과 3인이 정동(貞洞) 예배당에서 2천여 장을 거기에 모인 사람들에게 배부해 주었다.

문: 그것은 언제였는가?

답: 배부한 것은 2월 28일 밤 오후 10시경이었다.

⑤ 「강기덕 공판시말서(3)」[51]

문: 성명 · 연령 · 직업 · 주소를 말하라.

답: 함경남도 덕원군 적전면(赤田面) 당상리(堂上里) 12번지
보성법률상업학교 학생
현재 서대문감옥 재감 미결수
강기덕(康基德) 30세

문: 3월(2월 오기-필자 주) 28일에 세브란스병원에서 모였던 것은 틀림없는가?

답: 틀림없다.

문: 그때 이갑성(李甲成)이 '내일 오후 2시 파고다공원에서 독립선언서를 발표하니 시민에 배포해 달라'는 부탁을 받았다는데 어

50) 국사편찬위원회 한국사데이터베이스, 「강기덕 신문조서」, 『한민족독립운동사자료집』 12권, 1919년 8월 29일.

51) 국사편찬위원회 한국사데이터베이스, 「공판시말서(3)」, 앞의 책, 1919년 10월 23일

떤가?

답: 이갑성이 '이용설(李容卨), 김문진(金文珍)에게 배포하도록 부탁한 것이니 함께 배포해 달라.'는 부탁을 받았다.

문: 그리고 몇 장을 주었다고 했는가?

답: 장수는 듣지 못했다.

문: 몇 시경에 그 말이 있었는가?

답: 28일 오후 4, 5시경이었다.

문: 그 선언서는 많은 장수이므로 각 전문학교 대표자를 그날 밤에 정동(貞洞) 예배당 목사의 집으로 모이게 했다는데 어떤가?

답: 틀림없다.

보성법률상업학교 3학년이었던 강기덕은 「신문조서」와 「공판시말서(3)」에서 이갑성이 자신과 이용설(세브란스의전), 김문진(세브란스의전)에게 3월 1일 오후 2시 탑골공원에서 「선언서」를 발표하니 시민에게 배포해 달라고 부탁하였고, 각 전문학교 대표자를 2월 28일 밤에 정동 예배당 목사 집으로 모이게 해서 많은 양의 「선언서」를 배부했다고 하였다.

강기덕 · 김원백의 신문조서와 강기덕 · 김성국의 공판시말서의 내용을 정리하면, 서울 지역에서 「선언서」 배부는 1919년 2월 28일 저녁 무렵부터 밤까지 이갑성이 주도하여 각 학교 대표를 정동 · 승동 예배당에 모이게 하여 그곳에서 배부한 것이었다.

⑥ 「김성국(金成國) 공판시말서(제3회의 1)」[52)]

문: 성명 · 연령 · 직업 · 주소 · 본적 · 출생지는 어떠한가?

답: 출생지 경상남도.

본적 경상남도 부산부 영주동(瀛州洞) 30번지.

52) 국사편찬위원회 한국사데이터베이스, 「공판시말서(제3회의 1)」, 『한민족독립운동사자료집』 18권, 1919년 9월 30일

주소 경성부 화천정(和泉町) 126번지 오한영(吳翰泳) 방
세브란스의학전문학교 생도.
야소교도 김성국(金成國)

문: 2월 27일 피고는 이갑성(李甲成)과 함께 경운동(慶雲洞) 천도교 월보과장(月報課長) 이종일(李鍾一)의 집에 갔었다는데 어떠한가?

답: 28일 오후 8시경 종로에서 이갑성(李甲成)을 만났는데, 같이 가자고 하여 이종일의 집으로 갔던바, "자기가 가지고 가야 하지만 바빠서 못 가니 이것을 강기덕(康基德)에게 갖다 주라"고 하여, 무엇이냐고 물었더니 독립선언서라고 말하여, "처음에는 청원한다고 말하였는데 말이 틀리지 않느냐?"고 물었더니, "갑자기 변경되었다." 하므로 의아스럽게 생각하였으나 "차비도 줄 것이니 갖다 달라"고 하였으므로 그것을 받아 중앙예배당의 강기덕에게 가지고 가서 건네준 사실이 있다.

세브란스의전 생도였던 김성국은 이갑성의 요청에 따라 2월 26일 함남 원산부로 가서 총독부에 제출할 조선독립청원서에 찬성한 5, 6명이 기명날인한 백지를 수취하여, 이를 가지고 경성에 돌아와 이갑성에게 교부하고, 이튿날인 27일 이갑성과 함께 경운동 천도교 월보과장(月報課長) 이종일 방에 가서 「선언서」 약 1천 매를 수취하여 이를 승동 예배당에 가지고 가서 강기덕에게 전달한 것이었다.

2) 경상북도 지역

① 「이만집(李萬集) 신문조서」[53)]

문: 성명 · 연령 · 직업 및 주소를 말하라.

답: 성명 이만집(李萬集).
연령 44세.
직업 장로파 예수교회 목사.
주소 경상북도 대구부 남성정(南城町) 115번지

문: 그대는 어떤 범죄에 의하여 구금되어 있는가?

답: 나는 출판법 및 보안법 위반 피고사건으로 공판에 회부되어 대정 8년(1919) 4월 18일에 대구지방법원에서 징역 3년의 처분을 받고 공소했더니, 대정 8년 5월 31일에 대구복심법원에서 앞의 판결과 같이 징역 3년의 처분을 받았으므로 지금 상고 중이며, 대구감옥에 구금되어 있다.

문: 대정 8년 2월 24일경에 서울 세브란스병원의 사무원 이갑성(李甲成)이 대구의 주소로 그대를 찾아와서 조선독립선언 및 독립청원의 동지로서 찬성하고 서면에 조인해 달라고 권유하러 온 일이 있는가?

답: 확실한 날짜는 기억하지 못하나, 대정 8년 2월 24일경에 원래 알고 있는 서울 세브란스병원의 사무원 이갑성이 대구의 내 주소로 찾아와서 나에게 '이미 신문지상을 통하여 알고 있는 바와 같이 유럽의 강화회의에서 각국은 민족자결주의를 주장하고, 일정한 영토의 민족이 독립을 희망하고 독립을 청원하면 독립국이 될 수 있으니 조선도 이번에 독립을 선언하고, 강화회의에 독립을 청원하면 독립할 수가 있으므로 우리 동지는 이미 서울에서 그 청원을 하기로 되어 있다. 그대도 그것에 찬성하고, 뒷

53) 국사편찬위원회 한국사데이터베이스, 「이만집 신문조서」, 『한민족독립운동사자료집』 11권, 1919년 6월 27일

날 청원서를 보낼 것이니 그것에 조인해 달라.'고 권유를 한 일이 있었다.

문: 위에 대하여 그대는 즉시 찬성했는가?

답: 아니다. 이갑성에게서 위와 같이 권유를 받았으나 나는 내 직무가 바쁘므로 그런 큰일에는 관계할 수가 없다고 사절했었다.

문: 그리고 이갑성은 남쪽에도 배부하는 일을 맡은 것이 아닌가?

답: 그렇다. 그러나 남쪽의 어느 지방인지 모른다.

문: 그대는 이갑성에게 찬성을 표하고, 대구부에서의 조선독립운동을 수락하고 그 운동에 진력한 것이 아닌가?

답: 결코 동인의 권유에 찬성하여 그런 일을 한 것은 아니나, 대정 8년 3월 3일 저녁때 내 집 문전에서 성명을 알 수 없는 사람이 내 앞으로 종이봉투를 주면서 이것을 보면 알 것이라고 말하고 돌아갔었는데, 나는 무엇인가 하고 개봉해 보았더니 인쇄된 「조선독립선언서」와 「선언취지서」라는 제목이 붙은 조선독립에 관한 장문의 서면 10통 정도가 들어 있었다. 그리고 그 선언서를 다시 출판하여 다른 곳에 반포해 달라고 씌어 있었는데, 마침 그 무렵부터 조선 각지에서 독립을 선언하고 독립운동이 치열해졌으며, 나도 조선 민족으로서 조선의 독립을 원래 바라고 있었으므로 위 선언서를 등사판으로 찍어서 다수의 사람에게 반포하려고 생각하고, 그 무렵 아는 사람인 대구 남산정(南山町)의 김태련(金泰鍊)에게 부탁하여 200장쯤을 만들어 3월 8일에 대구 서문 밖 시장으로 가서 모여 있는 군중 속에 뿌렸었다. 그래서 많은 사람과 함께 조선독립만세를 부르고 대구부내를 누비고 다니다가 대구경찰서에 검거되어 그 죄로 현재 구금 중에 있게 되었다.

문: 그대에게 독립선언서를 교부한 사람은 이갑성의 사자(使者)가 아니었는가?

답: 어떤 사람인지 전혀 모른다.

문: 이갑성의 부탁에 응하여 대구에서 독립운동을 한 것으로 생각되는데 어떤가?

답: 아니다. 이갑성이 권유했을 때에는 나는 사절했었다.

문: 그러나 원래부터 조선독립을 바라고 있었다고 하면 이갑성의 권유를 거절할 턱이 없지 않은가?

답: 그것은 그렇지마는 이갑성이 권유할 당시는 직무가 매우 바빴으므로 거절했으나, 그 뒤 선언서를 받고 운동할 생각이 되어 운동했다.

「이만집 신문조서」는 경성지방법원 예심판사 나가시마 유조(永島雄藏)의 촉탁에 의하여 1919년 6월 27일 대구지방법원에서 예심계 조선총독부 판사 오이에 진로쿠(尾家仁六)가 신문한 내용이다.

이만집은 3월 3일경 이갑성이 사자(使者, 이굉상)를 통하여 「선언서」를 보내자, 대구에서 다수 동지를 규합, 집단을 만들어 시위운동을 전개할 것을 결의하고, 동파 예수교회의 조사인 김태련을 비롯한 수많은 기독교 신자와 계성학교 생도들에게 만세시위에 참여할 것을 권유하여 대표적인 대구3·1운동으로 발전시켰다가 피체되어 징역 3년의 옥고를 겪었다.

▲ 이갑성 지사의 서대문감옥 투옥 모습(왼쪽, 1919)과 경기도 형사과 '국외 정사(政事) 요시찰인' 카드(오른쪽, 1932·1936년)

② 「이갑성(李甲成) 신문조서(제4회)」[54)]

문: 피고는 대구에 갔을 때 백남주(白南珠)와 만난 것은 틀림이 없는가?

답: 틀림없다.

문: 그 사람은 백남채(白南埰)가 아닌가?

답: 나는 백남주라고 생각하고 있었으나, 백남채일지도 모르겠다.

문: 동인은 피고를 만난 일이 없다고 하는데 어떤가?

답: 그것은 동인이 거짓말을 한 것으로, 동인과 이상백(李相伯)의 집에서, 또 학교에서 만났었다.

문: 동인은 독립운동에 찬성하지 않았는가?

답: 그렇다. 그리고 동인은 계성고등보통학교 교사로서 이전부터 아는 사람이다.

문: 피고가 이만집(李萬集)에게 독립선언서를 보냈을 때 부족하거든 복사하여 배포하라고 하지 않았는가?

답: 대구에는 이굉상(李宏祥)을 시켜서 가져가게 하였는데, 동인에게 그런 것을 전하게 한 일은 없었다.

문: 2월 28일에 이종일(李鍾一)로부터 독립선언서를 받아서 김성국(金成國)을 시켜 강기덕(康基德)에게 가져가게 한 것은 틀림이 없는가?

답: 그렇다. 그날 병원에서 강기덕을 만났었는데, 오늘 밤에 승동(勝洞) 예배당에서 모이기로 되어 있으니 거기로 선언서를 보내 달라고 했으므로 나는 김성국에게 승동의 중앙예배당에 강기덕이 있을 것이니 동인에게 가지고 가라고 부탁했었다.

54) 국사편찬위원회 한국사데이터베이스, 「이갑성 신문조서(제4회)」, 앞의 책, 1919년 7월 21일

이갑성은 「신문조서」에서 백남채(白南埰) 지사가 계성고등보통학교 교사로서 예전부터 아는 사이라고 하였고, 2월 28일 이종일(李鍾一)로부터 「선언서」를 받아서 김성국에게 승동 중앙예배당에 있는 강기덕에게 전하게 하고, 강기덕은 그곳에 모여 있던 학생들에게 배부한 것이었다.

3) 경상남도 지역

① 「이굉상(李宏祥) 신문조서」[55)]

문: 그대는 세브란스의학교 3년생 김문진(金文珍)을 알고 있는가?

답: 알고 있다.

문: 금년 3월 1일 김문진으로부터 손병희(孫秉熙) 외 32명이 살포한 조선독립선언서를 받아서 마산으로 가지고 갔는가?

답: 그렇다. 가지고 갔다.

문: 어찌하여 선언서를 가지고 가게 되었는가?

답: 2월 28일 점심을 현재 살고 있던 하숙집에서 김문진과 함께 먹었다. 그때 김문진은 "내일은 조선이 독립하기 위하여 여러 사람이 모여서 만세를 부르고 소동을 부릴 것인데, 이것은 극비에 속하는 것으로서 내일의 시간과 장소 등은 내일 가르쳐 주겠다."라고 말하였다. 김문진은 나와 함께 하숙하고 있는 사람이므로 나는 1개월 정도 전부터 알게 된 사람이다. 다음 3월 1일 아침 일찍이 김문진이 나에게, "독립선언서를 마산으로 가지고 갈 필요가 있는데 네가 가지고 가겠느냐?"고 하였으나 나는 주저하고 있었더니, "기차 시간이 임박하였으니 빨리 정하라."라고 하므로 나는 "가지고 가겠다."라고 하였더니 김문진은 나를 데리고 이갑성(李甲成) 댁으로 가서 「선언서」 2, 30매와 여비

55) 국사편찬위원회 한국사데이터베이스, 「이굉상 신문조서」, 『한민족독립운동사자료집』 13권, 1919년 4월 26일

15원을 얻어 주었으므로 나는 마산으로 가지고 가서 임학찬(林學贊)에게 건네주고, 임의 집에서 하룻밤을 자고 2일 아침에 돌아왔다.

② 「임학찬(任學讚) 신문조서(제1회)」[56)]

문: 금년 3월 1일 세브란스의학전문학교 생도 이굉상(李宏祥)이 인쇄한 조선독립선언서를 증인한테 가져온 일이 있는가?

답: 그렇다. 가지고 왔다.

문: 위 「선언서」는 어떻게 했는가?

답: 나는 이상소(李相召) 집에 동숙하고 있는데, 위 「선언서」가 왔을 때 나는 이상소와 그것을 보고 벽장에 감추어 두었었는데, 그 후 해륙물산 위탁판매점 원동상회(元洞商會)의 이형재(李炯宰)가 와서 독립선언서를 보여 달라고 하므로 보여주었던바, 그가 그 「선언서」를 가지고 갔다.

문: 그 선언서는 몇 매였는가?

답: 120매 남짓하였는데, 이형재가 전부 가지고 갔다.

③ 「임학찬(任學讚) 신문조서(제2회)」[57)]

문: 금년 2월 22일경 경성 세브란스병원 사무원 이갑성(李甲成)이 피고를 방문한 일이 있는가?

답: 그렇다. 나는 그 즈음의 일요일에 상동(上南) 교회에 갔더니 이갑성이 와 있어, "어째서 왔느냐?"라고 물었던바, 이갑성은, "그런 것은 묻지 않아도 좋다."고 하며, 명함 뒤에 3인의 성명을 쓰고 이형재(李炯宰)를 가리키며, "이 사람을 알고 있는가?" 하고 말했는데, 나는 "그 사람을 모른다."라고 대답했더니, "그러냐?"

56) 국사편찬위원회 한국사데이터베이스, 「임학찬 신문조서」, 『한민족독립운동사자료집』 16권, 1919년 6월 23일

57) 앞의 주 참조. 임학찬은 같은 날 2차례 신문이 있었다.

하고, 그 교회에 와 있던 영국부인과 무엇인가 인사를 하고 교회를 나갔던 것이다.

문: 이상소(李相召) 집에는 그 이갑성 및 피고 외에 창신학교 교사 및 이상소의 사위가 모였는가?

답: 그렇다. 창신학교 교사 김호열(金浩烈), 이상소의 사위 이약신(李約信)이 있었다.

문: 그때 이갑성은 조선 독립운동 건에 관하여 이야기를 했다고 하는데 어떠한가?

답: 이갑성은 그때 우리에게, "경성에서는 현재 여러 가지 일이 기획되고 있으나 우선 조선총독 및 내각에 조선독립의 청원을 함에 있어 위 청원서에 연서할 사람을 모집하지 않으면 안 되는데 그 일에 찬성하여 날인하지 않겠느냐?"고 말했으며, 우리들은 "독립청원을 한다고 하는 것은 좋은 일이기는 하나, 그것이 될지 안 될지 모르겠다. 또 자네가 처음으로 이 고장에 온 것이기 때문에 고장 사람들의 날인을 받는 것은 곤란할 것이리라." 하였던바, 이갑성은 "여러 가지 생각하고 있다. 결국 날인해 달라."라고 하는 뜻의 말을 두서너 번 되풀이하였는데, 우리들은 "일이 진행되면 예외이나 지금으로는 날인은 안 된다."라고 하였더니, 李甲成은 낙담한 모양으로, "마산까지 헛걸음했다."라고 말하였다. 그리고 이갑성은 그날 밤 이상소 집 사랑에서 1박하고 그다음 날 아침 마산을 떠났다.

1919년 3월 1일 아침, 세브란스의학전문학교 1학년 이굉상은 같은 학교 3학년 김문진으로부터 「선언서」 발표 이야기를 듣고 함께 이갑성 댁으로 가서 「선언서」 120매(이굉상의 신문조서와 다름)와 여비 15원을 받아 그날 급히 경남 마산으로 가지고 가서 경남 김해 출신이자 마산 창신학교 교사였던 임학찬에게 건네주었고, 임학찬은 이형재에게 전달하게 되었는데, 경남 유력인사를 규합하고, 청원서 서명을 위해 2월 25일 마산을 방문한 배동석(裵東奭)의 활동으로 인해 김해·마산 등지의 독립만세의거에 큰 영향을 주었다.

▲ 배동석(1889~1924) 지사

김해 출신 배동석과 임학찬은 김해 독립만세시위 주모자 혐의까지 받아 경찰의 심문에서 극심한 고문과 구타가 가해졌는데, 임학찬은 치료 후 회복했으나 배동석은 출옥한 지 3년도 안 되어 35세의 나이로 타계하였다.

배동석은 이갑성과 관련된 3·1운동 전후 신문조서는 없고, 「공판시말서」만 남아 있다. 그 이유는 경찰이 심문할 때 그가 이갑성의 지시에 따라 마산을 방문하여 유력인사를 규합했던 일, 3월 1일 전후 세브란스의전 학생들과의 관계 등을 진술하지 않아 심한 고문을 받고, 재판정에서 판사의 신문에 응할 수조차 없었던 것으로 추정할 수 있다.

배동석과 차영호(車榮鎬)에 대한 보안법 위반 피고사건에 관하여 1920년 4월 26일 오전 9시 경성복심법원 법정에서 재판장 조선총독부 판사 츠카하라 유우타로(塚原友太郞), 조선총독부 판사 모로도메 유스케(諸留勇助)·아라이 유타카(新井胖)가 열석(列席)하고, 조선총독부 검사 야마자와 사이치로(山澤佐一郞)의 입회로 변론을 공개한 가운데 피고인은 신체의 구속받지 않고 출두하고, 변호인 김우영(金雨英)도 출두한 가운데 재판장은 피고인에 대하여 신문하였다.

④ 「배동석(裵東奭) 공판시말서」[58)]

문: 성명 · 연령 · 족칭 · 직업 · 주소 · 본적 및 출생지는 어떠한가?

답: 성명 배동석(裵東奭)

연령 3월 21일생, 30세

직업 세브란스의학전문학교 생도

주소 경성부 남대문통 세브란스병원 내

본적 김해군 김해면 동상동(東上洞)

출생지는 김해군 김해면 동상동

문: 그대는 이갑성(李甲成)으로부터 조선 독립운동에 참가하도록 권유를 받아 작년 2월 하순, 손병희(孫秉熙) 외 32인이 동년 3월 1일 조선독립의 선언을 발표하고 조선인이 독립을 희망하고 있다는 사실을 표시하기 위하여 단체를 만들어서 조선독립만세를 부르며 시내를 누비고 다니며 시위운동을 한다는 것을 듣고 이에 찬동하였다는데 틀림없는가?

답: 나는 이갑성으로부터 조선을 독립시켜 주기 바란다는 청원서를 총독부에 제출한다는 이야기는 들었으나 독립의 선언을 발표한다는 말은 듣지 못하였다. 그리고 3월 1일 파고다공원에서 연설이 있으니 오후 2시경에 가라고 하기에 동일 오후 2시 20분경 공원에 갔었으나 아무도 있지 않아서 돌아왔다.

문: 동일 파고다공원에서 손병희(孫秉熙) 등이 조선독립의 선언을 발표하고 군중이 조선독립만세를 부르며 시위운동을 하였다는 것은 틀림없는가?

답: 나는 그런 것은 모른다. 군중이 만세를 부른 것은 듣지 못하였다.

문: 그대는 3월 1일 파고다공원에 간 사실은 틀림없는가?

답: 갔었다.

문: 그때 독립선언서의 낭독이 있었고, 군중이 조선독립만세를 부

58) 국사편찬위원회 한국사데이터베이스, 「공판시말서」, 『한민족독립운동사자료집』 19권, 1920년 4월 26일

르며 시위운동을 한 것도 틀림없는가?

답: 나는 독립선언이라는 것은 듣지 못하였다. 독립 청원에 관하여 연설이 있다는 사실을 들었으므로 갔었으나 아무도 없었으므로 돌아왔다.

문: 그대는 3월 1일 종로통에서 조선독립만세를 부르며 시위운동을 하고 있는 단체에 가담하여 함께 조선독립만세를 부른 것은 틀림없는가?

답: 종로통에서 파고다공원 방면으로부터 많은 사람이 만세를 부르며 오고 있는 것을 만났으나, 나는 그 군중에 가담하여 만세를 부르지 않았다.

문: 그대는 동년 3월 5일, 남대문 정거장 앞에서 수백 명이 집합하여 조선독립만세를 부르며 시위운동을 한 사실을 알고 있는가?

답: 나는 그때는 학교에 있었는데 군중이 만세를 부르며 남대문통의 차도를 통행하는 것을 보았다.

문: 그대도 그 단체에 참가하여 함께 조선독립만세를 불렀는가?

답: 그런 사실이 없다.

⑤ 「김형기(金炯璣) 신문조서」[59)]

문: 경상남도의 출신인 재경학생의 회합이 있는가?

답: 경상남북도 출신의 재경학생으로서 '교남학생친목회(嶠南學生親睦會)'를 조직하고 있다. 그의 회장은 배동석(裵東奭)이다.

문: 3월 1일 파고다공원에 갔는가?

답: 나는 3월 1일 첫째 시간의 수업을 마치고 귀가하여 휴식을 취하고 있었는데, 떠들썩한 소리가 들려왔으므로 종로의 십자가(十字街) 부근으로 나가서 보았더니 군중이 만세를 부르면서 오고 있었으므로 거기에서 나는 군중에 가담하여 함께 만세를 부르

---

59) 국사편찬위원회 한국사데이터베이스, 「김형기 신문조서」, 『한민족독립운동사자료집』 15권, 1919년 4월 22일

> 면서 대한문(大漢門) 앞까지 갔었다. 그리하자 군중의 일부는 갈라져서 종로 방면으로 되돌아왔으므로 나도 그 군중에 가담하여 종로 십자가 부근까지 오고 그곳에서 헤어져서 귀가하였다. 그동안에 나는 만세를 부르면서 돌아다녔다.

배동석은 세브란스의전 재학생으로 이갑성과 매우 가까운 사이였고, 그가 경상남북도 출신의 재경 학생 친목단체였던 '교남(嶠南: 영남) 학생친목회장'이었기에 다른 사람들의 「신문조서」에 그의 행적이 훤히 드러났는데도 그는 탑골공원 「선언서」 발표조차 모른다고 했기에 일본 경찰의 극심한 고문을 겪은 것으로 보인다.

이갑성은 2월 25일 배동석을 경남 마산으로 보내 그곳에 거주하던 이상소, 손덕우, 이승규 등에게 독립운동에 참여해 줄 것과 청원서에 날인해 달라고 부탁한 것이었다.

⑥ 「이계창(李桂昌) 외 29인의 판결문」[60]

> **제4.** 피고 이굉상(李宏祥)은 동년 3월 1일 아침 동상(同上) 이갑성(李甲成) 방에서 전출(前出) 손병희(孫秉熙) 외 32인 명의의 조선독립선언서 인쇄물 수 10매를 받아서 또 이갑성으로부터 경상북도 대구부 및 경상남도 마산부에 이르러 위의 「선언서」의 교부 및 시위운동의 실행을 촉구하라는 취지의 명령을 받고, 이를 승락하여 동일 경성부 남대문역을 출발, 그날 밤 마산부에 이르러 마산부 만정(萬町)에 거주하는 피고 임학찬(任學讚) 방에 가서 동인 및 피고 이상소(李相召)에게 위 인쇄물을 교부하였으며, 또한 경성에서는 3월 1일 오후 2시 선언서를 발표 배포하며, 또 조선독립시위운동을 위하여 많은 군중이 집합하여 조선독립만세를 고창하면서 부내를

60) 「이계창 외 29인의 예심종결판결」(경성지방법원, 1919.08.30.). 독립운동사편찬위원회, 『독립운동사자료집』 5, 108쪽

광분할 계획이니, 마산부에서도 같은 운동을 일으키라는 뜻을 권유하고, 피고 임학찬 · 이상소는 위 인쇄물을 수령하여 협의한 후 이를 자택 벽장 속에 감추어 두었다가 이튿날 2일 피고 김용환(金容煥)이 그 인쇄물 배포의 요충을 맡겠다는 뜻을 말하자 이형재(李瀅宰)란 자를 피고 방에 보냈으므로 피고 임학찬 · 이상소는 전기 선언서를 일반에 배포하기 위하여 이형재에게 교부하고 피고 김용환은 이를 이형재로부터 받아서 동년 3월 3일 오전 11시경 마산부 구마산 무학산(舞鶴山)에서 개최된 이태왕 국장 요배식에 참집한 군중에게 대하여 조선독립사상을 고취하는 연설을 하고 그 선언서를 살포하며 조선독립만세를 고창하였으며,

제5. 피고 배동석(裵東奭)은 동년 2월 중순경부터 전게(前揭) 이갑성(李甲成) 방에서 동인 및 학생 이용설(李容卨) · 김형기(金炯璣) · 한위건(韓偉健) · 김원벽(金元壁) · 윤자영(尹滋英) 등과 가끔 회합하여 조선 독립운동에 관하여 협의를 거듭하고 있었던바, 동월 24일 위 이갑성 방에서 동인에게서 조선독립에 대하여 정부 및 조선총독부에 청원하기 위하여 경상남도 마산지방에 출장, 동지자를 모집하라는 취지를 의뢰받아 이를 승낙하고 동일 경성을 출발하여 이튿날 25일 마산부에 도착, 동지에 거주하는 이상소 · 손덕우(孫德宇) · 이승규(李承奎) 등에게 대하여 조선독립운동에 참가하여 청원서에 연서하기 위하여 날인하라는 취지를 권유하고,

「이계창 외 29인의 판결문」 내용에는 이굉상이 1919년 3월 1일 아침 이갑성으로부터 「선언서」 10매를 받아 경성의 남대문역을 출발, 경남 마산부에 도착하여 임학찬, 이상소 등에게 전달하고, 임학찬과 이상소는 이튿날인 3월 2일 김용환, 이형재에게 전하여 그 이튿날인 3월 3일 마산부 구마산 무학산(舞鶴山)에서 개최된 이태왕(광무황제) 국장 요배식에 참여한 군중에게 조선독립사상을 고취하는 연설을 하고, 그

「선언서」를 살포하며 조선독립만세를 고창한 사실이 드러나 있다.

4) 전라북도 지역

① 「김병수(金炳洙) 신문조서」[61]

문: 성명 · 연령 · 신분 · 직업 · 주소 · 본적지 및 출생지는 어떠한가?

답: 성명은 김병수(金炳洙)

연령 22세, 10월 18일생.

신분 -.

직업 세브란스의학전문학교 3년생.

주소 전라북도 김제군 백구면(白鷗面) 유강리(柳江里) 51번지

본적지 전라북도 김제군 백구면 유강리 51번지.

출생지 전라북도 김제군 백구면 유강리 51번지.

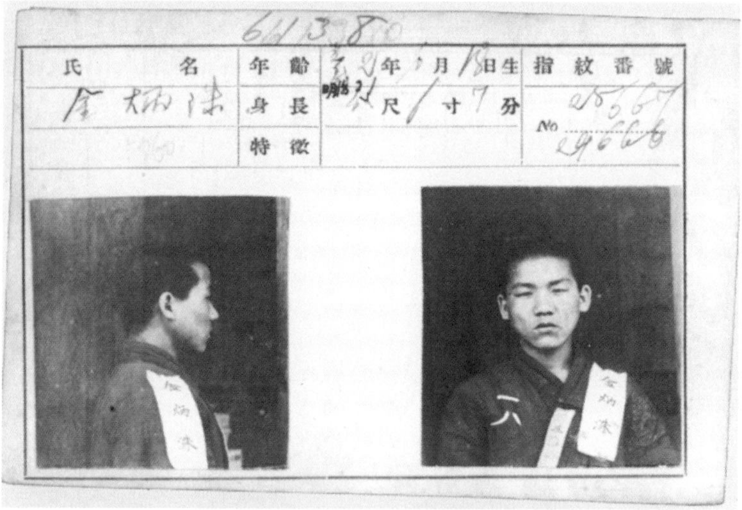

▲ 김병수 지사의 서대문감옥 투옥 모습

61) 국사편찬위원회 한국사데이터베이스, 「김병수 신문조서」, 앞의 책. 1919년 6월 25일

문: 피고는 이갑성(李甲成)의 의뢰에 의해 전라북도 방면으로 조선 독립청원서에 날인받는 것을 권유하러 간 일이 있는가?

답: 그렇다. 금년 2월 25일 오후 5시경 이갑성에게 불려 그 집으로 갔던바, 이갑성은 나에 대하여, "이번에 조선의 유명한 사람이 단결하여 조선 독립운동을 일으킬 계획이 있으며, 지방의 유명한 사람도 동지로 가입시키고 싶으니 권유하러 가서 찬성한 사람으로부터 괘지(罫紙)에 날인을 받아오라."라고 말하고, 나에게는 "군산으로 권유하러 가라."고 하며 여비로 10원을 건네주었으므로 나는 그날 오후 7시 40분에 경성을 출발하여 그날은 대전에 1박, 다음 날 아침 8시에 군산으로 가서 영명학교(永明學校) 교사인 구암리(九岩里)의 박연세(朴淵世)를 방문하고, "경성에서는 유명한 사람이 단결하여 독립운동을 일으키는 것으로 되어 있으니 찬성하면 기명날인해 달라."고 하였던바, 박연세는 자기 이외에도 찬성자가 있을 것이니 내일 아침 8시에 裡里 정거장에서 만나자고 하므로 그날은 자택으로 돌아왔고, 그다음 날 아침 8시에 이리 정거장으로 갔으나 박연세가 오지 않았기 때문에 그대로 경성으로 돌아왔다.

문: 어째서 군산에 가지 않았는가?

답: 그것은 나는 공부 중의 몸이므로 빨리 돌아오지 않으면 안 되었으며, 또 독립선언서를 군산에 가지고 가야 하였기 때문에 빨리 용무를 마칠 생각으로 이리에서 바로 경성에 돌아왔던 것이다.

문: 그 후 피고는 군산에 독립선언서를 가지고 갔는가?

답: 그렇다. 2월 28일 정오경 내가 이갑성 집으로 갔더니 그는 독립선언서 100매를 나에게 건네주며, "군산의 박연세에게 전하고 경성에서는 3월 1일에 시위운동을 하는 것으로 예정되어 있으므로 군산에서도 시위운동을 일으키고 그때 독립선언서를 배포할 것을 전해 달라."고 하고 여비 10원을 건네주었기 때문에, 나는 그날 오후 7시 반 남대문역을 출발하여 그날은 대전에 1박

하고, 다음 날 3월 1일 아침 그곳을 떠나 오전 10시 반 군산에 도착하여 박연세를 방문하고, 이갑성의 이야기를 전했던바, 박연세는 그 일을 승낙하였으므로 독립선언서를 건네주고 그날 오후 6시 군산을 출발하여 다음 날 2일 오전 10시경 경성으로 돌아왔다. 또한, 처음에 군산에 갔다 돌아왔을 때 이갑성에게 서명날인을 받아올 수 없었음을 이야기했더니, 이갑성은 "이제는 그 날인이 필요 없는 것이 되었다."라고 하였으므로 선언서를 가지고 갔을 때 박연세에게 그것을 이야기했던바, 그는 10여 인의 서명을 받고 있었으나 그것을 불태워 버렸다.

② 「박연세(朴淵世) 공판시말서」62)

문: 피고는 전라북도 옥구군 개정면 구암리 야소교회 부속 영명학교(永明學校)의 교사인가?

답: 그렇다. 대정 2년 4월부터 신문한 바와 같이 교사를 하고 있다.

문: 지금 같은 피고 이두열(李斗悅)이 공술한 바에 따르면, 금년 2월 하순 경성 세브란스 의학전문학교 학생 김병수(金秉洙)가 천도교주 손병희(孫秉熙) 이하 32명이 연명한 조선독립운동을 선언하는 「선언서라」고 제한 인쇄물 100여 장을 휴대 영명학교에 와서, 피고 등과 만나 해당 선언서를 피고 등에게 교부하고, 또 동인은 조선독립의 시기가 도래했으므로 서울을 비롯 기타 조선 각지에서 독립운동을 일으키도록 하는 말을 들은 결과, 피고 등도 조선 독립운동에 찬동하고 금년 3월 6일에 군산 장날을 이용하여 선언서를 살포하고, 만세를 부르며, 군산장 안을 누비고 다니면서 시위운동을 개시할 것을 계획했으나, 위 김병수로부터 수취한 선언서는 살포하기에 부족하여 영명학교 학생에게 명하여 동 교내에서 동교에 비치한 기계로 위 선언서 수천

62) 국사편찬위원회 한국사데이터베이스, 「박연세 공판시말서」, 『한민족독립운동사자료집』 16권, 1919년 4월 24일

매를 등사시켰다고 하는데 사실인가?

답: 학생에게 선언서의 등사를 시켰다는 사실은 모르겠으나 그 밖의 것은 전부 신문한 바와 같이 틀림없다.

이갑성은 2월 25일 세브란스의전 3학년생인 김병수를 불러 '독립운동을 일으킬 계획이 있으며, 총독부에 제출할 독립청원서에 지방의 유지도 참여시키고 싶으니 전북 군산으로 가서 동조자로부터 괘지(罫紙)에 날인을 받아오라.'고 하였고, 2월 28일에는 「선언서」 100매를 건네주며, '군산의 박연세에게 전하고 서울에는 3월 1일에 시위운동을 하는 것으로 예정되어 있으므로 군산에서도 시위운동을 일으키고 그때 「선언서」를 배포할 것을 전해달라.'고 하였다. 이에 전북 옥구군 개정면 구암리에 소재한 기독교 교회 부속 영명학교(永明學校) 교사였던 박연세는 동지를 규합하여 3월 6일 군산 장날을 이용하여 선언서를 배포하고, 만세를 부르며, 장터를 누비게 하였다.

「友邦의 好意가 必要」
독립운동은 물론 될 것임으로 일본에 청원을 하야 우방의 호의를 잇자
李甲成

▲ 독립선언사건의 공소 공판정에서 이갑성 지사의 신문(訊問) 내용
(「동아일보」, 1920.09.23)

5) 「예심결정에 대한 의견서」[63] 내용

제2, 피고 김성국(金成國)은 동년 2월 25·6일경 경성부 남대문 5가 15번지 세브란스연합의학전문학교 구내에 거주하는 이갑성(李甲成) 집에서 동인으로부터 조선 독립운동의 계획을 듣고, 정부와 총독부에 제출할 조선독립 청원서에 지지자의 서명과 날인을 받기 위해 함경남도 원산부에 가달라는 부탁을 받고 이를 승낙하여, 익일 서울 남대문 정거장을 출발 원산부에에 이르러 동지 북감리교파 야소교 목사 정춘수(鄭春洙) 집에 가서 동인으로부터 전기 독립청원서에 첨부하기 위해 원산부에서 지지자 수명이 서명 날인한 백지를 수취하여 즉시 이를 가지고 서울에 돌아와서 이갑성에게 건네주고, 동월 27일 이갑성과 같이 경운동(慶雲洞) 천도교 월보과장(月報課長) 이종일(李鍾一) 집에서 동인으로부터 전기(前記) 손병희(孫秉熙) 외 32명이 연명한 조선독립선언서 인쇄물 약 1,000매를 수취하여 이를 승동(勝洞) 예배당에 가지고 가서 일반에게 배포하기 위해 학생 강기덕(康基德)에게 교부하고, 학생 중의 지지자로 하여금 이를 서울 장안에 배포케 했으며,

제3, 피고 김병수(金炳洙)는 동년 2월 25일 오후 5시경 전 동상 이갑성 집에서 동인으로부터 조선의 독립을 정부와 총독부에 청원하기 위해 전라북도 군산 지방에 가서 동지를 권유하여 찬성자로 하여금 청원서에 첨부할 용지에 날인시켜 오도록 하는 뜻을 명령받아, 이를 승인하고 동일 서울 남대문 정거장을 출발하여 다음 26일 군산부 구암리(九岩里) 박연세(朴淵世) 집에 이르러 동인에 대해 위의 권유를 하고, 또 동지를 다수 모집하라는 뜻을 의뢰하여, 동월 28일 정오경 동상(同上) 이갑성 집에서 동인으로부터 전기 손병희 외 32인 명의의 조선독립선언서 인쇄물 약 100매를 수취하여 또 군산부에 이르러 타인에게 교부하여 배포하도록 하라는 뜻을 명령받

63) 국사편찬위원회 한국사데이터베이스, 「예심결정에 대한 의견서」, 『한민족독립운동사자료집』 16권, 1919년 8월 30일

아, 동일 서울을 출발하여 동년 3월 1일 아침 군산부에 도착 군산부 구암리 박연세 집에 이르러 동인에 대해 해당 인쇄물 전부를 교부하고, 또 동인 기타 수인에 대해 서울에서는 3월 1일 오후 2시를 기해 해당 선언서를 발표 배포하고 군중은 조선독립을 위해 시위운동으로서 조선독립만세를 고창하면서 장안을 떠들도록 하는 계획이니, 군산에서도 같은 일을 계획하여 시위운동을 하라는 뜻을 권고하고 박연세 등으로 하여금 그 말에 따라 조선독립의 시위운동을 야기시키게 하였으며,

제4, 피고 이굉상(李宏祥)은 동년 3월 1일 아침 동상 이갑성 집에서 전기 손병희 외 32인 명의의 조선독립선언서 인쇄물 수십 매를 받아 또 이갑성으로부터 경상북도 대구부와 경상남도 마산부에 이르러 위 선언서의 교부와 시위운동의 실행을 촉구할 뜻을 명령받아 이를 승낙하고, 동일 서울 남대문역을 출발 그날 밤 마산부에 이르러 마산부 만정(萬町) 거주인 피고 임학찬(任學讃) 집에 이르러 동인과 피고 이상조(李相召)에 대해 위 인쇄물을 교부하고, 또 서울에서는 3월 1일 오후 2시 선언서를 발표 배포하고, 또 조선독립 시위운동을 위해 다중 집합하여 조선독립만세를 고창하면서 장안을 광분하도록 하는 계획이니, 마산에서도 같은 운동을 일으키도록 하는 뜻을 권유해 피고 임학찬·이상소는 위 인쇄물을 수령하여 협의한 뒤 이를 자기 집 벽장 안에 감추어 두었다가 다음 2일에 피고 김용환(金容煥)이 해당 인쇄물 배포의 책임을 맡을 뜻을 말하고 이형재(李瀅宰)라는 자를 피고집에 보내게 하여 피고 임학찬·이상소는 전기 선언서를 일반에게 배포하기 위해 이형재에게 교부하고, 피고 김용환은 이를 이형재로부터 수취하고, 동년 3월 3일 오전 11시경 마산부 구마산(舊馬山) 무학산(舞鶴山)에서 개최하는 이태왕(李太王) 국장 요배식에 참집한 군중에 대해 조선독립의 사상을 고취하는 연설을 하여 해당 「선언서」를 살포하고, 조선독립만세를 고창하였으며,

제五, 피고 배동석(裵東奭)은 동년 2월 중순경부터 전기 이갑성 집에서 동인과 학생 이용설(李容卨)·김형기(金炯璣)·한위건(韓偉鍵)·김원벽(金元璧)·윤자영(尹滋瑛) 등과 자주 회합하여 조선 독립운동에 관한 협의를 하고 있었던바, 동월 24일 위 이갑성 집에서 동인으로부터 조선독립에 관해 정부와 조선총독부에 청원하기 위해 경상남도 마산지방에 출장하여 지지자를 모집하라는 뜻을 부탁받아 이를 승인하고 동일 서울을 출발하여 다음 날인 25일 마산부에 도착, 마산부 거주 이상소·손덕우(孫德宇)·이승규(李承奎) 등에 대해 조선 독립운동에 참가하여 청원서에 연서하기 위한 날인을 하라는 권유를 하였으며,

이갑성은 「선언서」가 인쇄되기 전에 경성(서울) 학생 조직을 점검하고, 경남북은 직접 방문하였으며, 함경남도 원산부에는 세브란스의전 학생을 보내어 동지를 규합하였다. 1919년 2월 28일 「선언서」가 인쇄되자 경성(서울)의 각 학교 학생대표를 승동·정동 예배당으로 오게 하여 배부하였고, 경남북과 전북 지역에는 김성국, 김병수, 배동석, 이굉상 등 세브란스의전 학생을 통하여 「선언서」를 배부하여 3·1운동의 기폭제 역할을 하였다.

Ⅳ. 마무리

본고에서는 1919년 3월 1일 민족대표 33인의 이름으로 「선언서」 발표가 나오기까지 연당(硏堂) 이갑성(李甲成) 지사의 역할에 주목하였다. 기독교 · 천도교 · 불교 지도자 33인이 민족대표로서 하나가 되어 「선언서」를 발표하게 된 역사적 배경을 살펴보고, 그 선언서가 서울뿐만 아니라 전국 각지에 배부되어 전국 방방곡곡에서 독립만세시위를 벌이게 되는 과정에서 연당의 역할을 살펴보았다.

이에 앞서 일제침략기(1894~1910) · 일제강점기(1910~1945) 배달겨레의 삶을 정리해 보았다.

3 · 1운동은 배달겨레의 역량이 분출한 것이 아니라 제1차 세계대전 후 윌슨 미국 대통령이 제창한 민족자결주의의 영향으로 일어난 것이라는 일제의 주장을 그대로 받아들이는 학자도 있다. 물론 3 · 1운동은 이를 계기로 하여 발발한 것은 부정할 수 없으나 무엇보다도 경술국치 후 나라를 되찾기 위해 노력하던 배달겨레가 일제의 혹독한 무단정치에 반발한 민족적인 분노의 표출이었다,

배달겨레는 일제침략기(1894~1910)에 30만여 명의 의병을 일으켜서 16년 동안 의병투쟁을 벌인 역사가 있다. 배달겨레는 나라를 잃지 않으려고 재산은 물론 목숨까지 바쳤던 의병투쟁이 무기의 열세로 인하여 결국 경술국치를 당하자 나라를 되찾기 위한 활동을 전개하였다.

경술국치에 앞서 1907년 양기탁, 안창호, 이동녕 등 많은 우국지사가 신민회를 조직하여 국권회복(國權恢復)을 목적으로 크게 활약하였다. 경술국치 전후 국외로 향했던 많은 광복지사는 대부분 '학교를 설립하여 인재를 양성하고, 무관학교를 세워 독립군을 창건하는 활동'을 지향하였다.

1910년 12월 러시아 연해주에 거주하던 최재형, 이종호, 오주혁, 황병길 등은 연추에서 국민회를 조직하여 인재를 양성하고, 국권을 회복하고자 하였다.

이어 연해주 블라디보스토크 신한촌에서 조직된 권업회는 1911년 5월 20일 창립총회에서 의장에 이상설, 회장에 최재형, 부회장에 홍범도가 선임되었고, 1914년에는 8,500여 명에 이르자, 독립군을 양성하는 사관학교를 설립하고, 이상설 · 이동휘를 정 · 부통령으로 하는 대한광복군정부를 탄생시켰으나 그해 제1차 세계대전이 발발하자 러시아가 일본과 동맹을 맺고, 권업회를 해체하고 대한광복군정부 활동도 금지하였다.

1918년 11월 하순 미국 대통령 윌슨이 원동(遠東) 사정을 시찰코자 찰스 크레인을 중국 상하이에 파견하였는데, 이때 신한청년당원 여운형이 그를 방문하고 한국의 사정을 개진하고 한민족이 독립을 요구하는 문건을 윌슨 대통령에게 전달케 하였고, 미국 샌프란시스코 대한인국민중앙총회는 조국의 광복을 도모하고자 세 사람을 파리의 강화회의와 약소국동맹회의에 참석시키기로 하였다.

경술국치 직전부터 간도로 가서 나라를 되찾으려고 백두산 아래의 중국 화룡현 청파호에 총본사를 두고, 많은 학교를 세워 청년들에게 정신교육을 통하여 민족의식과 자주독립의식을 심어주었던 나철 · 김교헌 · 서일 등 대종교 지도자들이 있었다.

1915년 3월 대종교의 지도자였던 이상설 · 박은식 · 박찬익, 그리고 북경으로부터 온 성낙형 · 유동열 등은 신한혁명당을 조직하고, 이듬해 대동보국단을 조직하였다. 1917년 7월 상해에서 신규식을 비롯한 14인의 명의로 「대동단결의선언」을 하였으니, 이것은 최초의 독립선언이었다.

1910년 경술국치 직후부터 이듬해 봄까지 서울과 경북 안동 등지의 우국지사들이 서간도 유하현으로 이주하여 대고산에서 노천군중대회를 열어 경학사라는 자치단체를 창설하고, 신흥강습소를 설립하여 광복을 위한 무관을 양성하였다. 1912년 경학사를 발전시켜 이주한 배달겨레의 자치기관인 부민단을 조직하고, 통화현의 합니하(哈泥河)에 신흥강습소를 신흥학교로 바꿔 명실상부한 무관학교로 거듭나서 병농일치를 지향했던 이상룡 · 여준 · 김동삼 · 이시영 등의 지도자는 전술한 대종교 지도자 김교헌 · 김좌진 · 박은식, 연해주에서 활약하던 문창범 · 이동휘 · 이범윤, 중국 본토에서 활약하던 신규식 · 신채호 · 조소앙, 미주지역에서 활동한 박용만 · 안창호 · 이승만 등 39인이 무오년(1918)에 서명하고, 기미년(1919) 2월 1일(음력 1월 1일) 간도 길림성에서 「대한독립선언서」를 발표하기에 이르렀다.

이어 2월 8일 일본 도쿄 YMCA 회관에서 도쿄 유학생 최팔용 · 송계백 등이 독립선언서와 결의문 낭독을 하였다.

그리하여 2월에는 국내에는 중국 본토나 간도, 연해주에서 온 우국지사와 일본에서 귀국한 학생을 통하여 국외에서 발표된 독립선언에 관한 소문이 크게 번져 나갔고, 마침내 3월 1일 "조선독립만세", "대한독립만세" 소리가 전국 방방곡곡에 메아리치게 되었다.

3 · 1운동 때는 우리나라의 국호나 정부가 없었기에 공식적인 기록이 없음은 두말할 나위가 없지만, 대한민국 임시정부에서 나온 기록은 다수가 있지마는 구체적인 내용에는 한계가 있어 일제의 기록인 「신문조서(訊問調書)」, 「공판시말서(公判始末書)」, 판결문 등을 중심으로 연구하였다.

연당은 종교 지도자를 비롯한 주요 인사들의 결속과정에서 크게 기여하고, 2월 12일과 14일, 2차에 걸쳐 음악회 개최 후 세브란스의전 구내에 있던 자기 집에 김원벽, 김형기, 윤자영, 김문진, 배동석, 한위건 등 각 전문학교의 학생들을 초청하여 해외독립운동의 정황과 민족대표의 동향을 강기덕, 김원벽에게 알리고, 국내의 독립운동에 학생들의 참여를 촉구하는 일을 전개함으로써 서울 소재 학교의 학생을 규합하는 데 매우 큰 역할을 하였다.

연당은 유력인사와 학생을 규합하기 위해 경향 각지를 몸소 다니거나 동료·학생을 각지에 파견하였고, 특히 기독교·천도교 지도자들을 규합하기 위해 자기 집에서 오하영, 이승훈, 함태영 등 지도자들과 철야 회의를 통하여 마침내 중지를 모았으며, 학생들이 독자적으로 독립선언을 하려는 것을 김원벽, 박희도 등과 힘을 합쳐 종교 지도자들이 독립선언을 하기로 되었으니, 학생들은 이를 도울 것을 요청하여 마침내 3월 1일 민족대표 33인의 이름으로 「선언서」가 탄생하게 된 사실도 「신문조서」와 「공판시말서」에 자세히 나타나 있음을 밝혔다.

연당은 투옥되어 3차례 재판[64]을 거쳐 1920년 10월 30일 경성복심법원에서 징역 2년 6월(미결구류일수 360일 본형에 산입)이 선고되어 1922년 5월 5일 서대문감옥(「일제감시대상자인물카드」에 기재)에서 만기 출옥하였다. 실제 옥중생활은 3년 2개월이었으니, 이승훈에 이어 두 번째로 긴 기간이었고, 그동안 가족이 겪었던 고통 또한 눈물겨운 것이었는데, 당시 「동아일보」 기사[65]가 이를 방증한다.

투옥 기간 중 가족은 가장과 부친을 옥에 두고 새해를 맞는 가족의 형편

평화스러운 아침 햇빛이 비취고, 세상에서는 또 한 해를 맞게 되었다고 하여 호화로운 사람들은 새해를 치하하느라고 환락에 취하여 분주한데, 세상은 고르지 못하여 이러한 날을 당하면 더욱 슬픈 회포와 애련한 눈물을 자아내는 사람이 허다하다.

조선독립선언서 사건으로 감옥에 들어간 죄수 중 다른 죄수들은 모두 만기출옥, 또는 가출옥하였으나 이때까지 남아 있어 옥중에서

64) 1919년 8월 1일 경성지방법원, 1920년 3월 22일 고등법원(현 대법원), 1920년 8월 9일 경성지방법원

65) 이갑성 지사 가족의 생활 모습(「동아일보」. 1922.01.02), 필자가 오늘날 맞춤법으로 정리함.

또 환세를 하는 이는 다만 이인환(李寅煥), 오화영(吳華英), 이갑성(李甲成) 3인인데, 찬바람이 살을 에는 듯이 추운 근일까지 가족을 철창 속에 두고 새해를 맞는 그들의 감회는 과연 어떠할까? 가련한 그들의 가정을 찾게 되었다.

家長과 父親을 獄에 두고
새해를 맞는 가족의 형편
一間의 貰房에
教員의 月給으로
新年劈頭에
過激宣傳

▲ 연당의 옥고 중, 가족의 생활 모습(「동아일보」. 1922.01.02)

한 칸의 셋방에 몸을 붙여 있는 이갑성의 처자

남대문 안 북미창정(北米倉町) 좁은 골목 안으로 들어가면 게딱지 같이 낮은 집에 이숙경(李淑卿, 남편 성을 따른 경우, 본성은 차 씨 -필자 주)이란 문패를 붙인 집은 이갑성의 부인 이숙경 씨가 우거하는 집이다. 원래 극빈한 집안으로 이갑성 씨가 근로한 봉급으로 생활을 지탱하였는데, 그가 옥중에 들어간 후에는 그의 부인이 때때로 친정과 일가의 신세로 생활을 하는 터이나 남의 신세로 사는 생활이 오죽하리오? 어린아이들을 데리고 무한한 고생을 참으며 동서로 표박하다가 전기 처소에 셋방 한 칸을 얻어서 산다는데 작일에 그 부인은 감옥으로 나갔다고 한다. 원래 감옥에서 한 달에 몇 번씩 규정한 횟수 이외에는 면회를 시키지 아니하니 멀리 산에 올라서서 수건이라도 둘러서 서로 생각하는 간절한 회포를 표한다고 일주일에 한 번씩은 나간다고 한다. 집에는 8, 9세 된 맏아들과 다섯 살 먹은 둘째 아들이 있는데, 세상모르는 아이는 생글생글 웃으며, "어머니는 감옥에 갔어요. 아버지는 내년에 나오신대요."

연당은 기독교 · 불교 · 천도교 종교 지도자를 '민족대표'로 통합하고, 학생들을 규합하였으니, 3 · 1운동의 산파 역할을 하였다고 볼 수 있으며, 치밀한 계획에 의해 2월 28일 인쇄된 「선언서」를 서울 지역의 각 학교에 배부하고, 돈독한 관계를 유지하던 세브란스의전 학생을 경남북, 전북, 함남으로 보내 「선언서」을 전파하여 독립만세를 외치게 한 3 · 1운동의 기폭제 역할도 한 민족 지도자였다.

【참고문헌】

◈ 자료

* 국가기록원, 독립운동관련 판결문
* 국사편찬위원회 한국사데이터베이스, 『일본 외무성기록』
* 국사편찬위원회 한국사데이터베이스, 『한민족독립운동사자료집』, 11~18권
* 독립운동사편찬위원회, 『독립운동사』 제2 · 3 · 9 · 10권,
* 독립운동사편찬위원회, 『독립운동사자료집』 4 · 5 · 6 · 13권
* 「동아일보」, 「신한민보」

◈ 단행본

* 박찬승 『한국근대정치사상사연구』, 역사비평사, 1991
* 반민족문제연구소, 『청산하지 못한 역사』2, 청년사, 1994
* 이태룡, 『한국의병사』 하, 푸른솔나무, 2016
* 이태룡, 『민족지도자 석주 이상룡』, 푸른솔나무, 2018
* 정운현, 『3 · 1혁명을 이끈 민족대표 33인』, 역사인, 2019
* 이태룡, 『3 · 1운동 100년』, kbs 한국방송공사, 2019
* 이태룡, 『일제침략기 의병장 73인의 기록』 제5권, 광문각, 2022

◈ 논문

* 이명희, 「민족대표 33인이 선택한 3 · 1운동의 목적과 방법」-최린의 3 · 1운동 준비와 기획행위를 중심으로, 『동서사학』 제6 · 7합집, 한국동서사학회, 2000
* 이정은, 「3 · 1민족대표론」, 『한국민족운동사연구』 32, 한국민족운동사학회, 2002.
* 허동현, 「통감부시기(1909-1910)를 어떻게 볼 것인가?」, 『한국독립운동사연구』 27, 2006
* 유준기, 「이갑성의 3 · 1독립운동활동과 문화투쟁」, 민족대표 33인 유족회, 2006.12.05
* 반병률, 「세브란스병원의학교 제1회 졸업생들의 독립운동」, 『연세의사학』 11-1, 2008
* 박형우, 「1910년대 독립운동과 세브란스」, 『연세의사학』 12-1, 2009
* 신규환, 「3 · 1운동과 세브란스의 독립운동」, 『동방학지』 184, 2018

3·1운동 이후 연당 이갑성의 독립운동

이정은*

차례

* 문학박사. (사) 3·1운동기념사업회장

【국문 초록】

3·1운동 이후 연당 이갑성의 독립운동

이정은, (사) 3·1운동기념사업회장

1919년 한국의 3 · 1독립운동 민족대표 중의 한 사람인 이갑성은 서대문감옥에서 징역 2년 6월 형을 치르고 1922년 5월 5일 출옥했다. 출옥 이후 이갑성의 삶과 활동을 이해하기 위해서는 그의 삶의 방향을 결정지은 다음의 세 가지 요소를 알아야 한다. 첫째, 민족대표 중 적극적인 행동파였다. 둘째, 민족대표 중 최연소자이자 최장수자였다. 셋째, 민족대표 중 유일하게 종교 성직자나 학교 경영자가 아닌 생업을 가진 일반인이었다.

적극적인 행동파로서 이갑성은 출옥 후 10년 동안 민립대학설립운동, 물산장려운동, 흥업구락부와 신간회 운동 등에 적극 참여하여 지도적 책임을 수행했다. 민족대표 중 최연소자이자 특히 1961년 이후 유일한 생존자였기 때문에 1981년 사망할 때까지 약 20년간 각종 국가 기념행사에서 독립운동가를 대표했으며, 광복회 초대 회장, 정치계 지도자로 활동했다. 정치적 입장을 달리하는 사람들의 표적이 될 수 있었다.

그러나 다른 한편, 그는 민족대표 중 종교 교단의 성직자거나 유관기관의 장, 학교의 설립자가 아닌 유일한 순수 민간 생활인이었다. 그의 민족운동과 생업을 위한 활동에 일제의 감시와 압박, 탄압이 늘 따라다녔다. 그런 점은 생활인 이갑성의 가족생활과 생계 면에서 상당한 지장을 주었을 것이다. 그가 1924년 8월부터 1931년까지 서울의 미국인 소유 경성공업사 지배인(서무주임)으로 근무한 것, 그 후 상해로 가서 약국을 경영한 것은 일제의 감시와 탄압을 피해 경제적인 문제를 해결하고자 한 것으로 보인다.

세브란스 의학전문학교 약제과를 졸업하고 세브란스병원 약제실에서 근무했던 그는 1931년경 번영하는 국제도시 상해에서 제중의원이란 상호의 약국을 열었다. 사업의 번창은 현지 아나키스트 활동가들의 독립자금 요구로 갈등과 생명의 위험에 처하게 되었다. 아나키스트들의 요구를 거절할 경우 목숨이 위태로웠다. 옥관빈은 실제로 자금 요구를 거절하여 이들에 의해 목숨을 잃었다. 거기다가 1937년 7월 중일전쟁이 발발하면서 상해 시가지가 전쟁터가 되어 더욱 위험하게 되었다. 상해의 약종상 사업을 접고 국내로 돌아왔다. 국내로 돌아온 이후 이갑성의 이력서는 전국의 경찰서로 붙잡혀 다니며 구금과 석방을 되풀이하는 시련으로 채워져 있다.

상해에 가기 전 1924년 8월부터 1931년까지 일했던 경성공업사는 일부에서 주장하듯 일본의 군수공장이 아니었다. 미국인 사업가 제임스 헨리 모리스(James Henry Morris)의 자동차 및 부품 제조 판매, 난방 및 위생공사 시공과 기자재 수출입 회사였다. 상해 시절을 중심으로 그가 일본의 밀정이었다는 설이 제기되었으나, 상해에서 그는 만인이 다 아는 “민족대표 이갑성”으로 사업을 운영했다. 상해 프랑스 조계 하비로에 있는 그의 약국은 청년들과 독립운동가들이 수시로 드나들고 머무는 아지트였다는 글이 남아 있다. 밀정설에 확실한 근거는 보이지 않는다. 밀정설을 제기한 사람들은 상해에서 그를 직접 접하지 않은 사람들이었다.

【영문 초록】

Independence Movement of Yeondang Lee Gap-seong after the March 1st Movement

Lee Jeong-eun, President of March 1st Movement Commemorative Association

In 1919, Lee Gap-seong, one of the national representatives of Korea's March 1 Independence Movement, served two years and six months in Seodaemun Prison and was released from prison on May 5, 1922. To understand the life and activities of Lee Gap-seong after he was released from prison, we need to know the following three factors that determined the direction of his life. First, he was an enthusiastic activist among national representatives. Second, he was the youngest and longest-serving member of the national representative. Third, among national representatives, he was the only general public with a living, not a religious cleric, or school owner.

As an enthusiastic activist, Lee Gap-seong actively participated for 10 years in the establishment movement of a national university, the product promotion movement, the Heungup Club, and the Singanhoe movement. As the youngest national representative and the only survivor since 1961, he had representing independence activists at various national commemorative events for 20 years until his death in 1981. He served as the first president of the Korea Liberation Association(광복회) and a political leader. He could be targeted by people with different political positions.

However, on the other hand, he was the only pure civilian living person among the national representatives, not a priest of a religious order, the head of a related organization, or the founder of a school. His national movement and activities for a living were always accompanied by Japanese surveillance, pressure, and oppression. That would have greatly hindered the family life and livelihood of his daily life. His service as the manager of the American-owned Gyeongseong Industrial Company in Seoul from August 1924 to 1931, and his subsequent move to Shanghai and running a pharmacy seems to have been an attempt to solve economic problems to avoid Japanese surveillance and oppression.

After graduating from the Department of Pharmacy at Severance Medical School and working in the pharmaceutical office of Severance Hospital, he opened a pharmacy called Jejung Clinic in Shanghai, a prosperous international city, around 1931. The prosperity of the business was put in danger of conflict and life due to the demands of Korean anarchist activists for independence funds. If the anarchists' demands were rejected, lives were in danger. Ok Gwan-bin actually refused the funding request and lost his life by them. In addition, when the Sino-Japanese War broke out in July 1937, the downtown of Shanghai became a battlefield again and became even more dangerous. He ended his drug business in Shanghai and returned to Korea. After returning to Korea, Gap-seong Lee's resume filled with repeated detention and release by police stations across the country.

Gyeongseong Industrial Company, which he worked from August 1924 to 1931 before going to Shanghai, was not a Japanese military factory, as some argue. It was James Henry Morris, an American businessman,'s automobile and parts manufacturing, heating and sanitation construction, and equipment import and export company. Centering on his time in Shanghai, a theory has been raised that he was a Japanese trafficker, but in Shanghai, he ran the business under the well-known "national representative, Lee Gap-seong." There remains an article that his pharmacy in Habiro Avenue in French Concession, Shanghai, was a hideout for young people and independence activists. There is no clear basis for the smuggling theory. Those who raised the smuggling theory were those who had not directly encountered him in Shanghai.

Ⅰ. 머리말

▲ 서대문감옥 수감 때의 민족대표 이갑성

3·1운동 민족대표 이갑성은 서대문감옥에서 감형 없이 옥고를 치르고, 1922년 5월 5일 출옥했다. 실제 옥고는 3년 2개월가량 되었다. 출옥 이후의 민족대표 이갑성의 삶과 활동을 이해하기 위해 다음의 세 가지 특징을 알 필요가 있다.[1)]

첫째, 이갑성은 민족대표 중 적극적인 행동파였다.

1) 이갑성이 생애와 활동에 대한 논저, 서술에는 다음과 같은 것이 있다. 국사편찬위원회, 『한민족독립운동사자료집』 4권, 1987. 이병헌, 『3·1운동비사(秘史)』, 시사신보사 출판국, 1959. 오재식, 『민족대표 33인전(傳)』, 동방문화사, 1959. 이갑성, 「3·1운동과 나」, 『최고회의보』, 1962.6. 박만주, 역사의 증언: 민족정기의 순수성은 보전돼야 , 『자유』, 1981년 3월호, pp. 21~33. 민족문제연구소, 『청산하지 못한 역사 2』, 민족사, 1994. 김삼웅 ·임혜봉 ·김승태 ·김순석 ·정운현 편, 『親日변절자 33인』, 가람기획, 1995. 정운현, 『나는 황국신민이로소이다』, 개마고원, 1999. 유준기, 「이갑성의 3·1독립운동활동과 문화투쟁」, 민족대표 33인 유족회, 2006.12.05. 허동현, 「해방 후 이갑성의 삶 재조명」, 『비교문화연구』 12, 경희대학교(국제캠퍼스) 비교문화연구소, 2008, 연동교회 편, 『연동교회 애국지사 16인 열전』, 연동교회, 2009. 정운현, 『친일파의 한국 현대사』, 인문서원, 2016. 정운현, 이갑성, 민족대표 33인 열전, 16화, 오마이뉴스, 2019.03.04 『3·1혁명을 이끈 민족대표 33인』, 역사인, 2019. 정종배, 「차숙경-3·1혁명 민족대표 33인 중 유일한 순수 민간인 출신 이갑성의 부인」, 『망우리공원 인물열전 - 대한민국 근현대사를 꿰뚫는 낙이망우 사색의 인문학』, 지노, 2021,

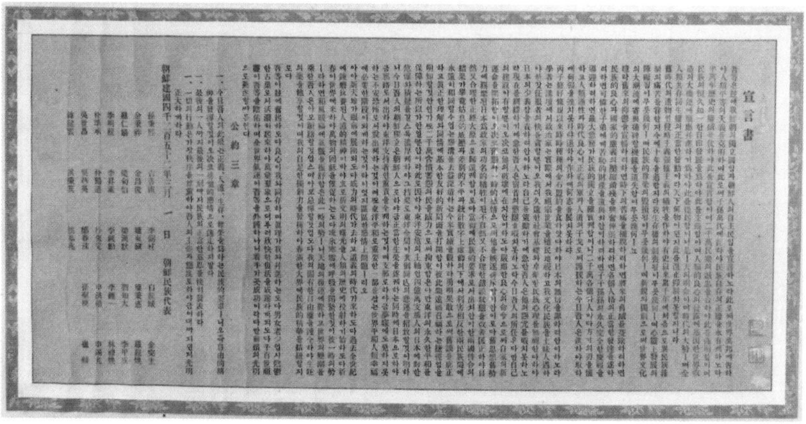

▲ 민족대표 독립선언서인 「선언서」(독립기념관 소장)

둘째, 이갑성은 민족대표 중 최연소자이자 최장수자였다.

셋째, 이갑성은 민족대표 중 유일하게 종교 성직자, 교역자나 학교 경영자가 아닌 생업을 가진 민간인이었다.

첫째, 3·1운동 민족대표 중 적극적인 행동파

이갑성은 1919년 3·1운동 민족대표 33인의 1인이며, 기독교 장로파로서 민족대표 중 적극적인 행동파였다. 그는 3·1운동을 사전에 조직화하기 위해 많은 노력을 기울였다. 그는 기독교계 민족대표를 규합하기 위해 노력했으며, 독립운동이 성공하기 위해서는 학생층의 조직적 참여가 긴요하다고 보고 이를 위해 박희도와 더불어 학생단이 조직적이고 일원적으로 민족대표에 협력하도록 역할을 하였다. 그 과정에서 남대문역(현 서울역) 앞 세브란스 병원 안에 있었던 자신의 집을 학생대표들의 회합 장소로 사용하게 했다. 그는 독립선언서 1,500매를 세브란스의전 학생 김성국을 통하여 인사동 승동교회에 모인 전문학교 학생대표들에게 분배했다.

그는 김창준과 함께 기독교계에 독립선언서 전파를 책임졌다.[2] 김창준이 서북 지역에 책임졌고, 그는 영남 지역을 책임졌다. 그는 교계 지도자들을 민족대표에 참여시키기 위해 2월 22, 23일경 직접 대구, 부산, 마산을 방문하여 교계 인사들을 만나 설득하였다.[3]

▲ 세브란스의전 재학 시절의 배동석. 민족대표 이갑성의 밀사로서 마산 등 영남 지역 기독교계 인사와 접촉하며 3·1운동을 준비했다.

영남 방문에서 소기의 성과를 얻지 못하자 경남 김해 출신으로 마산의 기독교계에 인맥을 갖고 있었던 대구 계성학교와 서울 경신학교 동창 배동석을 재차 마산에 파견했다.[4]

이갑성의 이런 노력에도 영남 지역 기독교 지도자들에게서 기대했던 적극적인 호응을 얻어내지 못했다.[5] 그러나 독립선언이 이루어지면 적극 호응하겠다는 약속은 받을 수 있었다.

이갑성은 민족대표로서 태화관 독립선언식 후 경무총감부로 연행되어 징역 2년 6월형을 받았다. 민족대표 형량을 정리하면 〈표 1〉과 같다. 손병희, 이승훈 등의 3년 형

2) 독립운동사편찬위원회, 「손병희 등 판결문」, 『독립운동사자료집』5 (3·1운동 재판기록), 1972, 1269~1270쪽

3) 독립운동사편찬위원회, 「이만집 등 판결문」, 앞의 책, 1269~1270쪽. 독립운동사편찬위원회, 「임학찬 신문조서」(제2회), 『한국민족운동사자료집』 16, 三一運動 Ⅵ

4) 독립운동사편찬위원회, 「이만집 등 판결문」, 앞의 책, 1269~1270쪽. 독립운동사편찬위원회, 「임학찬 신문조서」(제2회), 앞의 책.

5) 이정은, 「배동석의 생애와 독립운동」, 『3·1운동 및 임시정부 100주년 기념 3·1운동 학술심포지움』, (사) 대한민국역사문화원, 2019. 08. 07.

에 이어 두 번째로 높은 형량이었다. 장로파 인사 중에는 이승훈 다음의 두 번째로 높은 형량이었다. 이승훈이 북부 지역 기독교 계통에 큰 역할을 했다면, 이갑성은 남부 경상도 지역 기독교 계통에서 큰 역할을 했다. 3 · 1독립운동 계획에 대해서는 신민회 이래 국권회복운동의 중심이었던 서북 지역보다 이갑성이 담당했던 영남 지역은 훨씬 보수적이었다. 이갑성이 이승훈과 같이 징역 3년 형을 받지 않고 2년 6월 형을 받는 데 그친 것은 보수적인 영남 기독교계의 소극적 호응 덕분(?)이라 할 것이다.

〈표 1〉 민족대표의 형량 비교표

형량 (징역)	**인원 (명)**	**기독교**		**천도교**	**불교**
		장로교	**감리교**		
3년	7	이승훈		손병희 권동진 오세창 이종일 최린	한용운
2년 6월	3	**이갑성**	오화영 김창준		
2년	18	양전백 이명룡 유여대	박희도 최성모 이필주 신석구 박동완 신홍식	임예환 나인협 홍기조 박준승 권병덕 김완규 나용환 이종훈 홍병기	
1년 6월	2		정춘수		백용성
무죄 기타	3	길선주 김병조(상해 망명)		양한묵 (재판 중 옥사)	
합계	33	7	9	15	2

둘째, 민족대표 중 최연소자이자 최장수자

민족대표 중 최연장자는 천도교의 이종훈으로 1856년생, 3·1운동 당시에 63세였다. 손병희는 1861년생으로 58세였다. 출생연대별로 보면, 1850년대생이 2명, 1860년대생이 15명이었으며, 1870년대생이 나인협을 비롯하여 한용운까지 11명이었고, 1880년대생은 이갑성을 포함하여 5명이었다. 1880년대생 중에서도 이갑성은 1889년생으로[6], 만 30세로서 김창준, 박희도와 함께 최연소 3인 중 하나였다. 출생연대별 분포를 보면 다음 〈표 2〉와 같다.

〈표 2〉민족대표 출생연대별 분포

출생연대	인원	민족대표(출생연도)
1850년대	2	이종훈('56), 이종일('58)
1860년대	15	손병희('61), 권동진('61), 양환묵('62), 나용환('64), 백용성('64), 오세창('64), 이승훈('64), 임예환('65), 홍기조('65), 박준승('66), 권병덕('67), 길선주('69), 양전백('69), 이필주('69), 홍병기('69)
1870년대	11	나인협('72), 신홍식('72), 이명룡('72), 정춘수('73), 최성모('74), 신석구('75), 김완규('76), 김병조('77), 최린('78), 유여대('78), 한용운('79)
1880년대	5	오화영('80), 박동완('85), 김창준('89), 박희도('89), **이갑성('89)**
계	33	

6) 이갑성 호적상으로는 1889년 10월 23일생으로 되어 있고, 자신의 「이력서」(1975.6)에는 1886년 10월 23일생으로 되어 출생연도에 혼돈이 있다. 현재 『민족문화대백과사전』, 『대구역사문화대전』에는 1886년생, 위키백과와 나무위키에는 1889년생으로 나와 있다. 1886년생이 맞다면 최연소 민족대표라는 말은 맞지 않게 된다. 여기서는 달리 확인되기 전까지 호적부의 출생 기록을 따라 서술한다.

이 표를 보면 최연소 민족대표 이갑성은 손병희 같은 민족대표보다 최소한 27년, 이승훈보다 25년이나 어리며, 한용운보다도 10살이나 아래이다. 민족대표 중 최연소자이다. 그와 동갑으로 김창준, 박희도가 있었다.

민족대표 33인 중 양한묵은 판결이 확정되기 전에 옥중에서 사망했다. 민족대표 중의 대표격인 손병희는 1922년 사망했다. 60을 갓 넘긴 나이였다. 해방되기 전에 18명이 사망했고, 남은 민족대표들도 이갑성을 제외하고 1961년을 넘기지 못했다. 1961년 이후에 생존한 민족대표는 이갑성이 유일했으며, 그는 1981년까지 20년이나 더 "유일한 민족대표"로서 살았다.

민족대표의 사망연대를 정리하면 다음 〈표 3〉과 같다.

〈표 3〉 민족대표 사망연대

사망연대	인원	민족대표(사망연도)
1919-1930	5	양한묵('19), 손병희('22), 이종일('25), 박준승('27), 이승훈('30)
1931-1945	13	이종훈('31), 양전백('33), 길선주('35), 나용환('36), 유여대('37), 최성모('37), 홍기조('38), 신홍식('39), 백용성('40), 박동완('41), 이필주('42), 권병덕('44), 한용운('44)
1946-1960	14	권동진('47), 김병조('48), 김완규('49), 임예환('49), 홍병기('49), 신석구('50), 나인협('51), 박희도('52), 오세창('53), 정춘수('53), 이명룡('56), 최린('58), 김창준('59), 오화영('60)
1961 이후	1	**이갑성('81)**
계	33	

6.25전쟁이 끝나던 1953년까지 대부분의 민족대표들이 돌아가고, 생존한 인사들도 친일 문제 또는 월북으로 사회적인 활동을 할 수 있었던 인물이 결국은 이갑성뿐이었다.

이갑성은 1889년 10월 23일 출생하여[7] 1981년 3월 25일 사망하여 향년 92세로 장수했다. 위의 표를 보면 최연소 민족대표 이갑성은 그를 제외한 마지막 다른 민족대표 오화영이 서거한 이후 21년을 더 살았다. 그러므로 60년대 이후 독립유공자 포상이 이루어지고, 3·1절이나 광복절 등 국가 기념일에 민족대표로서 기념식장의 연단에 설 수 있었던 사람은 이갑성이 유일하였다. 이갑성은 20년간이나 민족대표 중 유일한 생존 지사로서 독립운동계의 대표자 역할을 해야 했다.

셋째, 종교 성직자나 교역자, 학교 경영자가 아닌 유일한 민간 생활인 민족대표

33인 민족대표들은 천도교, 기독교, 불교 지도적 인사로 구성되었다. 대부분 해당 종교의 성직자이거나 종교 계통의 기관에 몸을 담고 있었다. 성직자가 아닌 사람으로 천도교 계통에서는 천도교의 비밀결사체인 천도구국단 단장이자 천도교 산하 인쇄소 보성사 사장 이종일, 천도교 산하 보성고보 교장 최린이 있었다. 기독교계 인사 가운데 박희도는 YMCA 간사, 박동완은 기독신보사 서기였다.[8] 다 종교와 관련된 기관 단체에 소속해 있었다. 종교 교단과 관련 없이 순수 민간인으로 참여한 경우는 장로교의 장로로서 평북 정주에서 오산학교를 설립 운영하고 있던 이승훈과 세브란스병원 약제실에 근무했던 이갑성이 있었다. 이승훈은 소년가장으로서 유기 보부상으로 출발하여 거만의 부를 이룩한 사업가 출신으로 1907년 신민회 활동 이래로 독립운동에

---

7) 위의 주 6) 참조.

8) 정운현, 「민족대표 33인 열전」, 16화, 『오마이뉴스』, 2019.03.05

깊이 관여해온 독립운동가였다. 종교기관 성직자 또는 종교 관련 기관 종사자이거나 학교를 운영하며 전업적 독립운동가로 활동해 온 사람이 아닌 생업을 가진 생활인은 이갑성이 유일하다 할 수 있다.

출옥 이후 민족대표들이 독립운동가로서 계속해서 독립투쟁의 제1선에 있을 것을 기대하기 어려웠다. 상해로 망명한 김병조, 오산학교를 세워 민족교육에 매진한 이승훈, 불교계에 있으면서 불교 혁신운동과 민족운동을 계속한 한용운, 제2의 독립선언을 시도했던 천도교의 이종일 등 독립운동가의 길을 계속 걷게 되는 일부를 제외하고는 대부분 각자의 직역과 생업으로 돌아가야 했다. 그러나 이갑성을 제외하면 그들이 속한 종교계, 이승훈 같으면 교육계에서 자신들이 갖고 있었던 직분과 역할이 있어 그리로 돌아갈 수 있었다.

이갑성은 대구 계성학교를 마치고 서울로 와서 경신학교를 졸업하고(1910), 1913년 세브란스 의학전문교 약제과를 나왔다. 3·1운동 전에 그는 남대문역(현 서울역) 앞 세브란스병원 제약부(劑藥部) 주임으로 근무했다. 출옥 후 그는 현업으로 돌아가 세브란스 의약회사 지배인으로 일했다.[9)]

그러나 민족대표의 일원이었다는 위상과 그가 가진 열정적인 성격으로 말미암아 1920년대 민립대학설립운동, 물산장려운동, 신간회 운동 등 국내 주요 민족주의운동에 지도적 위치에서 활동하게 되었다. 그에 따라 일제의 감시와 탄압이 뒤따랐다. 그런 상황이 국내 활동을 어렵게 했고, 생업에도 커다란 곤란을 주었을 것임을 짐작하기 어렵지 않다.

생활을 위해 돈을 벌어야 했던 이갑성은 국내에서 항상 따라다니는 감시와 탄압을 피해 상해로 갔다. 그가 상해로 간 것은 독립운동을 위해서라기보다 생계를 위해서였을 것이다.

---

9) 이갑성, 「이력서」, 1975.06

전공을 살려 약종상(약국)을 경영했다. 세브란스의학교 약학과를 나와 세브란스병원 제약부에 근무했던 그는 약국을 열어 대부분 상해 한인들이 종사했던 육체노동이나 전차표 검사원 같은 저임금 근로자들에 비해 고소득의 상해 교민이었을 것이다.

전업적인 독립운동가의 세계는 항상 자금이 문제가 되었다. 대원들의 생계와 조직 유지, 무기와 폭탄 구입 등 작전에 다 돈이 있어야 했다. 사업을 하는 사람과 운동을 하는 사람들 사이에서 갈등이 빚어지기 쉬운 구조였다. 일제 경찰의 감시와 탄압을 피해 상해로 온 그는 독립자금을 요구하는 아나키스트들과의 사이에서 긴장과 생명의 위협을 느끼게 되었다. 그런 속에서 1931년경부터 1937년경까지 약 7년간 상해에서 보냈다.[10)]

이 발표는 이갑성의 3.1운동 이후 삶과 투쟁에 대해 전반적인 이해의 틀을 제시하는 데 중점을 두며, 세부적인 사항에 대한 정리는 차후 과제로 남기고자 한다.

---

10) 상해 시기에 대해 '밀정설' 등으로 의혹이 제기되어 왔다. 그러나 그중에 확실한 근거가 제시된 것은 없다. 현재는 '음해성' 문제 제기로 일반적으로 받아들여지고 있는 것 같다.

Ⅱ. 1920년대 국내 민족운동 시기

1. 출옥

이갑성은 1922년 5월 5일 마포의 경성감옥에서 출옥했다.[11] 독립선언한 민족대표 중 최린(崔麟), 함태영(咸台永), 오세창(吳世昌), 권동진(權東鎭), 이종일(李鍾一), 김창준(金昌俊), 한용운(韓龍雲) 등은 1921년 12월 11일 가출옥했고, 민족대표 중 이승훈, 오화영, 이갑성 3인만이 감옥에 남아 있었다. 남은 3인 중 이승훈 1인을 뺀 이갑성과 오화영 두 사람이 이날 출옥했다.

「동아일보」 출옥 기사를 보면, 출옥 당일 경성감옥 정문 앞에는 50~60명의 환영 인파가 출옥하는 이갑성과 오화영 목사를 기다리고 있었다. 먼저 이갑성이 옥문을 나오고, 약 7분 뒤 오화영이 나왔다. 이갑성이 옥문을 나오자, 수십 명의 친지들이 달려들어 손을 붙잡고 인사를 나누었다. 기사는 이갑성의 출옥 장면에 대해 다음과 같이 전했다.

> "이갑성씨는 얼굴에 정다운 웃음을 띠우고 '참 동아일보 말은 익히 들었습니다. 나올 때에 같은 동지들이 눈물을 흘리는 것을 보고 참아 발이 돌아서지 아니하는 것을 할 수 없이 나왔습니다.' 하며 동지에 대한 간절한 정서를 표했다."[12]

---

11) 「동아일보」, 1922.05.06. 국사편찬위원회 홈페이지에 탑재된 「일제감시대상자카드」에는 당시 감옥명이 서대문감옥으로 기재돼 있다.
12) 위와 같음.

그가 말한 "동지들"에는 민족대표 이승훈 외에도 3·1운동으로 중형을 받고 여전히 감옥살이하고 있는 다른 수형자들을 말한 것일 것이다. 그리고 이갑성은 출옥 감상에서 이렇게 덧붙였다. 그가 덧붙인 마지막 한마디는 그의 앞날의 대강을 미리 보여준 것으로 생각된다.

그는 말했다.

"장래 어떨는지 모르겠으나 실업을 위하여 힘쓸 터이라고 말하더라."13)

吳李兩氏의 出獄
독립선언서사건의 민족대표 오화영 리갑성 량씨 출옥
今日은 養正校에
特別列車時刻
深刻한 靈的感應
獄中同志의 別淚
唯一人李昇薰

▲ 이갑성의 출옥을 보도한 신문기사(「동아일보」, 1922.05.06)

여기에는 두 가지 의미가 담겨 있었을 것이다. 하나는 민족대표 33인으로서 2년 반의 혹독한 옥고를 치르면서 일제의 감시와 압박을 피하기 위해 짐짓 '독립운동과 거리를 두겠다'는 의미를 담았다고 볼 수 있다. 그러나 석방 후의 그는 과거 세브란스 제약실의 사인(私人) 이갑성이 아니라, 민족대표의 한 사람으로서 공인(公人)이 되어 있었다. 그러므로 1920년대의 여러 민족·사회적인 운동에 주요 역할을 하게 되었고, 또 열정적이고 적극적인 성격상 하지 않을 수도 없었다.

또 다른 의미는 '생활인' 이갑성으로 돌아가겠다는 표현일 수 있었

13) 위와 같음.

다. 당초 그는 서울의 장로교 계통의 경신학교를 나와 세브란스의학교를 나온 지식인이었다. 그러나 직업적 독립운동가는 아니었다. 전문직 사회인이었다고 할 수 있었다. 그런 '생활인' 이갑성이 민족대표의 일원이 되었다.

그는 민족대표로서 그 나름의 역할을 다하려 했고, 옥고를 치르고 나왔다. 민족대표 중에서도 가장 긴 옥고를 치른 축에 속했다. 그는 감옥 안에서 '나는 무엇인가?', '식민지 치하의 이 민족에게 나는 무엇인가?, 무엇이어야 하는가?' 하는 질문을 수없이 제기했을 것이다. 직업적 · 전업적 독립운동가들은 일제 무단통치하의 국내에서는 활동이 거의 불가능했다. 그런 까닭에 대부분 만주, 연해주, 상해나 북경, 미주 등지로 망명하여 활동했다. 그는 비직업적 · 비전업적 독립운동가로서 '이제는 3 · 1운동도 끝났으니 생업으로 돌아가야지'라고 생각했을 수도 있었다.

이후 이갑성이 세브란스 병원에서 세브란스제약회사 지배인으로 일한 것은 전공을 살린 것이지만, 그의 전공과 무관하게 동소문 안 경성공업사(京城工業社) 지배인으로 일했다는 것, 상해에서 약종상을 경영했다는 것 등은 이런 맥락에서 이해할 수 있다.

2. 민립대학설립운동

전 민족적인 3 · 1운동은 국민의 열망과 자발적인 참여 속에 3월부터 5월, 그리고 그 후에 이르기까지 3개월 이상 전국적으로 지속되었다. 그러나 희망과 달리 일제의 총칼 앞에서 당장 독립을 가져오지는 못했다. 미국 대통령 윌슨의 민족자결주의와 파리강화회의도 실망감만 남기고 끝났다, 그 후 워싱턴회담, 모스크바 동방피압박민족대회도

잇달아 있었으나 어느 하나 희망적인 소식은 들려오지 않았다.[14]

3 · 1운동 이후 그런 실망감이 내리누르는 절망적 상황 속에서 한 가지 희망을 발견했다. 3 · 1운동을 통하여 우리 역사에 새로운 세대(the new generations)가 등장한 것이다. 이 세대는 아이러니컬하게도 1910년에 8살로서 공교육을 시작한 유관순 열사처럼, 일본 제국주의의가 공들인 식민지 교육 체제하에서 자란 첫 세대였다. 일본의 '천황주의' 사상과 식민지 노예 교육의 폭압 속에서 기이하게도 그들은 조국의 유구한 역사와 찬란한 문화에 대한 자부심을 지녔다. 그들은 어둡고 고통스런 조국의 현실에 좌절하기보다 조국과 민족을 위한 자신의 사명을 발견하고 스스로가 주역이 되어 불의에 항거하며 3 · 1운동에 몸을 던졌다.

우리는 이들 '3 · 1운동 세대'를 같은 시기 지구 반대편 서구의 "잃어버린 세대(The lost generations)"와 대비되는 "찾은 세대(The found generations)"라 불러도 좋을 것이다. 제1차 세계대전에서 서구의 과학과 기술적 진보가 대량 파괴, 대량 살상이라는 참혹한 결과를 가져온데서 충격을 받아 나타난 유럽의 2030세대와 대조되는 것이었다.[15]

필자는 이에 대해 다음과 같이 쓴 적이 있다.

> 그들은 3 · 1운동을 통하여 '일본 민족이 아닌 조선 민족'이기를 택했다. 식민지 우민화 정책하에서 자랐으나 목적을 이루기 위하여 남의 민족의 힘에 의탁하거나 지도자에게 미루지 않고, 미력하지만 3 · 1운동을 통하여 스스로 주체가 되어 세상을 변화시키는 경험을

14) 이명화, 「민립대학 성립운동의 배경과 성격」, 『한국독립운동사연구』 5, 독립기념관 한국독립운동사연구소, 1991

15) 제1차 세계대전(1914~1918)은 유럽 문명국들 사이에 일어난, 일찍이 없었던 대량 살상의 세계 전쟁이었다. 그 충격이 너무 컸던 탓에 전쟁을 겪은 유럽의 젊은 세대(1883~1900 출생), 2030 세대들은 정신적 공황에 빠졌다. 인간에 실망하였고, 서구 문명에 절망하여 기존 가치와 관습을 거부했다. 그들을 "잃어버린 세대(The Lost Generations)"라고 한다.

> 하였다. 그들은 계몽을 통해 '교육된 근대인'이 아니라, 체험을 통해 '주체적 근대인'으로 새롭게 태어났다. 이들이 있었기에 19세기 후반 내내 방향을 잡지 못했던 한국이 비로소 가야 할 방향을 바로잡게 되었다. 그 길은 의존적 · 예속적 근대화의 길이 아니라 자존적 · 민족주의적 독립의 길이었으며, (영웅을 기다리는) 영웅대망(英雄待望)의 전근대적이 아니라, 스스로 공동체에 책임을 느끼는 민주적 시민사회의 길이었다. 또한, 그들은 일국사(一國史) 안에 갇히지 않고 세계사적 보편주의, 즉 자유, 해방, 정의, 인도, 인류 평화를 지향했다. 위대한 세대의 탄생이었다.[16]

민립대학설립운동은 3 · 1운동 후의 실망감을 벗고 우리 손으로 대학을 설립하여 미래 세대를 우뚝 세우고자 한 운동이었다. 민족의 길을 거기서 찾은 운동이었다. 3 · 1운동 후 1920년대 초 시작된 민립대학설립운동은 1907년 신민회의 교육구국운동의 맥을 잇는 것이었다. 그해 국채보상운동으로 거족적인 모금운동이 벌어졌다가 일제의 탄압과 병합으로 실패했었는데, 그 남겨진 기금과 정신적 맥을 이어 3 · 1운동 후 확보한 문화 정치의 아주 작은 자유 공간에서 대학 설립에 나서게 되었다.[17]

---

16) 이정은, 『3·1운동의 얼 유관순』, 역사공간, 2010, 7쪽

17) 민립대학설립운동에 대해서는 다음과 같은 논저가 있다.
阿部洋, 「日本統治下朝鮮の高等教育－京城帝國大學と民立大學設立運動をめぐって－」, 『思想』 565, 岩波書店, 1971. 김호일, 「일제하 민립대학설립운동에 대한 일고찰」, 『중앙사론』 1, 중앙대학교 사학연구회, 1972. 마월철, 「日本統治下朝鮮における民族的大學觀の形成－「朝鮮民立大學」設立運動と普成專門學校を中心に」, 『大學論集』 12. 廣島大學大學教育研究センター, 1983. 鹿嶋節子, 「民立大學設立運動」, 『むくげ通信』 82, むくげの會, 1984. 강순원, 「민립대학설립운동과 국대안 반대운동의 민족운동사적 의미」, 『資本主義社會의 教育』, 창작과비평사, 1984. 이명화, 「민립대학설립운동의 배경과 성격」, 『한국독립운동사연구』 5, 독립기념관 한국독립운동사연구, 1991. 우윤중, 「민립대학설립운동의 주체와 성격」, 『사림』 58, 수선사학회, 2016.

1910년대 식민지 체제하 조선에는 대학이 없었다. 1911년 8월 23일 공포된 조선교육령에도 대학교육에 관한 규정 자체가 아예 없었다. 조선총독부의 교육정책은 '시세와 민도에 적합한 교육'(제3조)을 표방했다. 즉, 일제 식민지 지배의 하부 사역을 위한 보통교육, 실업교육, 전문교육만을 규정하고 있을 뿐이었다. 고등교육은 아예 배제하고 있었다. 이에 따라 기존의 고등교육기관은 성균관처럼 폐쇄되거나 총독부의원 부속 의학강습소처럼 의과대학 또는 의학전문학교에 비해 격을 떨어뜨렸다. 따라서 조선인 가운데 고등교육을 원하는 자는 국외로 유학을 떠날 수밖에 없었다.

1910년 무렵 기독교계 사학들에는 숭실학당 대학부나 이화학당 대학과처럼 대학 수준의 교육이 있기는 있었다. 그러나 이 학교들은 총독부 학제의 인정을 받지 못했다. 이렇게 1910년대 조선에서는 고등교육을 받을 수 있는 길이 막혀 있었다.[18]

3·1운동으로 인해 조선총독부는 이른바 문화정치를 표방하고, 1922년 조선교육령이 개정되었다. 이 개정 교육령은 제12조에 '대학교육은 대학령에 의한다'고 규정함으로써 대학에 관한 규정이 처음 등장했다. 조선에서도 대학을 설립할 수 있는 길이 열리게 되었다.

3·1운동으로 조선 민중의 전면적인 저항에 부딪힌 일제는 무단통치에서 문화정치라는 다소 유화적인 정책으로 전환했다. 언론 및 출판, 집회 결사의 자유가 부분적으로 허용되었다. 이에 따라 다양한 사회 및 문화운동 단체가 결성되기 시작했다. 교육 문제와 관련하여 조선교육회가 결성된 것도 1920년 6월쯤이었다. 한규설(韓圭卨), 이상재(李商在), 윤치소(尹致昭), 최규동(崔奎東), 유성준(兪星濬), 최두선(崔斗善) 등 91명이 발기인으로 나섰다.[19]

18) 국사편찬위원회 우리역사넷, 「민립대학설립운동」
19) 1922년 조선교육협회로 이름을 바꾸어 인가를 받았다. 지방에도 교육관련 단체

조선교육회는 1920년 9월 26일 회의를 열고 일본정부에 보내는 진정서와 함께 민립대학을 설립할 것을 결의하여 민립대학 문제를 본격적으로 거론하였다. 「동아일보」는 1922년 2월 3일 사설을 통해 민립대학 설립을 주장하였다.

1922년 11월 23일 조선민립대학기성준비회가 조직되었다. 이갑성은 이상재, 이승훈(李昇薰), 윤치호(尹致昊), 김성수(金性洙), 송진우(宋鎭禹), 현상윤(玄相允), 최규동 등과 함께 발기인으로 참여하였다.[20] 이듬해 3월 29일부터 3일간 열린 민립대학기성회 창립총회에서 이갑성은 30명의 중앙집행위원 중 1인으로 선출되었다.[21] 준비회는 군(郡)마다 2~5명의 발기인을 선발하기로 하고, 1923년 5월까지 전국 각지에서 발기인 선정 작업에 들어갔다.

1923년 3월 발기인이 1,000명을 돌파하자 발기인 총회를 개최하여 조선민립대학기성회를 결성하였다. 조선민립대학기성회는 3개년 계획으로 1차 연도에 400만 원을 모금하여 대지 5만 평에 교실 10동, 대강당 1동을 건축하여 법과, 경제과, 문과, 이과 등 4개의 단과대학과 예과 설치. 2차 연도에는 300만 원을 모금하여 공과 증설, 이과와 기타 학과의 충실을 기한다. 3차 연도에는 300만 원을 모금하여 의과와 농과를 설치할 계획이었다.

1923년 5월 10일 경성부 · 지방부 발기를 시작으로 민립대학 지방부

들이 설립되었다. 교육단체들은 '조선인 본위의 교육'을 실시할 것을 요구하고 일본의 동화교육에 반대하였다.

20) 「동아일보」, 1922.11.20, 민립대학기성준비회 참여 인사로는 李商在, 玄相允, 崔奎東, 李鍾勳, 鄭大鉉, 高元勳, 韓龍雲, 李昇薰, 姜邁, 許憲, 張斗鉉, 宋鎭禹, 張德秀, 李相協, 任璟宰, 張膺震, 鄭魯湜, 崔麟, 洪性偰, 李甲成, 白南奎, 薛泰熙, 金一善, 朴熙道, 吳鉉玉, 兪星濬, 朴勝鳳, 李種駿, 李光鍾, 金佑鉉, 申明均, 李時琓, 李奉和, 李鉉植, 金貞植, 崔淳鐸, 姜栢淳, 姜仁澤, 明以恒, 高龍煥, 姜濟模, 兪鎭泰, 南宮薰, 韓仁鳳, 洪悳裕, 金炳僖, 張道斌

21) 「동아일보」, 1923.04.01

가 설치되기 시작했다. 1924년 1월 17일 남원군에서 열린 민립대학설립기성회는 중앙부집행위원 이갑성과 백남운(白南震)이 참석한 가운데 지방부 조직위원을 선출했다.22)

1924년 4월 12일에는 이갑성이 평안남북도의 특파위원으로 파견돼 민립대학 선전 및 강연활동을 하였다. 그날 평양 선전강연회는 오후 8시 평양부내 천도교회당에서 열렸다. 먼저 중앙집행위원 조만식이 "민립대학기성에 대하여"란 제목으로 1시간가량 열정적인 연설을 했다. 그 후 이갑성이 두 번째 연사로 나서 "우리의 요구"라는 주제로 연설을 시작했다. 이 광경을 보도한 동아일보 기사를 보면, 이갑성은 대단히 용기 있고 열정적인 연사였던 것 같다. 청중들은 이갑성의 연설에 열렬하게 반응했다. 이갑성이 강연 중 영국이 식민지 인도의 물산을 착취한다는 것을 언급하자 현장에서 감시하던 일경이 돌연 강연 중지 명령을 내렸다.23) 이갑성은 연설을 중단하고 연단을 내려와야 했다. 다른 순서가 진행되는 동안 집행부는 경찰 측과 타협을 보고 나중에 연설을 재개하게 했다.

이런 예를 보면 이갑성은 민립대학 설립에 대중적인 관심과 의지를 결집시킬 수 있는 연사였던 것 같다. 연설 중단 사태까지 빚은 이날 연설회의 광경을 전하는 기사를 보면 다음과 같다.

> 이갑성씨가 "우리의 요구"란 문제로 말을 시작하여 우리 조선인은 모든 것이 빈핍하다는 것을 말하는 중 입회하였던 경관의 주의를 받으며 모든 것이 우리의 소유가 아니라는 의미로 몇 가지를 말할 동시에 경관의 중지 명령을 당하였다. 동시에 장내가 터질 듯이 되었던 청중은 대단히 분요하였으나 강인택(姜仁澤)씨의 민대 경과보

---

22) 「동아일보」, 1924.01.24
23) 「시대일보」, 1924.04.15

고가 계속되며 장소가 다시 점점 정숙하게 되었다. 약 반 시간 동안에 필하고 입회하였던 평양경찰서 고등계 주임 양정(楊井)에게 양해를 얻어 일반 청중에게 불온한 감상이 생기지 않도록 평안한 말로 하라는 조건하에 앞서 중지당하였던 이갑성씨가 다시 강연을 계속하게 되어 일반 청중의 대 갈채 속에 강연을 마치고 10시경에 폐회하였다더라.[24]

그러나 민립대학설립운동은 결국 좌절되고 말았다. 1923년 · 1924년의 대홍수로 기금 모집이 제대로 되지 않은데다 총독부의 집요한 방해책동, 거기에다 중앙과 지방의 조직관리나 회원모집 등에서 차질이 많았다. 일제는 한국 민족진영의 민립대학설립운동에 위협을 느끼고 갖은 방책으로 이를 저지시키면서 다른 한 편에서는 반발하는 민심을 달래기 위해 서둘러 1923년 조선에 관립대학을 설립할 것이라는 발표를 했다. 1924년 1월에 예과 교사가 완공되었으며, 곧이어 신입생을 모집하고 4월 말 경성제국대학이 설립되었다.

3. 물산장려운동

물산장려운동은 민족산업 장려, 조선물산 즉 국산품 애용 등을 통하여 민족 경제의 기반을 키우고 확대하여 일본에 예속되어 있는 경제구조를 타파하기 위하여 벌인 경제 독립운동이었다.[25]

24) 「동아일보」, 1924.04.14
25) 물산장려운동에 관한 논저는 다음과 같다. 김민영, 「1920·30년대 물산장려운동의 경과와 종교계」, 『한일민족문제연구』 36, 한일민족문제학회, 2019. 방기중, 「1930년대 물산장려운동과 민족·자본주의 경제사상」, 『동방학지』 115, 연세대 국학연구소, 2002. 오미일, 「1920년대 부르주아민족주의계열의 물산장려운동론」, 『한국사연구』 112, 한국사연구회, 2001. 방기중, 「1920·30년대 조선물산장려회

이 운동은 1920년 8월 한말 신민회 국권회복운동의 중심이었던 평양에서 조일식, 오윤선, 김동원, 김보애 등이 조직한 조선물산장려회로부터 시작하였다. 이들은 그해 12월 평양기독교청년회관에서 선전강연회를 개최하고, 1923년 1월 9일 유진태, 이종린, 백관수 등 20여 단체의 대표들이 서울에서 조선물산장려회 발기준비위원회를 구성하여 전국적 운동으로 발전시키기 시작하였다.

이갑성은 물산장려운동에도 적극 참여하였다. 1923년 1월 20일 협성학교에서 열린 창립총회에서 이갑성은 이사로 선출되었다.[26] 물산장려회는 '조선 사람 조선 것'을 캐치프레이즈로 내걸고 강연회와 가두시위를 하며 선전 활동을 벌였다. 전국에서 이에 열렬히 호응을 보여주었고, 조선기업 제품이 날개 돋친 듯 팔렸다. 그러나 이 열기는 1년이 되지 못해 식고 말았다. 또한, 소비조합 조직, 조선물산 진열관 설립, 조선물산 품평회 개최 등 여러 사업을 의욕적으로 시도하였으나 큰 성과를 거두지 못했다. 사회주의 진영에서도 이 운동을 반대했다. 식민지하에서 민족적 산업기반 구축은 불가능하며 설사 민족기업이 생겨난다고 하더라도 그것은 오히려 가진 자를 위하는 길이라고 주장했다. 그리하여 이 운동은 1년도 되지 않아 막을 내렸다.

연구 - 재건과정과 주도층 분석을 중심으로 -」, 『국사관논총』 67, 국사편찬위원회, 1996. 강영심, 「1920년대 조선물산장려운동의 전개와 성격」, 『국사관논총』 47, 국사편찬위원회, 1993. 윤해동, 「일제하 물산장려운동의 배경과 그 이념」, 『한국사론』 27, 서울대학교 인문대학 국사학과, 1992. 이윤희, 「일제하 물산장려운동의 조직과 기능」, 『경희사학』 16·17, 경희대학교 사학회, 1991. 박찬승, 「일제하 '실력양성운동론' 연구」, 서울대학교 대학원 국사학과, 1990

26) 「창립총회」, 『조선물산장려회보』 1-10, 「물산장려 대선전」, 「동아일보」, 1923.01.27

民大中央委員 平南巡廻日字

極東少年軍大會에

少年雄辯盛況

民大宣傳講演

强盜에게 死刑求刑

▲ 민립대학 설립 선전을 위한 이갑성의 평양강연 기사 (「동아일보」, 1924.04.14)

4. 흥업구락부와 신간회 활동

1) 흥업구락부 활동

흥업구락부는 하와이의 이승만과 연결된 국내 기독교계의 비밀조직이었다. 1924년 한국 YMCA 총무 신흥우가 미국에서 열리는 북감리파 총회와 기독교청년회간부협의회에 조선 대표로 참석하고 귀국길에 하와이 호놀룰루에서 이승만을 만나 이승만의 독립운동 노선에 따라 국내 조직으로서 1925년 3월 23일 이상재, 구자옥, 유억겸, 안재홍 등 9명이 신홍우의 집에 모여 홍업구락부를 결성하였다.

1937년 중일전쟁을 도발한 일제는 홍업구락부에 대한 탄압에 착수하여 1938년 5월 22일 구자옥, 안재홍 등 홍업구락부 간부회원 60여 명 등 모두 100여 명을 검거하여 그중 구자옥 등 52명을 치안유지법 위반으로 기소했다. 이것이 소위 '홍업구락부사건'이다. 홍업구락부 간사로 활동하던 이갑성은 이 일로 7개월의 옥고를 치렀다.[27]

2) 신간회 활동

3·1운동이 좌절된 허무의 그늘에서 일제의 '문화정치'라는 기만적인 유화책, 민족 분열 책략에 휘둘리며 그 속에 안주하고자 하는 버섯들이 자라났다. '실력 양성'을 명분으로 하는 자치론이 그것이었다. 자치론은 '일본제국으로부터 독립'은 포기하고 '제국 내에서 자치'에 만족하자는 운동이었다. 이들은 민족개량주의자로 불렸다.

비타협적 민족주의 진영과 사회주의 세력이 이에 대해 강력히 반대했다. 1927년 2월 15일 좌우의 비타협적 두 세력이 손을 잡고 자치론 등 기회주의적 민족개량주의자에 대항하기 위해 국내 항일단체 신간회(新幹會)를 결성하게 되었다.

신간회는 창립총회에서 다음과 같은 강령[28]을 발표하였다.

一. 우리는 정치적 경제적 각성을 촉진함.
一. 우리는 단결을 공고히 함.
一. 우리는 기회주의를 일절 부인함.

27) 「(홍업구락부) 관계자 명부」, 연희전문학교 동지회 홍업구락부 관계보고, https://db.history.go.kr /id/had_184_0170
28) 「동아일보」, 1927.01.20. 「중외일보」, 1927.01.20

이 강령은 발기인 명의로 발표되었다. 이갑성도 발기인의 한 사람으로 참여하였다. 발기인 명단은 다음과 같다.

신흥우(申錫雨, 조선일보), 안재홍(安在鴻, 조선일보), 김준연(金俊淵, 조선일보), 이정섭(李廷燮, 중외일보), 최익선(崔益善, 조선일보), 이순택(李順鐸, 연희전문학교 교사), 이관용(李灌鎔, 연희전문학교 교사), 문일평(文一平, 평북), 한용운(韓龍雲, 승려), 장길상(張吉相, 경북), 홍명희(洪命憙, 원 시대일보), 홍성희(洪性憙, 원 시대일보), 이승복(李昇馥, 원 시대일보), 조만식(曺晩植, 평양), 신채호(申采浩, 북경), 한위건(韓偉健, 동아일보), 백관수(白寬洙, 조선일보), 장지영(張志暎, 조선일보), 권동진(權東鎭, 천도교), 김택(金澤, 황해도), 정재룡(鄭在龍, 경북, 유생), 이석훈(李錫薰, 현대평론), 하재엽(河載華, 경북, 유생), 이갑성(李甲成, 경성), 박동완(朴東完, 발기인, 경성), 김명두(金明斗, 충북, 유생), 유억겸(兪億兼, 경성), 이승훈(李昇薰, 기독교), 이상재(李商在, 기독교), 이정(李淨, 경성), 정태석(鄭泰奭, 상주), 박래홍(朴來弘, 朴寅浩의 둘째 아들), 최원순(崔元淳, 동아일보), 한기악(韓基岳, 경성), 이종린(李鍾麟, 천도교), 이종목(李鍾穆)[29]

29) 사상 문제에 관한 조사 서류 2, 신간회 조직 계획에 관한 건, 국내 항일운동 자료, 경성지방법원 검사국 문서, 이 자료의 발기인 명단은 「동아일보」, 1927.01.20. 「중외일보」, 1927.01.20에 보도된 다음과 같은 발기인 명단과 일부 차이가 있다. 金明東 金俊淵 金鐸 權東振 鄭在龍 李甲成 李昇薰 鄭泰奭 李昇馥 李淨 文一平 朴東完 李灌鎔 白寬洙 申錫雨 申采浩 安在鴻 張吉相 張志暎 曺晩植 崔喜益 崔元淳 兪億兼 朴來弘 韓基岳 韓龍雲 李商在 韓偉鍵 洪命憙 洪性憙 李晶燮 李鍾麟 李順鐸 李鍾穆 즉, 동아, 중외일보에 있는 金明東이 없으며, 동아, 중외일보에 없는 李錫薰, 河載華, 金明斗가 있다.

신간회는 출범하자 광범한 호응을 얻어 전국적인 조직으로 확대되었다. 그리하여 그 이듬해인 1928년 말경에는 전국에 143개 지부, 2만 명 이상의 회원을 확보하였으며, 이후 계속 참여 회원이 늘어 최대 4만 명으로까지 성장했으며 도쿄 등 해외지회도 조직되었다.

1929년 11월 3일에 광주에서 한일 학생들이 충돌하여 광주 학생운동이 일어나자 신간회는 진상조사위원을 광주 현지에 파견하고, 시위를 지원했다. 또한, 신간회 중앙본부(경성부)에서는 언론사, 종교 세력, 근우회, 조선청년 총동맹, 조선노동총동맹 등과 함께 대규모의 민중대회를 준비했다. 이 일이 일제 경찰에 발각되어 1929년 12월 13일 조병옥, 이관용, 허헌 등 간부 44명을 비롯한 총 90여 명이 체포되었다. 이른바 '민중대회사건'이었다. 이갑성도 이 일로 검거돼 6개월간 수감생활을 하였다.

3) 경성공업사 지배인

경성공업사는 경성부 숭2동 41[30]에 있던 회사였다.[31] 오늘날 주소로는 명륜동 2가 41번지, 회사 위치는 혜화동 로터리에서 창경궁 쪽으로 약 200m 위치의 대로변이다.

『한국근현대회사조합자료』를 보면, 이 회사는 1925년 자본금 200,000원, 불입금 50,000원으로 1925년 3월 1일에 설립되었다. 설립 목적은 "자동차 및 자동차 부속품 제조 판매, 난방장치 및 위생 공사

30) 崇2洞은 현 종로구 명륜동 2가의 1936년 이전 명칭. 1911년 4월 1일 경기도령 제3호에 의해 개편된 동부 숭교방 궁내정동·사현동·정문동·산천동·궁내동·박정동·관기교동과 송동·광례교동·피마동·흥덕동·상토교동 일부 지역이 1914년 4월 1일 경기도고시 제7호에 따라 새로 통합되면서 숭교방의 두 번째 동네라는 뜻으로 숭2동으로 칭하였다. 1936년 4월 1일 조선총독부령 제8호와 경기도고시 제32호로 경성부 명륜정 2정목이 되고, 1943년 6월 10일 조선총독부령 제163호로 종로구 명륜정 2정목이 되었다.(『서울지명사전』, 서울역사편찬원, 2009)

31) 「매일신보」, 1937.03.02

및 그에 필요한 기구 재료 등 판매, 전 항목에 관련한 일반 수입출업" 으로 되어 있다. 식민지하 한국 기계 및 건축설비 공업의 여명기에 자동차와 자동차 부품, 건축의 수도, 난방, 수세식 화장실 기자재를 수입하는 회사임을 알 수 있다.

이사진은 제임스 헨리 모리스, 알렉산더 맥파렌(Alexander Macfarren), 찰스 스탠리 크로우, 감사로 W. 조지, B. 포이델, 金谷輔三로 구성되어 있었다.[32] 사장인 제임스 헨리 모리스(James Henry Morris, 1871~1942)는 미국인 기술자이자 사업가로서, 1897년 경인선을 부설할 때 경인선에 사용할 철로를 공급하고, 서울 등지의 전등 및 공공 수도시설 등을 건설하였다. 그 후 한국에서 자기 사업을 시작했다. 모리스는 이후 로제타 셔우드 홀 등 개신교 선교사들의 선교 사업에 도움을 주었다.[33] 모리스는 또한 1930~40년대의 한국 풍경을 영상 기록물로 남긴 사람이다.

최근 국립영상원이 외국인이 촬영한 113편의 1900년대 한국 모습 영상자료를 정리하여 일반에게 공개했는데, 그중에서 가장 주목할 만한 자료가 모리스가 촬영한 5시간 14분짜리 영상물이라고 소개하고 있다.[34]

---

32) 中村資良, 『朝鮮銀行會社要錄』(1925년판), 東亞經濟時報社. 『한국근현대회사조합자료』(1925). 일본인 감사 金谷輔三은 오사카 출신으로 京城府 黃金町 7-536에 주소를 두고 있으며 경성명감(116쪽)에 다음과 같은 배경이 나타나 있다. 경력및활동 : 1899년 경부터 輸入業에 종사, 후에 鑛業에 종사. 1916년경부터 自動車에 대한 연구를 거듭함. 1919년 여름 自動車附屬品 輸入業 개시. 1920년 9월 英國人, 美國人과 공동으로 鐵工業商會 甲陽商會를 개정하고 工場은 京城府 黃金町에 세우고, 營業所住宅은 京城府 旭町 2의 9번지로 정함. 1921년 현재 自動車修繕專門業과 鐵工業商會 甲陽商會를 경영 중 - 출전: 경성명감, 116

33) 참고문헌으로 Fisher, J. Earnest. 『Pioneers of modern Korea』 Korea: Sam Sung Printing Co. Ltd, 1977. 한국기독교역사연구소, 『내한선교사 총람 1884-1984』 서울. 한국기독교역사연구소, 1996. 기독교대백과사전편찬위원회, 『기독교대백과사전』 6권, 서울. 기독교문사, 1984. 전택부, 『한국기독교청년회운동사』 서울, 홍성사, 2017

이갑성은 이 회사 주주이자 지배인(서무주임)이었다. 민립대학설립운동은 실무적인 책임을 맡아 활동하였으나, 그 일의 진전이 여의치 않았다.

이갑성의 이력서를 보면 1919년 민족대표로 독립운동에 참여하기 전에 세브란스병원 제약부 주임으로 있었다. 3.1운동으로 2년 6월 징역형을 받고, 미산입 미결 기간을 포함하여 결국 3년에 걸친 옥고를 치른 후 1924년 이갑성은 다시 현업에 복귀하여 세브란스 의약회사(醫藥會社) 지배인이 되었다.

1926년에는 중앙기독교청년회 이사로 선출되었고, 그해 민립대학설립기성회 중앙이사는 1923년 선출되어 3년이 되었다.

1927년 흥업구락부를 조직하고 미국에서 활동하고 있는 이승만 박사를 위해 외교비를 조달했다.

1928년 세브란스 간호학교 부교장에 선출되었다.

그해 신간회 중앙이사에 선출되었다.

이해 민립대학 설립을 위하여 전국 순회강연을 했으며, 평남 성천에서 붙잡혀 2년간 감옥에서 옥고를 치렀다. 이로 말미암아 세브란스 의약회사는 퇴직 처리가 되어 돌아가기 힘든 상황이 되었을 수 있었다. 그리고 1931년 경성공업주식회사 지배인을 맡는다. 경성공업사에서

---

34) 「외국인의 눈으로 본 1900년대 한국…영상자료원, 113편 컬렉션 공개」, 「경향신문」, 2023.01.25. 그 영상물 소개글을 옮겨보면 다음과 같다. "가장 인상적인 기록물로 제임스 헨리 모리스가 촬영한 푸티지 모음집인 「아카이브스 코리아 1930~1940」을 꼽았다. 2020년 캐나다 유나이티드 처치 아카이브가 수집한 이 영상은 5시간 14분에 달하는 방대한 분량이다. 지금껏 공개된 적 없는 희귀한 장면들도 포함하고 있다. 조선 최초의 전차 운행에 관여한 기술자인 모리스는 조선의 외교관, 선교사들과 관계를 맺은 인물이다. 섬세한 시선으로 그 시절 한국을 기록했다. 이화학당 개교 50주년 및 신촌 교사 이전 기념행사, 성균관 문묘 석전대제 광경, 정동 영국영사관에서의 외국인 교류 활동, 덕수궁과 창경궁의 공원화 사업과 어린이 놀이터의 출현, 금강산 풍경 등이 담겼다. 이 영상은 안내자막도 제공한다."

일하게 된 사정에 대해 「동아일보」에서는 다음과 같이 전하고 있다.

> 李甲成 先生
> 이갑성씨는 출옥 후 다시 세브란스병원에서 사무를 보시다가 재작년 가을에 조선 천하의 의인을 한 곳에 집중하였던 민립대학 사무를 맡으시고 각 지방으로 순회하시다가 그 일도 일반이 다 아는 바와 같이 뜻처럼 되지 않아 작년(1924년: 필자) 8월부터 동소문 안에 있는 경성공업사 서무주임으로 계시게 되어 매일매일 망치 소리로 벗을 삼으신답니다. 그런데 출옥하신 후 따님을 두 분이나 보셔서 매우 단락한 가정을 이루시고 계시답니다.[35]

「동아일보」 기사에 의하면 이갑성은 1924년 8월부터 경성공업사 서무주임으로 근무하다 1931년 지배인이 된 것으로 이해된다. 지배인으로 활동한 것은 짧은 기간이었던 것 같다.

京城工業社 職工動搖
직공세명을 도태한까닭
시내숭이동(崇二洞)사십닐번지에잇는경성공업사(京城工業社)에서는재정상관계로작년십이월에직공세명을도태하얏는데이것으로인하야지금동사안에잇는직공십칠명은대책를강구중이라는바동맹파업을할염려가잇슴으로당국에서는목하경계중이라더라

▲ 경성공업사 분규 관련 기사. 「매일신보」, 1927.01.07

35) 「동아일보」, 1925.10.05, '최근소식의 片片'

Ⅲ. 1930년대 상해 활동 시기

1. 상해 하비로 조선인 사업가들과 이갑성

1) 상해 하비로

1931년 7월 상해에 사는 조선인의 영업자 조사에 이갑성이 상해에 제중의원(濟衆醫院)이란 간판을 걸고 법계(프랑스 조계) 하비로 452번지에 자리를 잡았다는 것이 자료에 나타난다.[36]

이갑성이 상해에서 정착하는 하비로(霞飛路)는 황포강변에서 상해 시가지를 동서로 관통하는 간선도로로 지금의 회해로(淮海路)의 세 부분인 회해동로(淮海東路), 회해중로(淮海中路), 회해서로(淮海西路) 중 프랑스 조계지를 통과하는 회해중로 부분에 해당한다. 남경로(南京路)와 함께 상해 도심의 가장 번화가였을 뿐만 아니라 낭만과 문화의 거리이기도 하였다.[37]

하비로는 1901년 처음 서강로(西江路)로 불리다가, 5년 후 보창로(寶昌路, Route Paul Brunat)로, 1914년에는 프랑스조계지가 더 연장되면서 이듬해인 1915년 프랑스 장군 조세프 조프레를 기념하여 하비로(霞飛路, Avenue Joffre)가 되었다. 거리 동부는 중국과 서양 양식을 절충한 석고문(石庫門) 양식[38]의 대규모 주거지가 있고, 서부는 1920

36) 1929년 약품의 무역을 위해 상해로 왔다고 한다. 김광재, 『근현대 상해 한인사 연구』, 경인문화사, 2018, 329쪽에는 1929년 상해로 온 것으로 서술되어 있다. 1931년 경성공업사 지배인이 되었다는 것을 보면, 만약 1929년 상해에 왔었다면 일시 방문이었을 것으로 보이며, 상해로 이주해 온 것은 1931년으로 추정된다.

37) 김광재, 『근현대 상해 한인사 연구』, 경인문화사, 2018, 84쪽

38) 石庫門(Shikumen) 주택은 서양식과 중국식을 절충한 연립주택 형태로 1860년대

년대까지 대저택과 현대적 맨션 거리가 되었다. 1912년부터 1919년 사이에 하비로 일대에 423동의 유럽식 주택이 새로 들어섰다.[39] 1920년대에 와서 하비로는 공산 혁명을 피해 온 러시아인들이 대거 이 국제도시에 정착하면서 유럽형의 상점과 카페, 식당들이 늘어선 상업 중심지가 되었다. 1941년 태평양 전쟁이 발발하고 일본군이 점령하자 1943년 거리 이름은 태산로(泰山路)로 바뀌었고, 2년 후 국민당이 상해를 탈환하여 임삼로(林森路), 1949 공산당이 점령한 후에는 지금의 회해로로 바뀌었다. 정치적 변동에 따라 계속 거리 이름이 바뀌어왔다는 것은 그만큼 이 거리가 상징적인 중요성을 갖고 있었다는 것을 말해 준다.

하비로는 상해 조계지에서 가장 고급스러운 거리였다. 중국의 국부적인 존재였던 손문의 상해 저택인 손문행관(孫文行館, 1911~1913)도 하비로 408호에 있었다. 1919년 9월 11일 안창호는 서울의 한성 임시정부, 연해주의 대한국민의회 정부를 상해의 대한민국 임시정부로 통합하여 명실상부한 통합 대한민국 임시정부를 완성한 후 미주 동포들이 모금한 자금으로 2층 양옥에 인도인 경비까지 두었던 통합임시정부 청사를 이곳 하비로에 마련했다. 그 위치가 하비로 408호 손문행관의 맞은편 321호 건물(1919)이었다. 이곳에 통합 대한민국 임시정부 청사를 마련했던 도산 안창호의 포부와 전략적 포석을 엿볼 수 있다.[40] 오늘날 회해중로와 사남로(思南路)가 만나는 지점이다.[41]

이갑성은 하비로가 상업 중심지로 변화된 이후 이곳에 제중의원이란 상호로 약국을 열게 되었다.

에 등장하기 시작, 9천 채로 상해의 주택의 60%를 차지하였다.

39) 김광재, 위의 책, 85~86쪽

40) 하비로의 통합임시정부 청사는 일제의 압력으로 얼마 후 처분하여 상해의 이면으로 숨어 들어가지 않을 수 없었다.

41) 김광재, 위의 책, 90쪽

2) 상해 하비로의 조선인 사업가들

이갑성이 상해에서 사업하던 1931년 7월 상해 영사관에서 조사한 조선인 영업자 조사 자료가 있다. 당시 자유롭고 소비성 높은 국제도시 상해에 기회를 찾아 많은 사람이 와서 다양한 업종에 종사하고 있음을 볼 수 있다. 점원 25명, 공장 직공 31명은 국제도시의 이민 노동자로서 고된 삶을 상해에서 살고 있었다.

공동조계 및 부근 지나가(支那街) 거주 조선인 직업별 조사표

직업별	인원	직업별	인원	직업별	인원	직업별	인원
댄서	42	식료품 판매업	3	시계수리	2	보석상	1
학생	2	의사조수	1	회사원	6	電車査票 (표검사원)	11
매약상	4	브로커	5	어학교수	1	전도사	1
해산물상	1	相場師 (투기꾼)	2	보모	2	선원	4
인삼상	18	工部局 경찰관	1	仕立業	3	치과의	1
점원	25	자동차 운전수	2	餅(떡) 행상	1	치과 기공사	4
공장직공	31	음식점	1	家事使用人	1	자동차 부분품상	1
요리업	2	여급	36	タリ-マン[42]	1	고물상	1
?	1	淫賣業	20	朝鮮酒 제조판매	2	カフヱ-業 (카페업)	1

42) tallyman, 検数人. 선박회사나 하역업자, 화주의 의뢰로 인도 인수 양쪽의 검수인으로서 船積貨物의 수량, 손상 유무 등을 확인하는 사람

酌婦	39	密淫賣	117	果物商	6	사진업	2
음악사	1	잡지회람업	1	工部局 소방수	1	사진도제 (조수)	3

▲ 「간도 및 만선접양지방 치안상황보고」, 『잡찬』 14권, 2) 業態調, 68쪽, 상해영사관, 1931.07.17

또한, 댄서 42명, 작부 39명, 여급 36명, 음매업(淫賣業; 포주로 보임) 20명, 밀음매(密淫賣) 117명은 홍청거리는 국제도시의 유흥가에서 생계를 위해 또는 자신이나 가족을 위해 '목돈'을 만들고자 많은 조선 사람이 모여들었음을 보여 준다.

이갑성은 하비로에서 약종상을 하고 있었는데, 상해의 4개 약종상 중 이갑성의 것을 포함하여 2개가 하비로에 있었다. 하비로의 조선인 업체 현황을 보면 다음과 같다.

하비로의 조선인 업체들

번지	업체명	업종	자본금 (元)	경영자	출신지	비고
1270 弄內 28	林山公司	만년필 상	개인 1,000	林得山 43)	평북 선천	
139	金文公司	직물상	개인 2,000	金時文	평남 평양부	
352	百濟醫院	약종삼	합자 3,000	孔凱平 44)	경성부	
389	東明公司	사진업	개인 1,000	朴容喆 45)	강원 철원	
389 東明公司 2층	武相齒科 醫院	치과의	공란	李武相 46)	공란	

43) 건국훈장 애국장('91)

429	林盛公司	잡화상	개인 20,000	林承業	평남 안주	亞商培路 와 靜安寺路 2개 지점
452	**濟衆醫院**	**약종상**	**개인 2,000**	**李甲成**	**경성부**	
464	星光照明館	사진업	개인 1,000	郭哲鎬	충북 옥천	
하비로 寶康里 24	元昌公司	朝鮮物産商	합자 5,000	趙尙燮	평북 의주	
申江醫院 내		치과의		李東一	공란	申江醫院 院長은 劉之綱[47]

▲ 경찰통계 및 관내 상황 진달의 건(상해영사관, 1931.07.17)

가. 김문공사(金文公司)

김문공사는 개성 출신의 김시문(金時文)의 상점이다. 김시문은 '상인독립군'으로 불리는 인물이다.[48] 1916년 24세 때 상해로 와서 구두수선, 인삼 행상 등으로 밑천을 장만하여 하비로 139번지에 자신의 중간 글자를 뺀 이름을 딴 김문공사라는 잡화점을 열었다. 처음에는 한

44) 북경로 사천로구에 國際年紅公司 경영도 겸하는 사업가 「매일신보」, 1933.10.22
45) 中國 上海 法租界의 三一堂에서 上海韓人青年會의 創立總會가 개최되었는데 이 날 제정된 綱領과 선출된 執行委員은 다음과 같다.
執行委員 朱耀燮 申滢澈 邊長城 鄭泰熙 金道玄 嚴恒燮 黃義春 廉溫東 崔火雲. 候補委員 申彦俊 朴永昌 金鍾善. 監査委員 朴容喆 金基鎭 尹極(「東亞日報」, 1927.04.15.)
46) 李武相은 도산 안창호가 1932년 4월 윤봉길 의거 후 상해영사관에 한달 동안 잡혀 있을 때 영사관 유치장으로 출장하여 도산의 "入齒를 다 해박"았다. 『동광』, 1932,08.
47) 흥사단원(羅世雄) 건강진단서(中光醫院 院長 劉之綱), 독립기념관 소장.
48) 김광재, 「'상인 독립군' 金時文의 上海 생활사」, 『한국민족운동사연구』 64, 2010 참조.

국에서 사과, 인삼 등을 수입하고, 음료, 과자 등도 취급했다. 김문공사는 김구의 권고를 받고 개성인삼을 들여와서 판매하면서 유명해졌다. 수익의 일부는 임시정부를 지원하는 데 쓰였을 것이다. 윤봉길 의거 이후 임시정부가 상해를 떠나 피난 시대에도 상해를 떠나지 않고 해방 후에까지 영업을 계속하여 상해에서 가장 오래 영업하였는데, 1950년대 중반 중화인민공화국의 '공사합영(公私合營)' 정책이 실시되면서 문을 닫았다.[49]

나. 원창공사(元昌公司)

원창공사는 의주 출신의 조상섭(趙尙燮)이 설립한 무역회사이다. 조상섭은 목사로 1919년 상해로 망명하여 임시정부와 임시의정원, 교민단, 노병회 등세서 활발한 활동을 하였다. 목사였지만 과격한 무장항일투쟁을 주장했기 때문에 '군인목사' 라는 별명이 있었다.

원창공사는 1920년대 초반 개업한 것으로 추정되는데, "원창"이라는 상호는 자신의 또 다른 이름인 원창(元昌)을 딴 것이었다. 한국의 인삼, 사과 등을 수입하여 팔고 중국산 물건을 한국으로 수출하였다. 물론 외형상으로는 원창공사도 김문공사처럼 독립운동의 거점으로 활용되었다. 특히 1924년 임시정부가 침체에 빠져 있을 때 김구, 여운형 등 임시정부 요인들이 한국노병회라는 단체를 설립하고 이곳에 사무소를 두었다. 국내에서 소개 편지와 주소를 들고 먼저 이곳으로 찾아와서 며칠 동안 묵으면서 상해 동포 사회의 근황을 살피는 이들이 많았다.[50]

특히 조상섭은 독립운동에 필요한 자금을 인삼을 팔아 조달하고자

49) 김광재, 「일제시기 上海 고려인삼 상인들의 활동」, 『한국독립운동사연구』 40, 2011, 233쪽
50) 김광재, 위의 책, 236쪽

하였다. 그는 한국 독립운동을 성원하는 중국인들과 함께 조직한 중한호조사(中韓互助社)에서 인삼을 판매하여 활동 자금을 조달하려는 계획을 세워 일제 영사관 경찰의 요주의 대상이 되어 있었다.[51] 조상섭은 1932년 4월 홍구공원 윤봉길 의사의 폭탄의거 이후 자신이 존경하는 안창호가 체포되어 국내로 압송되자 세상에 대한 의욕을 잃고 말았다고 한다. 이 때문에 그가 변절했다는 소문도 있었다. 그는 윤봉길 의거 이후에도 상해를 떠나지 않고 살다가 1940년 1월 생을 마쳤다.[52]

김문공사 김시문, 원창공사 조상섭 같은 상해의 대표적인 한인 사업가들이 윤봉길 의거 후에도 이갑성처럼 상해를 떠나지 않고 사업장을 지키고 있었음을 보여 준다.

3) 이갑성의 제중의원

제중의원(濟衆醫院)은 민족대표 33인 이갑성이 상해 하비로에 설립한 약국이다. 그는 출옥 후 1920년대 민립대학설립운동에서 신간회 운동까지 국내 민족운동의 제1선에서 활동했다.

그가 약국을 연 것은 1913년 세브란스의학교 약학과를 나온 후 세브란스병원 제약부 주임으로 근무했던 경력을 보면 당연하게 여겨진다. 그 후 제약실에 있으면서 다시 의과에 진학하였다 하나 중퇴하여 의사면허증을 따지는 못한 것으로 보인다. 이 때문에 제중의원이란 간판을 내걸었지만 병원은 아니었고, 업종으로는 약종상으로 분류되어 있다.

이갑성이 어떻게 상해로 오게 되었는지는 정확하게 알 수 없으나,

---

51) 위의 주 참조

52) 위의 주 참조.「조상섭 목사 부고(1940.01.20)」(독립기념관 소장자료 1-A00002-031)

▲ 이갑성, 1932년 8월 4일 경기도 경찰부 형사과가 촬영한 사진

1918년 4월 상해 출장이 상해와 인연을 맺게 한 계기가 되었을 것으로 보인다. 그해 4월 한국의 병원에 상해의 프랑스 의약회사의 대리점을 개설하려고 상해로 가서 교섭했다고 한다. 그러나 그 일은 성사되지 못했다.[53]

1932년 이갑성은 상해에서 상해 약학전문학교를 졸업한 최마리아와 결혼하였다.[54] 상해에서 남양의학대학(南洋醫學大學)에 다니며 도산 안창호, 백범 김구를 비롯한 지도자들을 비롯하여 상해 유학생들과 많은 교류 관계를 형성하고 있었던 문학가 김광주(金光洲)의 기억에 의하면, 이갑성의 약국 제중의원은 한인 청년들과 많은 운동가가 드나들고 모이고 하는 아지트로 활용되었다고 한다.

> 북영길리(北永吉里)가 있는 마랑로(馬浪路)에서 법조계(法租界:프랑스 조계) 메인 · 스트리트인 하비로 넓은 거리로 쑥 나가면 길 건너 맞은편으로 33인 중의 한 분으로 현존해 계신 이갑성(李甲成)씨

53) 김광재, 『근현대 상해 한인사 연구』, 경인문화사, 2018, 329쪽
54) 최마리아가 세브란스의전 출신 약사로 기억하는 사람도 있다. 김효숙, 「상해 대한민국 임시정부와 나」, 미간행, 16쪽. 김광재, 위의 책. 329쪽

가 경영하는 제중약방(濟衆藥房)이 있었다. 미모(美貌)의 부인을 거느리고 계시던 탓이었을까? 이 약방도 상해 태생 청년들을 비롯해서 꽤 많은 독립운동가들이 드나들고 모이고 하던 장소라고 기억된다.55)

상해는 양자강 하구의 평균 고도가 15m밖에 되지 않는 저평한 델타 지대에 발달한 도시다. 기후가 습하여 폐결핵 등 호흡기 계통의 질병, 국제도시의 화류 문화 번창으로 인한 여러 질병, 범죄와 폭력, 마약 등과, 1932년 제1차 상해사변, 1937년 제2차 상해사변 등의 전란 등으로 의료와 약품의 수요가 많을 수밖에 없는 도시라 할 수 있었다.

2. 이갑성 등 상해 사업가들과 아나키스트 간의 갈등

1) 상해 아나키스트들과 사업가들

임시정부를 비롯하여 독립운동계는 언제나 자금 문제로 어려움을 겪었다. 그중에서도 국민당 정부나 국내외 동포들로부터 자금 지원을 거의 받지 못하는 아나키스트들은 사정이 더 어려웠다. 그리하여 한때 중국의 한인 아나키스트들은 인삼에 주목하여 1920년대 중반 인삼농장 경영을 계획하기도 하였다. 인삼은 고가의 약 또는 기호품이다. 특히 고려인삼이 중국에서도 인기가 있었기 때문에 중요한 무역 품목이었다.

---

55) 김광주, 「상해시절 회상기(상)」, 『세대』, 1965.12, 254쪽. 필명은 평(萍). 경기도 수원 출신. 중국 상해로 건너가 남양의학대학(南洋醫學大學)에서 수학했으나 문학가를 꿈꾸며 중퇴하였다. 중일전쟁 중에는 중국에 머물다가 광복 후 귀국하여 「문화시보(文化時報)」, 『예술조선(藝術朝鮮)』 등의 창간에 관여하였고, 경향신문의 문화부장으로 있으면서 활발한 작품 활동을 하였다.

1920년대 후반 재중 한인 아나키스트들은 중국 호남성 한수현(漢水縣) 동정호반(洞庭湖畔)에 있는 중국인 동지의 소유지에 한국의 인삼 경작자를 다수 이주시켜, 이들을 중심으로 이상 농촌을 건설한다는 원대한 계획을 세웠지만 여러 가지 사정으로 실현되지 못한 일[56]도 있었다. 인삼농장 경영을 통하여 독립운동 자금을 조달하고자 하는 계획이 뜻과 같이 되지 않자 1930년대에 들어 상해의 아나키스트들은 한인 사업가들에게서 '掠'(략, 약) 즉, 빼앗는, 약탈하는 극단적인 방법을 사용하게 되었다. 상해의 사업가들이 이런 경험을 하게 되었다.

가. 조상섭의 경우

조상섭의 원창공사(元昌公司)도 아나키스트들의 자금 조달 대상이 되었다. 1933년 6월경 아나키스트들은 조상섭의 집에 침입했다. 그들은 일가족을 위협하여 인삼 2상자를 '강탈'하여 도주하였다. 조상섭이 인삼을 빼앗긴 데 대해 분개하여 그들을 비난하자 아나키스트들은 다시 조상섭의 집을 습격했다. 그들은 조상섭으로부터 사죄를 받아 내고 동시에 다시 그의 재산을 '강탈'하고자 했다. 1935년 1월 21일에도 아나키스트들은 조상섭의 집을 습격하였으나, 이 사실을 미리 알고 조상섭이 도주하는 바람에 실패했다.[57]

나. 옥관빈의 경우

옥관빈(玉觀彬)은 1907년 신민회 시기부터 독립운동을 했다. 그는 데라우치 총독 암살미수죄 등의 죄목으로 안태국과 함께 체포되어 1911년 징역 7년을 선고받았고, 그 뒤 보안법 위반사건으로 징역 2년을 더 받았다. 일제가 병합 초기 서북지방 독립운동가들의 활동을 묶

56) 김광재, 위의 논문, 237쪽
57) 김광재, 위의 논문, 236쪽

어 놓기 위해 무리하게 죄를 뒤집어씌웠다가 1913년 대부분을 무죄로 석방했을 때 신민회의 핵심 지도자급인 윤치호, 이승훈, 양기탁, 임치정, 이승훈, 안태국 등 5명에 대해서는 징역 6년을, 옥관빈에게는 징역 5년을 선고하여 탄압을 가했었다. 옥관빈은 이들 신민회 지도자들과 함께 1915년 2월 13일 특사로 석방되었다.[58]

이후 1919년 상해로 망명하여 임시정부, 임시의정원, 시사책진회(時事策進會), 상해 교민단, 독립신문사(총무) 등의 간부로 활동하는 한편, 중국에 귀화하여 중국 여성과 결혼하고, 배달공사(倍達公司), 여화공사(麗華公司), 삼덕양행(三德洋行), 불자대약창유한공사(佛慈大藥廠有限公司)를 설립하고 사업을 확장하여 상해 한인 교민 가운데 제일의 부자가 되었다.[59]

옥관빈은 안창호의 대성학교 출신으로 도산을 따랐으며, 상해에서도 도산을 재정적으로 충실하게 지원했다. 그러나 아나키스트들은 불신했다. 아나키스트들이 지원을 요구하면 거절했다.

상해의 아나키스트들 뒤에 김구가 있었다. 자금 요구와 거절의 불편한 관계가 쌓여 옥관빈은 1933년 8월 1일 김구, 안공근, 정화암 등의 지시를 받은 청년 몇 명에 의해 밀정이라는 누명을 쓰고 살해되었다. 그가 밀정이라는 증거는 없었다.

다. 임득산의 경우

임득산(林得山)은 평북 선천 사람인데, 하비로의 한인 사업가 조사표에 있듯이 하비로 1279번지에 임산공사(林山公司)라는 상호로 만년필상을 하고 있었다. 임득산도 이 시기 무정부주의자들의 돈을 요구하

58) 「매일신보」, 1915.02.16

59) 馮明政, 「玉慧觀先生略歷」, 『海潮音』, 第14卷 第9號, 1933. 김광재, 위의 논문, 237쪽.

는 협박을 당했다. 그는 요구를 거절했다. 그러자 그들로부터 구타를 당하고 재물을 탈취당하였다. 그는 목숨의 위험을 느끼고 남경으로 피신하여, 남경에서 만연필상을 개업했다.

다음은 프랑스 영사관의 조사 보고서 내용이다.

> 1936년 2월 21일 8시경, 한인 4명이 조프르가(Avenue Joffre: 하비로) 1270로 26호에 거주하는 만년필 상인 임득산(林得山)이란 사람의 집에 가서 돈을 요구한 것으로 보입니다. 임이 거절하자, 이 방문객들은 임을 때리고 뒤져서 그에게서 발견한 돈과 몇 가지 값이 나가는 물건들을 가져갔습니다.
> 임은 고소하지 말기를 원했습니다. 그는 며칠 후 난징으로 떠났고, 거기서 만년필의 왕(Roi du Style, 鋼筆大王)이라는 간판으로 상점 하나를 열었습니다.[60]

2) 이갑성과 아나키스트

가. 아나키스트들의 협박

위의 임득산 관련 보고자료의 바로 다음에 이갑성 부분이 있다. 1936년 2월 중순 이갑성은 1,000달러를 내라는 협박을 받았다. 그는 방문한 무정부주의자들과 협상하여 100달러로 금액을 낮추고 4월 1일자 지급의 수표를 편지에 넣어 보냈다. 그러나 돈이 급했던 그들에게 한 달 보름 뒤인 4월 1일까지 기다리기엔 너무 멀어 되돌려 보냈다.

이 협박 사실을 영사관이 알았다. 그는 보복이 두려워 몸을 숨겼다. 영사관에서 조사를 나왔을 때 조사관에게도 협박 편지에 관해 전혀 알지 못한다고 극구 숨겼다.

60) 프랑스 외무부 문서보관소 소장, 「프랑스 조계 거주 한인무정부주의자 활동 조사」, 『한국독립운동사료』 3, 1479쪽

2월 중순, 조프르가 514호에 위치한 약국의 주인 이갑성이란 사람은 1,000달러를 요구하는 협박 편지를 받은 것으로 보입니다. 그는 흥정을 하였고, 4월 1일에 지불해야 하는 100달러짜리 수표를 편지를 보낸 자에게 넘겼습니다. 그 수표는 그렇게 오래 기다릴 수 없다는 표시와 함께 그에게 되돌려 보내졌습니다.
그래서 이(LEE)는 수표를 3월 10일에 지불하는 것으로 바꾸었으며, 동시에 일본 영사경찰에게 이 일을 알렸습니다. 테러리스트들의 보복이 두려운 그는 조프르가 514호를 떠났고, 현재 발롱가와 페르 포레르트가의 교차점에 있는 애락방 4호에 숨어 있는 것 같습니다.
여기에 주목할 사항은 이(LEE)가 조사 중에 우리가 접근한 사람들 중에 있었다는 것입니다. 그는 한인 거류민들에게 보내진 이 협박 편지에 관해 전혀 알지 못한다고 단호하게 말했습니다.[61]

이갑성이 상해에 계속 사업을 하는 데 있어 아나키스트와의 독립자금 강요 문제로 심각한 위협을 받는 상황에 있었다.

나. 일제 영사관의 독립운동계와 사업계 사이의 갈등 상황

상해 하비로 389번지 동명공사(東明公司)라는 상호로 사진관을 운영하고 있던 박용철(朴容喆, '91, 애국장)은 1935년 형사사건으로 조사를 받았다. 그는 한국독립당 당원이고, 수하에 있는 수습 견습공 박규칠(朴奎七)과 장(張)모 2명을 남경의 군관학교에 입학시켰다는 문제로 조사를 받았다. 그러나 그는 한독당원으로 거의 활동하지 않고 있으며, 수습 직원의 군관학교 입학에도 무관하다는 판단을 받고 석방되었다.[62] 상해주재 일본 영사 가토(加藤朔太郎)는 박용철의 보안법 위반

61) 위와 같음.
62) 국사편찬위원회, 「증인 佐伯多助 신문조서(촉탁)」, 『한민족독립운동사자료집』 45, 중국지역독립운동 재판기록 3, 한국독립당원 박용철 사건

사건과 관련하여 경성지방법원 형사 제2부의 요청에 의해 영사관 부영사 사에키 사수케(佐伯多助, 56세)에 대한 증인신문을 하는 중에 다음과 같은 질문과 답변을 하는 것이 보인다.

> **문:** 소화 6 · 7년경(1931~2년경-필자) 상해에서는 정업을 경영하는 한국인이 조선 독립의 목적을 가진 자 또는 그 목적을 위한 결사원으로부터 조선 독립의 결사 조직 또는 동 결사 가입을 권유받았을 때 이를 거절할 수 없는 상황에 있었는가?
>
> **답:** 그렇다. 조선 독립을 목적으로 하는 불령선인은 대다수가 일본 경찰권이 미치지 못하는 프랑스 조계[佛租界]에 본거지를 두고 활동하고 있기 때문에 저들은 그 조계에 거주하면서 정업을 가진 조선인에 대하여 결사 가입을 권하거나 혹은 헌금을 명할 때 정업을 가진 조선인은 이것을 거절하면 생명 재산에 위험을 느끼기 때문에 주의에는 찬성하지 않지만 자기의 생명 재산을 지키기 위하여 결사에 가입하거나 헌금을 하지 않으면 안 되는 처지에 있었다. 현재는 이전보다 어느 정도 줄어들었다고 하지만, 그러나 아직도 저들 불령선인의 요구를 거절하였기 때문에 정업을 가진 조선인이 생명 재산의 위험에 빠지게 된 실례가 여러 번 있었다.63)

이갑성같이 상해에서 사업을 하는 한인 사업가들에게 아나키스트들의 자금 강요 또는 탈취는 상당한 위협이 되고 있었음이 공지의 사실임을 말해 주고 있다.

다. 맹혈단 사건과 이갑성

오면직(吳冕稙)은 1937년 7월 22일 평양복심법원에서 사형판결을 받

63) 국사편찬위원회, 위의 주 참조

았다. 오면직은 1922년 상해에서 김구의 지시에 따라 '러시아 자금을 유용한 혐의'로 김립(金立)을 살해한 인물 중 한 명이다. 그는 한국노병회, 남화한인청년연맹, 한국독립군특무대 등에 참여하여 활동하였다.

특히 이회영이 일본에 체포되는 데 정보를 제공한 혐의자를 1932년 교살하는 등 수명의 일본 '밀정'들을 처단하였고, 1933년에는 아리요시 아키라(有吉明) 공사 처단을 계획하였다. 그와 함께 사형을 받은 김창근은 병인의용대에 참여하고, 1926년 상해 일본총영사관 폭탄 투척, 이태서(李泰瑞) 살해, 일본 경찰 살해미수 사건 등에 관계하였다. 다른 3명은 징역 5년에서 3년을 선고받았다.

다음은 평양복심법원 판결문 중 한 부분인데, 이갑성, 조상섭 등에게 맹혈단 군자금을 요구했었다는 것이 나타나 있다.

평양복심법원 판결문, 1937. 7. 22
피고
오면직(吳冕稙, 45세) 무직
김창근(金昌根, 36세) 무직
한도원(韓道源, 32세) 무직
주문
피고인 오면직 및 김창근을 각 사형에 처함, 피고인 한도원을 징역 3년에 처함.
이유
(상략) 소화11년(1936) 상순 남경에서 조선을 일본제국으로부터 이탈시킬 목적으로 일본제국의 국체변혁할 맹혈단(盟血團)이란 비밀결사를 조직하고 다른 유력한 민족주의 단체와 제휴하기까지 상해를 활동지로 하여 현지 한인들로부터 활동 자금을 모금할 것을 협의했다.
상기 피고인 김창근 한도원 및 원심상(창), 피고인 윤형석 등과 앞에 밝힌 목적 수행을 위해 소화11년(1936) 1월 중순경부터 동년 2월 중순경까지 프랑스 조계에 거주하는 한인 조상섭 · 이갑성(李甲成) · 공재평 · 이철진 · 박진 · 정찬성 · 김하종 · 황복룡 · 최영택 등에 대해서 맹혈단 활동 자금 조달을 요구했다.

최영택으로부터 일금 200원, 박진으로부터 일금 10원, 이철진· 황복룡으로부터 각각 15원씩을 받은 사실이 있다.

이처럼 상해에서 사업하는 이갑성에게 독립운동 단체의 활동 자금 모금을 요구하는 일은 한두 번 있는 일이 아니었고, 매우 심각한 위협을 느끼는 사실로 작용하고 있었다.

4. 국내로 돌아와서

이갑성이 언제 어떻게 국내로 돌아왔는지 정확하지 않다. 「이력서」에는 "상해에서 피체되어 3년 형을 받고 1년 후 가출옥했다"라고 되어 있다. 또한, "1937년 12월에 경북 경찰부에 검거되었다."라고 기록하였다. 이 두 기술은 다소 모순된다. 전자가 맞다면 1937년 12월에는 3년 형을 받고 가출옥하기 전일 것이기 때문이다.

상해에서 사업 여건은 안전상 점점 상황이 악화되고 있었다고 보아야 할 것이다. 급진적인 독립운동 세력의 자금 강요로 목숨의 위협을 받는 일도 그러했고, 1937년 중일전쟁이 일어나면서 일본이 제2차 상해사변을 일으켜 상해가 더욱더 위험한 곳이 되었던 것도 또한 이유일 것이다.

1938년 5월 25일 이갑성은 흥업구락부 사건이 치안유지법 위반으로 적발되어 5월 29일 서대문 경찰서에 붙잡혀 갔다.[64] 이갑성은 국내에 돌아와 홍업구락부의 간사를 맡고 있었다.[65] 그는 9월 3일 경성지방법원으로 송치되었으나 9월 3일 석방되었다. 9월 3일 그날, 「홍업구락부 해소 성명서」가 발표되었다. 5월 25일부터 9월 3일에 이르기까지 약 3개월여 구금 기간 동안 경찰서 유치장에서 무슨 작업이 이루어지고 있었는지 짐작할 수 있는 대목이다. 그리고 열흘 뒤인 9월 13일 경성 시내 관수동 국일관에서 이갑성을 포함하여 윤치호, 신흥우, 유억겸, 김영섭 등 경성 명사 40여 명이 국민정신 강조에 관한 좌담회에 동원되었다. 그 결의의 표시로 다음 날 아침 신사참배를 하기로 결의했다.[66] 10월에는 홍업구락부 회원들의 전환 성명이 발표되었고, 12월 홍업구락부 회원 일동은 홍업구락부를 해체하는 동시에 구락부 기금으로 보유하고 있던 현금 2,400원을 중앙기독교청년회 총무 구자옥을 대표로 서대문 경찰서에 국방헌금으로 바쳤다. 그리고 전쟁이 끝날 때까지 매달 10원씩 국방헌금을 내겠다고 약속했다.[67]

1940년 이후 해방될 때까지 이갑성의 이력서에는 계속해서 투옥-석방-투옥의 수난이 이어지나, 자료상 확인은 되지 않는다. 이력서 내용을 정리하면 다음과 같다.

---

64) 「조선일보」, 1938.5.30.

65) 『사상휘보』16, 고등법원 검사국, 1938.09

66) 경성 종로경찰서장, '윤치호의 동정에 관한 건', 「연희전문학교 동지회 홍업구락부 관계 보고」, 경성지방법원 검사국, 1938.09.13,

67) 「매일신보」, 1938.12.13.

연월	기관	관련 사건	구금기간
1940		흥업구락부 내용 발각	11개월
1941	경북 경찰국	상해 거류할 때 독립운동 관련	11개월
1942	해주경찰서	상해 거류할 때 독립운동 관련	3개월
1942.07	평양경찰서		3개월
	원산경찰서		2개월
1943.01	함흥경찰서		4개월
1945.01	경기도경찰국 외사과		2개월

▲ 이갑성의 「이력서」 요약, 1975.06

Ⅳ. 맺음말

이갑성은 첫째 민족대표 중 적극적인 행동파였다. 둘째, 이갑성은 민족대표 중 최연소자이자 최장수자였다. 셋째, 이갑성은 민족대표 중 유일하게 종교 성직자나 교역자, 학교 경영자가 아닌 생업을 가진 민간인이었다. 1922년 5월 5일 출옥 이후 이갑성의 활동과 삶은 이 세 가지 특징에 의해 펼쳐졌다고 할 수 있다.

3·1운동 민족대표 독립선언 후 옥고를 치르고 출옥 후 이갑성은 국내 민족주의운동의 제1선에 있었다. 민립대학설립운동, 물산장려운동, 흥업구락부와 신간회 운동 등에 적극 참여하여 중요한 책임을 맡아 수행했다.

그러나 그는 민족대표 중 종교 교단의 성직이나 유관 기관장, 학교의 설립자로서가 아닌 유일한 순수 민간 생활인이었다. 그의 민족운동과 생업을 위한 활동에 일제의 감시와 압박, 탄압이 늘 따라다녔다. 그런 점은 생활인 이갑성의 가족과 생계 면에서도 상당한 지장을 받았을 것이다. 그가 상해로 간 것은 일제의 감시와 탄압을 피해 경제적인 문제를 해결하고자 한 의도가 있었을 것으로 보인다.

번영하는 국제도시 상해에서 그의 제중의원이란 상호의 약국은 번창했을 것으로 보인다. 사업의 번창은 현지 아나키스트 활동가들의 독립자금 요구로 갈등과 생명의 위협에 처하게 되었다. 아나키스트들의 요구를 거절할 경우 목숨이 위태로웠다. 옥관빈은 실제로 밀정의 아무런 증거가 없음에도 자금 요구를 거절하여 이들에 의해 목숨을 잃었다. 임득산 같은 사업가는 그런 갈등에서 목숨의 위협을 느끼고 남경으로 피신하여 사업장을 새로 내었다.

1937년은 이갑성에게 그런 긴장과 위험이 더욱 고조되었던 시기였다. 1937년 7월 중일전쟁이 발발하면서 일본은 1932년 제1차 상해사변에 이어 제2차 상해사변을 도발했다. 상해 시가지가 전장이 되었다. 이런 위험성이 상해의 약종상 사업을 접고 떠나게 했을 것으로 보인다. 이갑성이 자발적으로 상해를 떠났는지, 일경에 체포되어 국내로 압송되었는지는 확실치 않다. 적어도 1937년 말이나 이듬해 초에는 국내로 돌아온 것으로 보이는데, 국내로 들어와 홍업구락부 간사를 맡고 있었던 것이 확인된다. 국내에 돌아온 이갑성의 이력서는 각지의 경찰서에 붙잡혀 구금과 석방을 되풀이하며 시련을 겪은 것으로 채워져 있다.

이갑성이 상해로 가기 전 1924년 8월부터 경성공업사 서무주임, 1931년에는 지배인으로 일했다. 그러나 경성공업사는 일부에서 주장하듯 일본의 군수공장이 아니었고, 미국인 기술자이자 사업가인 제임스 헨리 모리스(James Henry Morris)가 사장인 자동차 및 부품 제조 판매, 난방 및 위생공사 시공 및 기자재를 수출입 및 판매하는 회사였다.

이갑성의 상해 시절을 중심으로 그의 밀정설이 제기되었으나, 밀정설에 확실한 근거는 보이지 않는다. 상해에서 그는 만인이 다 아는 "민족대표 이갑성"으로 사업을 운영했다. 상해 프랑스 조계 하비로에 있는 그의 약국은 청년들과 독립운동가들이 수시로 드나들고 머무는 아지트였다고 그 당시 그곳에 살며, 그를 비롯하여 안창호, 김구 등 상해 지도자들과 청년들을 두루 알던 작가 지망 의대생 김광주가 글을 남겼다. 이에 반해 밀정설을 제기한 사람들은 상해에서 그를 직접 접하지 않은 사람들이었다. 독립 자금과 관련하여 서운했던 측에서 특히 반감을 가지고 한 일일 수 있을 것이다.

【참고문헌】

◈ 자료

* 국사편찬위원회, 『한민족독립운동사자료집』 4권, 1987
* 「동아일보」, 「조선일보」, 「시대일보」, 「매일신보」

◈ 단행본

* 이병헌, 『3 · 1운동 비사(秘史)』, 시사신보사 출판국, 1959
* 오재식, 『민족대표 33인 전(傳)』, 동방문화사, 1959
* 민족문제연구소, 『청산하지 못한 역사』 2, 민족사, 1994
* 김삼웅 · 임혜봉 · 김승태 · 김순석 · 정운현 편, 『親日변절자 33인』, 가람기획, 1995.
* 정운현, 『나는 황국신민이로소이다』, 개마고원, 1999
* 연동교회 편, 『연동교회 애국지사 16인 열전』, 연동교회, 2009.
* 정운현, 『친일파의 한국 현대사』, 인문서원, 2016.
* 김광재, 『근현대 상해 한인사 연구』, 경인문화사, 2018
* 정운현, 『3 · 1혁명을 이끈 민족대표 33인』, 역사인, 2019

◈ 논문

* 이갑성, 「3 · 1운동과 나」, 『최고회의보』, 1962.06
* 박만주, 「역사의 증언: 민족정기의 순수성은 보전돼야」, 『자유』, 1981년 3월호
* 유준기, 「이갑성의 3 · 1독립운동활동과 문화투쟁」, 민족대표 33인 유족회, 2006.12.05
* 허동현, 「해방 후 이갑성의 삶 재조명」, 『비교문화연구』 12, 경희대학교(국제캠퍼스) 비교문화연구소, 2008
* 정운현, '이갑성, 민족대표 33인 열전' 16화, 「오마이뉴스」, 2019.03.04
* 정종배, 「차숙경-3.1혁명 민족대표 33인 중 유일한 순수 민간인 출신 이갑성의 부인」, 『망우리공원 인물열전 - 대한민국 근현대사를 꿰뚫는 낙이망우 사색의 인문학』, 지노, 2021

해방 후 研堂 李甲成의 삶 재조명*

허동현**

차례

* 이 글은 『비교문화연구』 12-1(2008)에 실린 글을 최신 연구 성과를 반영해 수정·보완한 것임
** 경희대학교 후마니타스칼리지 교수/국사편찬위원회 위원장

【국문 초록】

이 글은 3·1운동 민족 대표이자 일제하 총 9년에 이르는 투옥 생활을 한 이갑성이 해방 직전까지 일제에 투항하지 않고 저항을 계속한 희유(稀有)의 독립운동가로 칭송받을 자격이 충분함에도, 1965년 그의 광복회 회장 취임에 즈음해 제기되기 시작한 "친일 밀정설"로 인해 오늘에 이르기까지 독립운동가의 탈을 쓴 "친일파"로 질타 되는 이유가 무엇인지를 밝히는 데 목적이 있다.

그 결과 이 논문에서는 다음 사실을 밝힐 수 있었다. 첫째, 그를 친일파로 단죄하며 해방 후 그의 삶을 문제 삼은 르포 성격의 신문 기사와 잡지 기고문 및 친일파 관련 저술들은 친일파 청산의 역사적 당위성을 역설하는 학술연구자도 그 근거로 제시되는 증언과 자료에 대해 신뢰성에 의문을 제기하고 있을 정도로 신뢰도가 떨어지는 음해성 자료에 지나지 않음을 구명하였다. 둘째, 그를 둘러싼 친일파로 논란은 냉전 붕괴 이후 전개된 진보와 보수 세력 간의 세력 관계와 이해관계가 반영된 데서 비롯된 것으로 보인다. 특히 이승만·박정희 정권의 성립에 이바지한 그의 역할과 오세창이 세상을 떠난 1953년 이후에는 민족대표 33인 중 유일한 생존자이자 민족주의 계열의 독립운동을 대표하는 광복회 회장으로 갖는 그의 상징적 의미 등이 이 두 정권의 역사적 성격을 가늠하는 척도로 기능하기에 그가 "친일 밀정"이라는 주장이 끊이지 않고 계속되는 것으로 보인다. 왜냐하면 그의 친일 행위가 사실이라면 그를 기용한 두 정권의 반민족적 성격을 밝히는 움직일 수 없는 증거가 되기 때문일 것이다. 셋째, 물론 필자도 그가 이승만

“문민 독재”와 박정희 “군사독재”에 일조한 정치가로 한국 민주주의 발전에 부정적 영향을 끼친 것에 대해 변호할 생각은 없다. 다만 신빙성이 없는 음해성 자료를 엄밀한 사료 비판 없이 사실로 선전하는 이면에는 “민족”과 “민중”이라는 거대 담론에 입각한 역사 인식과 이를 정치적으로 이용하려는 세력이 존재함을 부정할 수 없다고 본다.

【영문 초록】

This paper examines why Lee Gaps-sung has been chastised as "a Japanese collaborator" by striking a secret deal to be a Japanese spy under the disguise of a independence fighter, which was suggested by the time he was about to inaugurate as president of the Association of Independence Fighters in 1965. However, he was one of the representatives in the March 1st Independence Movement, jailed for nine years under the Japanese rule, and continued to resist against the Japanese colonialism to the end. Accordingly, it was found out that 1) there are serious problems in credibility of newspaper articles, journal writings, and works on Japanese collaborators, which claimed that he was a Japanese collaborator and problematized his life after the Liberation. Even scholars who advocate the historical justification of liquidating the past crimes of the Japanese collaborators attest that those reportages are doubtful; 2) It appears that the controversy over his being a Japanese collaborator stemmed from the conflicts between the conservative and progressive groups after the collapse of the era of the Cold War. Especially, given his contribution to the establishment of the regimes of both Rhee Seung Man and Park Jung Hee, his status as the only survivor among the 33 representatives after Oh Se Chang's death in 1953, and as president of the Association of Independence Fighters, which represents the independence movement in line with nationalism, he was a symbolic barometer to measure the historical legitimacy of the two regimes. Thus, he appeared to be constantly accused of being "a Japanese spy". That is because his being a Japanese collaborator would be firm evidence that the two regimes which appointed him as a ranking individual were anti-nationalistic governments; 3) However, the researcher does not have any intention to defend Lee Gap Sung who made a negative influence on democracy in Korea as a politician who contributed to Rhee's civil authoritarianism and Park's military authoritarianism. Instead, it is to reveal that the very reasons to propagandize the data against Lee with no credibility and critical analysis are due to the historical consciousness based on the master discourse of "nationalism" and "the populace" and the groups who want to take advantage of such confrontations.

I. 서론

연당(硏堂) 이갑성(李甲成)은 3 · 1운동으로 3년(1919~1922), 민립대학설립운동으로 2년(1928~1930), 신간회 활동으로 인해 상하이 망명시 피체(被逮), 송환되어 1년(1937~1938), 흥업구락부 관련으로 7개월(1940), 그리고 상하이에서의 독립운동 관련으로 11개월(1941), 8개월(1942), 4개월(1943), 3개월(1945) 등 총 2년 2개월, 모두 합하여 9년여 기간을 감옥에서 보냈다.[1)]

파쇼 체제에 접어든 1930년대 이후 국내에서 민족 독립운동이나 계급 해방운동을 전개한 이들 중 일제에 타협하거나 전향하지 않은 인물은 좌우를 막론하고 찾기 어려운 것이 사실이라면, 그는 해방 직전까지 일제에 투항하지 않고 저항을 계속한 희유(稀有)의 독립운동가로 칭송받을 자격이 충분하다.

그런데도 그가 1965년 광복회 회장에 취임할 무렵 제기되기 시작한 "친일 밀정설"로 인해 오늘에 이르기까지 "독립운동가의 탈을 쓴 친일파"로 질타 되는 이유는 무엇 때문일까?[2)]

1990년대 이후 최근까지 재생산되는 이갑성에 대한 "친일 밀정설"의 근거로 제시되는 증언과 자료들을 볼 때,[3)] 이는 친일파 청산의 역

---

1) 민족대표 33인 유족회 소장, 「이갑성 자필 이력서」. 이갑성의 생애와 일제하의 활동에 관해서는 유준기, 「최연소 3·1운동 민족 대표 이갑성」, 『한국 근현대인물 강의』, 국학자료원, 2007, 199~241쪽 참조.
2) "친일 밀정설"에 대한 비판은 유준기, 위의 논문, 226~237쪽 참조.
3) 박만주, 「역사의 증언: 민족정기의 순수성은 보전돼야」, 『자유』, 1981년 3월호, 21~33쪽. 김행식 편저, 『20세기 사건으로 보는 조선 민족 100년사 대관』 하, 한민족독립정신연구회, 2005, 555~561쪽 참조.

사적 당위성을 역설하는 이들도 그 근거로 제시되는 증언과 자료의 사실 여부에 의문을 제기하고 있을 정도로 신뢰도가 떨어지는 음해성 자료에 지나지 않는다.[4] 사실 그는 냉전 붕괴 이후에도 남의 국민과 북의 인민이 하나 되는 민족을 단위로 한 국민국가라는 근대 기획의 완성과 민중이 주인이 되는 세상을 여전히 가슴에 품고 있는 한국 사학계의 통설, 민족·민중주의 담론의 희생양으로 볼 수 있다.

이들은 한 세기 전 실패의 역사를 일본과 서구 열강의 침략 탓으로 돌리며, 외세의 침략이 없었다면 조선왕조가 주체적으로 근대를 이룩할 수 있었다고 강변한다. 1948년 건국 이후 대한민국은 6·25전쟁으로 인한 폐허를 딛고 산업화와 민주화를 이루어 경제적 번영과 시민적 자유를 누리는 세계사에 유례가 없는 기적과도 같은 성취를 일구어냈다. 그렇지만 이들은 대한민국 현대사를 친일파가 주도한 "정의가 패배하고 기회주의가 득세한" 부끄러운 역사라고 오도(誤導)한다.

이러한 역사 해석은 사실이 아니다. 다원화된 시민사회를 사는 오늘 우리에게 필요한 것은 역사학자의 주관적 해석이 아니다. 역사가의 존재 이유는 사실 중심의 객관적 역사 서술을 함으로써 시민 스스로 다양한 역사 해석을 할 수 있도록 하는 게 아닐까?[5]

1991년 냉전 붕괴 이후 우리 지식사회는 정치 지향과 세계 인식을 기준으로 볼 때 크게 세 그룹의 지식인 집단으로 분화되었다.

4) 임대식, 「신기남·김희선 부친이 친일 명단에 왜 없냐고요?」, 『오마이뉴스』 2005년 9월 6일자, "우리가 가장 신뢰한 자료는 일제가 남긴 문헌 기록이나 당대 자료다. 이러한 원칙은 독립유공자를 선정하는 데도 기본적으로 적용된다. 일제 기록이나 문헌 자료가 그나마 신뢰도가 높은 데 비해 후대 기록이나 증언은 부정확하고 조작 가능성이 크기 때문이다. … 또 3·1운동 당시 민족 대표 33인 중 한 사람인 이갑성을 비롯해 독립운동가들에 의해 밀정으로 지목되는 인물들이 적지 않지만, 다수 증언만 있을 뿐 문헌 기록은 전혀 없는 경우가 대부분이다. 그래서 이갑성도 논의 대상조차 되지 않았다."
5) 허동현, 『역사관과 역사학자』, 북코리아, 2022, 7~8쪽

하나는 남의 국민과 북의 인민이 하나 되는 민족을 단위로 한 국민국가라는 근대 기획의 완성을 중시하는 민족주의 담론을 견지하는 지식인 집단이다. 이들은 여전히 민중이 주인이 되는 세상을 꿈꾼다는 점에서 구좌파로 볼 수 있으며, 한국사학자 대다수가 이 그룹에 속한다. 다른 하나는 대한민국이라는 국민국가의 자본주의적 성장을 지속하기 위해 민족에서 인민을 분리할 것을 주장하는 경제성장주의 사학자 또는 정치사학자들인 신우파들이다. 마지막 하나는 갈수록 거세어지는 신자유주의의 압박과 제국의 지배에 맞서 싸우기 위해 민족과 국가를 넘어선 세계 시민 또는 민중의 연대가 필요하다고 보는 서양사학자와 역사사회학자들로서 이들은 미국과 일본의 신좌파들과 지향을 함께하는 탈민족·탈근대론자라고 할 수 있다.

해방 직후 마르크스 유물사학자들이 민족을 피지배계급과 지배계급으로 양분한 것은 오늘의 민족·민중주의 사학자들이 취하는 이분법(二分法)의 기원을 이루며, 대안 담론으로서 역사수정주의·경제성장주의 사학자들도 산업화 세력과 민주화 세력을 양분하고, 민족을 국민과 인민으로 가른다는 점에서 동일한 우(愚)를 범한다. 무엇보다 다원화된 시민사회를 사는 오늘에 비춰볼 때, 이상적 문명의 기준을 중화인민공화국의 "신민주주의"에 두고 있는 민족·민중주의 사학은 적색(赤色) 전체주의와의, 그리고 문명 전환의 주체로 계몽 절대군주와 선각적 지도자를 호명하는 근왕주의 사학과 경제성장주의 사학은 백색(白色) 전체주의와의 친연성에 대한 비판에서 벗어날 수 없다. 군주 체제를 미화하는 근왕주의 사학만이 시대착오(anachronism)가 아니다. 민족·민중(계급)이라는 거대 담론(meta discourse)을 금과옥조 삼아 "민중혁명필연론"이라는 교조적(敎條的)이자 도식적(圖式的)인 역사 발전을 통해 "민중이 주인 되는 세상"을 문명의 완성으로 보는 민족·민중주의 사학이나 그 대안 담론인 국민을 주어로 산업화한 국민국가를 완성된 문명

으로 보는 경제성장주의 사학 모두 시대착오다.[6]

따라서 이 글은 일제 식민지 시대 독립운동에 투신했던 이갑성이란 한 개인의 삶을 송두리째 부정하는 거대 담론 '민족'과 '민중' 이데올로기에 입각한 역사 인식의 문제점을 지적함으로써 신화화된 거대 담론을 넘어 시민의 눈으로 본 역사상의 재정립이 필요성을 제기하려는 데 그 목적이 있다.

6) 허동현, 위의 책, 429~430쪽.

Ⅱ. 해방 후 정치 활동

1919년 기독교계 민족대표의 한 사람으로 3·1운동을 이끈[7] 이갑성은 출옥 후 중앙기독교청년회(YMCA) 이사(1926), 민립대학 설립기성회 중앙이사(1926), 흥업구락부 간사(1927), 신간회 중앙이사(1928) 등을 역임하며 민족주의 우파 계열의 독립운동에 참여했다.[8] 특히 그가 관여한 흥업구락부는 이승만이 안창호의 수양동지회에 맞서기 위해 국내에 조직한 비밀결사로 미주 지역에서 결성한 동지회의 국내 조직이었다.[9] 이갑성에 의하면 흥업구락부는 이승만에게 외교비를 조달하는 역할을 하고 있었다.[10] 이처럼 이승만 계열에 속해 있던 그는 해방 후 독립촉성회(獨立促成會) 회장(1945), 정당통일기성회 위원장(1946), 각 정당 행동통일회 위원장(1946), 입법원 민선 입법의원(1947), 선거법 제정위원장(1948) 등을 역임하며 대한민국의 수립에 공헌했으며, 이승만 정권에서는 2대 국회의원(1950~1954)으로 국회 전원(全院)위원장

7) 세브란스의전을 중퇴하고 병원에 근무하던 이갑성은 세브란스 학생 YMCA 지도부를 접촉해 삼남 지방의 기독교계 대표 교섭과 독립선언서의 배포에 세브란스 학생들을 조직적으로 투입했다. 장규식, 「3·1운동과 세브란스」, 『연세의사학』 12-1, 2009, 35-37쪽, 40쪽, 박형우, 「1910년대 독립운동과 세브란스」, 같은 책, 29쪽, 신규환, 「3·1운동과 세브란스의 독립운동」, 『동방학지』 184, 2018, 36~37쪽, 41쪽

8) 「이갑성 자필이력서」. 유준기, 앞의 논문, 210~226쪽 참조.

9) 정병준, 『우남 이승만 연구』, 역사비평사, 2005, 344~345쪽. 정병준에 의하면 이승만과 국내 조직과의 관계가 "조직적·집단적이고 정치적·이념적인 결합과 상호작용으로 확대"되었으며, "1920년대 초중반 국내 민족주의 세력이 추구했던 실력양성론이 하와이의 이승만으로부터 공명을 받고 국내와 하와이가 결합되는 과정은, 국내와 미주라는 지역적 차이를 제외하고는 이들의 정치·사상적 지향이 동일했음을 의미"하는 것으로 보았다. 정병준, 같은 책, 302쪽.

10) 「이갑성 자필이력서」. "흥업구락부를 조직하고 재미 이승만 박사에게 외교비 조달"이라고 기술하고 있음.

(1951), 국민회(國民會) 최고위원(1952), 자유당 정무부장(1953) 등을 역임하며 이승만 정권의 핵심 세력으로 활동한 바 있었다.[11)]

그는 자유당 창당 이전인 1951년 5월 국민방위군 사건으로 이시영 부통령이 사임한 뒤 여당 역할을 하던 신정동지회의 지명으로 제2대 부통령 선거에 나서 야당 측 후보인 김성수에게 78표 대 73표로 패배하였지만, 5표의 차가 말해 주듯 나름대로 탄탄한 정치적 지반을 다질 수 있었다.[12)] 특히 그는 자유당 창당 과정에서 이승만을 상징적인 국가원수에 머물게 하는 내각제 개헌을 주장한 원내 자유당이 1951년 12월 창당될 때 김동성과 함께 중앙위원회 부의장으로 추대되었지만, 이승만이 총재로 있는 원외 자유당으로의 합동을 주장하는 "합동파(삼우장파)"를 이끌며 자유당 창당의 공신 역할을 수행한 바 있다.[13)]

당시 그는 3·1운동 당시 민족대표 33인의 한 사람으로서의 성망(聲望)과 일제 식민지 치하 독립운동 경력 및 해방 후 정치 활동을 기반으로 여당 측 부통령 후보로 출마할 만큼 정치적 지반을 닦은 바 있었다. 이 점은 아래 두 개의 인용문에 잘 나타난다.

> 그는 세상이 알다시피 기미독립선언서에 불후의 방명(芳名)이 기록되어 있는 33인 중의 한 사람으로 저명하다. 그가 한때 원내 각파로부터 수많은 정치적 유혹의 추파를 받은 것은 그의 방명이 영향하는 바 컸다고 할 수 있을 게다. 그렇다고 해서 그의 정치적 역량을 과소평가하

11) 「이갑성 자필이력서」 참조

12) 서병조, 『정치사의 현장증언 제1공화국』, 중화출판사, 1981, 306쪽. 서중석, 『이승만의 정치이데올로기』, 역사비평사, 2005, 123~124쪽. 5월 17일에 열린 1차 투표에서 김성수가 65표 이갑성이 53표, 함태영이 17표를 얻어 과반수가 없었던 관계로 2차 투표에 들어갔고 여기서도 재석 과반수 득표자가 없어 결선투표 결과, 5표 차의 박빙의 승부가 났다.

13) 문정인·류상영, 「자유당과 경무대」, 문정인·김세중 편, 『1950년대 한국사의 재조명』, 선인, 2004, 18~24쪽

는 것은 아니다. …33인의 정화(精華)인 그의 3·1운동 투쟁사를 여기에 옮기자면 간단하게 해지지 않을 것 같기에 그 당시 그의 운동원으로서 맡은 직책만을 기록하여 두기로 한다. 말할 것도 없이 학생층을 포함한 청년의 지도 및 연락이 첫 임무이었고, 경상남북도 일대의 비밀운동원 획득, 또 상해와의 연결, 그리고 주한 외국 공사관과의 연결을 떠맡고, 이 민족적 봉기의 날을 과감히 지도함으로써 유종의 미를 거두었던 것이다. 이후 일제의 요시찰인이 된 그는 8·15까지 형무소 생활하기를 무려 4회요 그 연수(年數)를 합하면 20여 년이라는 긴 세월을 보낸 바 있다. 해방 이후의 그의 정치적 위치는 정당통일을 위한 각정당행동통일위원회(各政黨行動統一委員會)를 결성하는 등 민족 분열을 미연에 방지하는 역할을 꿋꿋이 미[押]는 것으로 일관하여 왔다. 반탁의 눈부신 승리가 그의 이런 노력으로 결실을 맺어 주었고, 민족 진용의 단결은 수월하게 되었다. 그리하여 입법의원 민선의원으로 당선되었을 뿐만 아니라 민국정부가 수립되자 그는 5·30 선거에 대구서 출마 10만 선량(選良)으로 국회의사당에 데뷔하였다. 따라서 비록 낙선은 되었을망정 부통령에 입후보할 만큼 그의 정치적 기반은 확고부동한 위치에 다다르고 말았다.14)

기미 3·1독립선언서에 그는 33인의 일원으로 만대에 빛날 서명날인을 마치고 일제 관헌에게 피체되어 4년간의 옥중 생활을 하게 되었다. …1925년에는 민립대학설비기성회 중앙이사로 피임되어 각지에 활발한 운동을 전개하였다. 이듬해에는 흥업구락부 이사로 취임하였는데 동구락부는 비밀로 재미 이승만 박사의 외교비 조달을 목적으로 한 기관이었다. 1927년 봄에 그는 세브란스 간호학교 부교장으로 취임하였고 그해 여름 민립대 기성(旣成) 강연차로 순회 중 평남 성천(成川)군에서 그는 관헌의 손에 검거되어 2년간 수형

14) 한철영, 「33인의 한 사람 이갑성」, 『한국의 인물 第1選·50人集』, 문화출판사, 1952, 37~39쪽

을 하였다. 그가 1930년에 출옥하자 경성공업주식회사 지배인으로 근무하였고 익년에 신간회 사건으로 상해에 망명할 수밖에 없었다. 1937년 그는 또 상해에서 일관의 손에 체포되어 본국으로 압송, 2년간 복역하였다. 출옥하든 그 해에 그는 또다시 흥업구락부 사건이 발각되어 7개월간 재옥(在獄)하게 되었다. 소위 특사령으로 7개월만에 석방된 것이었다. 익년 또 다시 경상북도 경찰부에 그는 구속되어 재상해(在上海) 시의 독립운동사건으로 3년 언도를 받고 복역하였다. 1년 후 그는 가출옥 처분으로 석방되었다,

1945년 8월 15일! 아 지긋지긋한 그의 감옥 생활도 일제의 패망과 함께 종언을 고하였고 천지가 개벽된 듯 자유 조국으로 해방되어 애국지사 이갑성 선생의 일가에는 춘광(春光)이 내복(來復)한 것이었다. 58세 노지사의 반생은 그야말로 조국과 민족을 위한 제물로써 반생이었다. 이제는 암흑에서 광명으로, 비애에서 환희로, 고난에서 영화로, 이갑성 선생의 생활사에는 신천지가 전개하는 것이었다. 거인 이갑성 옹(翁)은 3천만 겨레의 존경을 받으면서 33인의 빛나는 표본으로 전 국민 앞에 등장한 바 되었다. 해방 직후 그는 정당통일기성회 위원장으로 취임하였고 익춘(翌春)에는 독립촉성회 회장으로 취임하였다. 1947년 그는 남조선 과도입법위원 민선의원으로 당선되었고 익년 5·10 선거에는 선거법 제정의원으로 피선되었다. 1950년 5·30 선거에는 대구에서 출마하여 압도적 다수표로써 그는 국회의원에 당선되었다. 그리고 국회 전원(全院)위원장에 그는 피임되었고 제2대 부통령 선거에 있어서도 그는 차점자로서 영예를 얻게 되었다. 65세의 노익장하시는 이갑성 옹에게 더욱 영광 있으라![15]

---

15) 김여산, 「이갑성 선생, 애국일념으로 송죽같은 거인적 생애」, 『차기대통령은 누가 될까』, 협동문화사, 1952, 32~34쪽. 이 소책자에서 차기 대통령 선거에서 후보로 거명된 인물은 이승만·이시영·김성수·신익희·이갑성·이범석·장면이었다.

그는 3대 국회의원 낙선 이후 이기붕 중심의 후계 체제가 가동되면서 이렇다 할 정치 활동을 보이지 못했지만,[16] 이승만 정권 말기의 혼란상을 비판하는 글을 『사상계』에 기고하는 등 사회 원로로서 나름의 역할을 수행했다.[17] 70세를 바라보는 만년의 노정객에 대한 세간의 평가는 1950년대 후반에 이르기까지 독립운동에 헌신한 애국자라는 호의적 평가가 주류를 이루었다.

> 3·1운동 정신의 민족정기가 씨의 가슴속에서 피 끓고 있다. 그 생생한 기혼(氣魂)은 지금도 조그만큼도 꺾이지 않고 유유히 정치 활동에 작용되고 반영되어서 민족의 장래의 복지를 약속하고 있다. 기미 3·1만세운동의 33인 중 유일한 생존자인 이 노혁명가의 애국지성은 국가민족과 더불어 영원히 빛나는 민족의 자랑이 될 것이다. …원내 생활에 있어서는 삼우장(三友莊) 소속의원의 영도자로서 위국위민의 일념으로서 순수한 투쟁을 전개하여 국난 타개의 길을 촉진하였으며 의정 단상에 있어서는 항상 국책을 좌우하는 중대사가 있을 때마다 예리한 발언으로 그 그릇된 점을 시정하고 향상에의 길을 열어 준다. 씨의 언동에는 허실이 없다. 까닭에 의원들은 씨를 존앙(尊仰)하고 따르는 것이다. 이 노숙한 정치가는 알려진 바와 같이 일찍이 기미운동 33인의 일인(一人)으로서 일본 관헌에 피체되어 4년간의 옥중 생활을 하였으며, 그 후에 흥업구락부의 간사로서 독립의 전취(戰取)를 위하

16) 1953년 말 이승만의 장기집권을 위한 "3선개헌"이 제기되던 상황에서 치러진 1954년 제3대 총선(5·20선거)에서 이갑성은 낙선했다. 이는 「동아일보」 1954년 5월 22일자 참조. "五個條 헌법개정안을 내걸고 이를 통과키겠다는 공약 하에서 立候補한 자유당의 公認候補者가 果然 어떠한 비율의 當選을 보게 될지는 아직 地方報告의 未着으로 확인할 수는 없으나 여당인 자유당의 指導權을 한 손에 장악하고 있던 李甲成 裵恩希 等 간부급 人物이 落選되는 반면에 野黨에서는 申翼熙 金度演을 비롯하여 趙炳玉 金俊淵 尹潽善 趙在千 徐東辰 等 民國黨 지도층과 아울러 鄭成太 郭尙勳 錢鎭漢 等 야당투사들이 당선을 보게 됐다."

17) 이갑성, 「우리는 사회악에 항쟁한다」, 『사상계』 39, 1956년 10월, 257~260쪽.

여 끊임없는 투쟁을 하면서 당시 재미 이승만 박사의 외교비 조달을 하는 한편 역시 독립운동 기관인 신간회 중앙이사로 활동하다가 일헌(日憲)에 탄로되어 상해에 망명하여 갖은 고초를 겪으며 일제에 항쟁을 계속하였다. 그러나 불운하게도 피검되어 본국에 압송되어 3년간의 징역형을 받았던 그 후 출옥하여서도 그 이념을 저버림 없이 흥업구락부를 중심으로 투쟁을 계속하여 오다가 발각되어서 또다시 피검 7개월간의 투옥을 당하게 되었던 것이다. 이 눈물겨운 항쟁의 역사는 씨의 투쟁 목표를 관철하기 전에는 조그만큼도 굴할 줄 몰랐던 것이다. 다시 대구경찰서에 피체되어 3년간의 쓰라린 생활을 하지 않으면 안 되게 되었던 것이다. 해방과 함께 씨는 간난(艱難) 많았던 압정에서 벗어나 함인축분(含忍蓄憤)의 울분을 씻어버리고 쾌연히 이 나라의 국정에 임하여 오늘에 이르게 된 것이다. 이와 같이 일생을 조국광복에 헌신한 씨의 신념은 오늘날 세상에 주지된 바와 같이 참다운 민주 정치의 지도자로서 민권의 신장과 국가의 발전을 위하여 정부 각 기관을 편달 선도하는 한편 국초(國礎)의 대계를 구축하는 대업에 게으름이 없었으며, 착실한 투쟁을 하고 있는 것이다.[18)]

국토는 양단된 채 민족의 비극은 그칠 줄 모르고, 국민은 도탄에 빠져 허덕이는 오늘날 우리 조국은 진정한 애국자를 찾고 있다. 그런데 거리에는 입으로만 애국을 부르짖는 사이비 애국자 사태가 나서 더욱 세태는 어지러워 가니 뜻있는 사람들의 단장(斷腸)의 통탄을 자아내게 한다. 이러한 한심스러운 현실 속에서 홀로 핀 백합화와도 같이 청초하고 숭고한 자태를 보여 주는 분이 바로 3·1운동의 민족대표였던 이갑성 씨다. 잃어버린 조국을 찾기 위해 목숨을 내걸고 일제와 투쟁하여 승리를 쟁취한 그의 영웅적 활동은 청사(青史)에 길이 남을 것이다. 그러나 조국은 민족의 영웅인 그에게 무엇으로 보답하였는가? 민족정기는 땅에 떨어지고 조국의 장래에 암영이 깃들이고 있는 오늘날 그의 재기를 요망하는 소리

18) 우인기 등 편, 「이갑성」, 『제2대 국화를 움직였던 인물』, 국회타임스, 1954, 9쪽.

> 점고(漸高)하는 것은 당연한 일이다. 듣건대 그는 차기 민의원 선거에 대구에서 재출마한다니 국민의 시선이 집중될 것은 틀림없다.[19]

이갑성은 5 · 16 군사 쿠데타 이후 군사정부의 독립운동가 포상 및 영입 작업에 응해 정치 활동을 재개했다.[20] 군사 쿠데타 1년 뒤인 1962년 그는 3 · 1운동 민족대표로 건국공로훈장을 받았으며, 이후 헌법 개정 국민투표관리위원장(1962)과 공화당 창당 발기위원(1963)으로 박정희 정권의 창출에 기여했다.[21] 이후 그는 공화당 총재 고문(1963~1967), 그리고 광복회 초대회장(1965~1967)과 2대 회장(1967~1970)을 역임했다.

박정희 정부가 광복회를 만들고, 이갑성을 중용한 이유는 5 · 16 군사 쿠데타로 집권해 정당성이 결여된 박정희 정부는 일본을 반공의 보루로 삼는 미국의 "지역 통합(regional integration) 전략"에 순응해 일본과의 국교 정상화 요구를 받아들일 수밖에 없었다. 정부가 산업화 우선의 국가 주도적 근대화 노선을 추진하면서 경제개발 자금의 확보를 위해 한일회담을 전개하자, 1964년 3월부터 약 1년 반 동안 그 반민족성을 직격하는 6 · 3학생운동이 일어났다.[22] 정권의 정당성이 흔들리자 이를 옹호하기 위해 광복회를 창설하고 불요불굴의 독립운동가 이갑성을 회장으로 추대한 것으로 볼 수 있다.

---

19) 박태진 편, 『현대 한국정치가 91인집』, 신조사, 1957, 62쪽.
20) 1962년 이갑성은 군사 쿠데타를 긍정하는 글을 썼다. "원컨대 우리 전 국민은 모두 합심하여 이 군사혁명에 머리를 돌려 과거의 그릇된 행동을 씻고 일어나 군사혁명 정부가 완전히 성공하도록 물심양면으로 협조해 주기를 깊이 기원하는 바이다. 만약 이번 혁명정부가 실패한다면 이 민족의 운명은 최대의 비극을 면치 못할 것은 엄연한 사실임에 틀림없다는 점을 거듭 다짐하고 싶다." 이갑성, 「3·1운동과 나」, 『최고회의보』6, 1962- 3. 안성균, 「이갑성: 독립유공자로 훈장 받은 친일밀정」, 『무크 · 친일문제연구』2, 가람기획, 1995, 196쪽에서 재인용.
21) 「이갑성 자필이력서」.
22) 허동현, 「6·3학생운동의 역사적 배경에 관한 연구」, 『한국민족운동사연구』 57, 2008, 312~316쪽.

Ⅲ. "친일 밀정설"의 제기와 유포 경위

이른바 "친일 밀정설"은 이갑성이 초대 광복회 회장에 오르기 직전인 1964년 12월 27일자 「한국일보」와 1965년 1월 14일과 16일자 「동아일보」의 지면을 통해 최초로 제기되었으며, 그가 제2대 광복회장에 피선된 직후인 1967년 5월 11일자 「대한신문」 광고란에 "광복회 비상총회 회원 일동" 명의로 실린 「변절 및 민족 반역자 이갑성의 죄상 일부를 공개함」이란 성명서에 의해 확대, 유포되었다.[23]

이 광고는 조경한(趙擎韓)과 임의탁(任義鐸)에 의해 게재된 것으로 창씨개명, 상하이 체류 시 밀정설, 미쓰비시(三稜) 회사 만주 신경(新京) 소장설, 그리고 조선총독부 경무국장의 촉탁설 등을 근거로 이갑성이 "민족 반역자"임을 주장하고 있었다.

이에 맞서 광복회는 익일자 「대한신문을 통해 반박문을 싣는 등 공방이 법정으로까지 번져 조경한 등이 명예훼손죄로 법원으로부터 벌금 50만 원의 선고되는 것으로 마무리되었다. 그러나 조경한 등이 이갑성을 음해하기 위해 제시했던 자료들은 「岩本正一(創氏改名)의 附日 諸證據資料」라는 제하에 『자유』 1981년 3월호에 다시 실려 다시 한번 이갑성을 친일 변절자로 몰아세운 바 있었다.

이러한 이갑성 "민족 반역자설"을 뒷받침하는 근거로 제시된 사료는 이미 유준기와 김행식에 의해 신뢰성이 결여된 음해임이 입증된 바 있기에 여기서 재론하지 않겠다.[24] 다만 조경한 등이 이갑성을 음해한

23) 관련 신문기사와 성명서는 김행식 편저, 앞의 책, 2005, 555-561쪽에 수록되어 있다.

24) 유준기, 앞의 논문, 226~238쪽. 김행식, 앞의 책, 562~568쪽 참조. 특히

주된 이유가 광복회에 대한 주도권 다툼에서 밀린 이들의 개인 감정에서 촉발된 것일 수도 있지만,[25] 임시정부 출신들의 민족대표 출신인 이갑성에 대해 갖고 있던 반감과 5 · 16 이후 군사정부나 1980년 신군부가 만든 제3공화국 헌법과 제5공화국 헌법에 3 · 1운동에 대한 계승 의식만 보이고, 임시정부의 법통 계승을 표방하지 않은 것에 대한 반발에서 비롯된 것으로도 보인다.

이는 조경환이 대한민국 임시정부기념사업회장 명의로 제5공화국 헌법이 개정된 1980년 10월 이후 언론사에 배포한 「임시정부와 법통 계승에 관하여」라는 성명서를 통해 엿볼 수 있다.[26]

돌아보건대, 3 · 1운동이 임시정부의 진원(震源)이라면, 임시정부는 대한민국의 근원이니 독립의 의지를 세계만방에 천양(闡揚)한 3 · 1운동이 있으므로 해서 임시정부가 수립된 명분이 섰고, 정부 형태를 갖추어 대외의 주체로 활동한 임시정부가 존재함으로써 현재의 민국 정부가 수립되어 간단없는 반만년 역사를 자랑할 수 있었던 것이다.

2005년 3월 1일 방영된 SBS 시사보도 프로그램 "뉴스추적"에서 이갑성 "친일 밀정설"을 입증하는 자료로 제시되어 왔던 미쓰비시 출장소장 등의 명단에 이갑성이란 이름은 없었다는 사실이 밝혀진 바 있다.

25) 이에 관해서는 특히 유족 측 「서울신문」 1999년 3월 1일자에 실린 "민족대표 33인 중 1인 '李甲成'편"에서 다시 제기된 "친일 밀정설"을 반박하는 유족 이재현의 동신문 3월 10일자 「반론문」 참고. "이 옹에 대한 이러한 음해성 험담의 연원은 1960년대 초부터다. 독립운동 유공자 모임인 '광복회' 설립 과정에서 튀어나온 이 문제는 이 옹이 그 초대회장으로 선임되면서부터 본격적으로 제기되어 급기야는 경쟁자 간의 성명서 전쟁으로까지 비약되었다. 이러한 와중에서 광복회 회장으로는 치명적인 결격사유가 되는 일제 밀정문제 등을 상대측에서 조작 유포시킨 것이었다. 그 후 1967년에 2대 회장으로 재선임되자 상대측에서 이 문제를 재제기하여 결국은 법정까지 비화했었다. 당시 서울지검에서 조사한 결과, 그러한 혐의를 전혀 찾을 수 없다는 결론을 내리고 이를 종료했다. …지난 30여 년간의 추적에도 불구하고 이 옹은 물론 그 가족 누구도 어떠한 친일 행적도 수혜 사실도 발견되지 않았다. 단순히 해방 후 단체장 선거 때 상대측이 선거용으로 주장한 혐의만이 있을 뿐이다."

26) 조경한, 『백강 회고록』, 한국종교협의회, 1990, 393~394쪽

그래서 1948년 7월 17일에 제정한 대한민국 헌법은 그 전문(前文)에서 "유구한 역사와 전통에 빛나는 대한민국은 기미(己未) 3·1운동으로 대한민국을 건립하여 세계에 선포한 위대한 독립정신을 계승하여 이제 민족 독립국가를 재건함에 있어"라고 하여 1919년 3·1운동으로 대한민국이 수립되었음을 인정하고 있다. 이와 같이 1948년의 제헌국회는 대한민국임시정부의 건국을 제1공화국으로 인정하고 그를 '계승'하여 '재건'하는 것으로 명시한 것이었다.

그런데 5·16군사정권에 이르러 대한민국 임시정부의 정통성 부분을 삭제하고, '3·1운동의 독립정신과 4·19 의거, 5·16혁명'의 이념만을 부각시켰으니, 이는 5·16군사정권이 대한민국 임시정부의 민주공화정체를 계승할 자격이 없음을 자인한 처사였고, 그 뒤 유신헌법은 통일주체국민회의를 만든 반민주적 헌법으로서 5·16헌법 전문을 그대로 답습했다. '5공'의 용어는 5·17정권이 1980년 제8차 개헌에 '우리 대한민국은 3·1운동의 숭고한 독립정신을 계승하고, 조국의 평화적 통일과 민족중흥의 역사적 사명에 입각한 제5공화국의 출발에 즈음하여'라고 한데서 알 수 있다. 5·16정권과 맥을 같이하는 처사로서 오늘의 건국에 역사적 정통성을 부여하는 대한민국 임시정부의 법통을 무시하고, 5·17정권을 제5공화국으로 규정한 것이었다.

이같이 임정 계열 독립운동가들의 민족 대표 출신 광복회장에 대한 반감과 임정 계승 의식을 보이지 않았던 군사정부에 대한 반발에서 비롯된 이갑성에 대한 음해성 자료는 친일 문제 연구자들에 의해 무비판적으로 수용되어 확대, 재생산하기 시작하였다.

임종국은 1988년과 1990년에 "이갑성은 일제의 밀정설이 있는 사람이다"라거나 "이갑성은 일본군 점령하의 상해에서 밀정했다는 설이 끈질기게 따라다니는 사람"이라고 "친일 밀정설"을 다시 제기한 후[27] 연이어 출간된 친일파 관련 서적들을 통해 확대 재생산하기 시작했다.[28]

특히 1993년 5월 12일 민주당 이해찬 의원이 제기한 친일 혐의 독립유공자에 대한 전면 재심사 요구에 따라 국가보훈처가 같은 날 공개한 대상자 명단 속에 이갑성이 포함되면서 "친일 밀정설"은 다시 확산하기 시작했다.

> 친일 혐의 두드러진 8명에 초점.
> 대한민국 정부 수립 이후 독립유공자로 인정돼 훈·포장을 받았던 일부 인사에 대해 정부가 친일 여부를 가리기 위한 재심사에 나서 비상한 관심을 모으고 있다. 해방 이래 지금까지 미뤄져 왔던 친일 잔재 청산의 계기로 삼아 역사를 바로잡고 대한민국 정부의 정통성을 더욱 굳게 할 수 있을 것으로 기대되기 때문이다. 국가보훈처가 이런 작업에 나선 것 역시 김영삼 정부의 청와대가 올해 초 이를 더 이상 미룰 수 없는 개혁의 과제 중 하나라고 판단한 데 따른 것으로 알려져 있다. 보훈처가 이달 초 국회 보사위에 낸 자료에 따르면, … 이갑성은 3·1운동 당시 민족대표 33인 가운데 한 사람으로 대한민국 정부의 국무총리에 지명되기도 했고, 초대 광복회장을 지냈다. 그러나 그는 중국 상해에서 이와모토로 창씨개명한 뒤 일본의 밀정 노릇을 했다는 증언이 당시 임정 요인들로부터 제기된 바 있어 논란이 되고 있다.[29]

이러한 "친일 밀정설"은 반민족문제연구소가 1994년 『청산하지 못

---

27) 임종국, 『현대공론』, 1988년 8월, 238쪽. 임종국, 「친일자들의 화려한 변신」, 『한배달』, 1990년 봄, 61쪽

28) 이갑성 "친일 밀정설"을 제기하고 있는 책은 다음과 같다. 김삼웅·정운현 공저, 『친일파』 II, 학민사, 1992. 반민족문제연구소, 『청산하지 못한 역사』 2, 청년사, 1994. 안성균, 앞의 책, 1995

29) 「한겨레」 1993년 7월 26일자. 이 밖에도 「세계일보」 1993년 6월 1일자. 「서울신문」 1993년 7월 9일자. 「국민일보」 1993년 7월 9일자. 「한국일보」 1993년 7월 10일자. 「한겨레」 1993년 7월 10일자 참조

한 역사』라는 3권의 친일파 관련 책을 펴내면서 다시 한번 세상의 이목을 끌었으며,[30] 2006년에 이르기까지 재생산되었다.[31]

그러나 그 근거로 제시되는 것은 1960년대에 광복회장 선거를 둘러싸고 제기되었던 신빙성이 없는 음해성 자료에 지나지 않는다.

그 대표적 예로 정운현이 1999년 3월 1일 「서울신문」에 기고한 다음의 글을 꼽을 수 있다.

> 지난 93년 5월 국가보훈처는 역대 독립유공자 가운데 재심사 대상자 8명의 명단을 국회 비공개회의에서 공개하였는데 그 가운데에는 '3 · 1의거' 당시 민족대표 33인 가운데 한 사람이었던 이갑성이 포함돼 있었다. 그에게 씌어진 혐의는 '밀정'으로 요샛말로 하면 일제의 스파이 노릇을 했다는 것이다. 광복회장까지 역임하면서 81년 사망 당시 사회장이 치러졌던 그가 '변절자'였다는 의혹은 62년 이래 줄기차게 제기돼 왔다. 그동안 제기된 의혹과 논란을 통해 그의 친일 혐의를 추적해 보자. …한편 이갑성에 대한 '친일 논쟁'은 62년 그가 건국훈장을 수훈할 무렵 불거져 나와 65년 광복회장에 취임한 직후, 그리고 81년 그의 사망 직후 한 잡지에서 그가 일제 때 사용하였던 명함을 공개하면서 다시 논란이 됐었다. 그의 친일 경력을 처음으로 공식 거론한 사람은 임시정부 서무국장 출신의 임의탁(林義鐸 · 건국훈장 독립장)씨. 그는 「대한일보」(67.5.11)에 게재한 광복회비상총회 명의의 '성명서'에서 민족대표 33인 중의 한 사람으로 솔선하여 창씨개명을 한 점, 상해에서 임정에는 출입을 못하고 상해

30) "이 책은 이밖에 3·1운동 당시 민족대표 33인중 한 사람인 이갑성씨는 창씨개명까지 한 일제밀정이라고 폭로했고…"(「세계일보」, 1994.02.27)

31) 「서울신문」 1998년 5월 30일자. 「서울신문」 1998년 8월 21일자. 「경향신문 1999년 3월 12일자. 「매일경제」 1999년 8월 14일자. 「경향신문 2003년 2월 22일자. 「한겨레」 2003년 11월 10일자. 「경향신문 2004년 2월 23일자. 「문화일보」 2004년 8월 21일자. 「시민의 신문」 2005년 5월 29일자. 「한국일보」 2006년 3월 2일자

조선인 거류민회 회장이자 유명한 친일파인 이갑녕(李甲寧)만 접촉한 사실, 총독부 산업국장의 주선으로 일본 미쓰비시(三菱) 회사 신경(新京) 출장소장으로 임명된 사실, 총독부 경무국장 마루야마(丸山鶴吉)의 촉탁을 지냈다는 주장 등 충격적인 내용을 폭로하였다. 또 유관순(柳寬順) 열사의 오빠로 3·1의거에 참여했던 유우석(柳愚錫·건국훈장 애국장)씨는 이갑성이 "일제 말기 일본인도 하기 어려운 경성공업사(군사공업)의 중역을 지냈다"고 증언하였다. 두 사람 모두 정부로부터 건국훈장을 받은 애국지사들로 이갑성의 친일문제와 관련, 상당히 구체적인 내용을 증언하고 있다. 독립유공자 가운데는 같이 활동했던 동지들의 증언만으로도 훈장을 받은 사례도 있다. 독립운동가들의 증언은 사료(史料) 가치를 인정받고 있다. 한편 임·유씨의 증언에 대해 이갑성은 반박 성명을 통해 두 사람의 증언 내용을 모두 부인하였다. 그러나 몇 가지 사항을 검토해 보면 이갑성의 반박은 별로 설득력이 없다는 것을 알 수 있다. 우선 창씨문제. 이갑성은 자신이 이와모토(岩本正一)로 창씨개명한 사실(호적서류 참조)을 두고 당시 자신은 해외에 있어서 모르는 일이라고 주장했다. 그러나 창씨는 호주(戶主)만이 할 수 있었기 때문에 당시 호주였던 그가 자신의 창씨 사실을 몰랐다는 얘기는 말이 안 된다. 33인 가운데 그를 포함해 정춘수(鄭春洙, 禾谷春洙), 최린(崔麟, 佳山麟) 등 3명이 창씨개명을 했다.
다음으로 이갑성이 미쓰비시 회사의 신경출장소장을 지냈다는 주장. 현재로서는 확인된 바는 없다. 그러나 그가 '주식회사 일만산업공사(日滿産業公司) 전무취체역'을 지낸 사실은 확인됐다. 또 이갑성이 상해 임정에 출입하지 못했다는 주장. 이에 대해 임정 총무과장 출신 K씨는 "당시 이갑성은 임정 요인과 교류가 없었으며, 임정 청사에 출입을 못 했다"고 증언한 바 있다. 독립운동가 김성수(金聖壽·건국훈장 독립장)는 자신의 경험담을 들어 이갑성이 상해에서 제중(濟衆)약국을 경영하면서 밀정 행위를 했다고 사망 직전에 증언한 바 있는데, 이갑성이 약국을 했을 가능성은 크다. 우선 그가 약학을 공부했고, 서대문형무소 수감 시절 일경이 작성한 자료에 그가 상해로 도피하여 약종상(藥種商)을 했다고 기록돼 있기 때문이다. 그가 경무국장 마루야마의 촉탁을 지냈다는 주장도 아직 확인된 바는 없다. 이 밖에도 그가 친일을 했다는 증언은 수없이 많다. 독립운동가 사회에서는 그의 '친일'이 공공연한 비밀로 돼 있다. 다만 그가 생전에 역대 정치 권력과 깊은 유대를 가지고 독립운동가 사회의 상징적인 인물로 행세해 왔기 때문에 나서서 언급하기를 꺼려왔을 뿐이라는 것. 해방 직후부터 정치권에서 활동하면서 한때 이승만을 추종하던 그는 1961년 5·16이 발생하자 '…국가와 민족의 앞날을 위하여 크게 염려하던 군인들에 의한 군사혁명이 일어난 것은 다행한 일로…군사혁명 정부가 완전히 성공하도록 물심양면으로 깊이 협조해 주기를…' 호소하였다.

이듬해 62년 그는 해방 후 첫 독립유공자 포상에서 건국훈장 대통령장(2등급)을 받았으며 공화당 창당 과정에서 발기위원장으로 활동하기도 했다. 65년에는 초대 광복회장에 취임하였고 이어 3·1동지회 고문, 이준열사기념사업회 총재 등 민족단체의 대표적 인물로 활동하였다. 또 63년 그는 독립유공자 공적심사에도 참여하였는데 당시 이름만 써내면 훈장을 주었다는, 소위 '백지사건(白紙事件)'에 그가 깊이 관련돼 있다는 혐의도 받고 있다.

이갑성의 일제하 행적에 대해서는 아직도 밝혀지지 않은 부분이 상당수 있다. 33인 출신으로 일제 당국에 신분이 노출된 상태에서 어떻게 상해를 자유롭게 드나들며, 또 거기서 활동을 할 수 있었는지, 37년 국내에 압송돼 와서 1년 만에 가출옥한 배경이나 이후로도 수차례 투옥된 이유는 무엇인지 등등. 33인 중 최후의 생존자로 매년 3·1절이면 독립선언서를 낭독하던 이갑성은 81년 3월 타계 후 국립묘지에 안장됐다.

그의 공과에 대한 냉정한 평가와 진실 규명 차원에서도 그의 행적에 관한 자료조사는 앞으로도 계속돼야 할 것이다.

Ⅳ. 결론

이상에서 살펴본 바와 같이 르포 성격의 신문 기사와 잡지 기고문 및 친일파 관련 저술들이 그를 친일파로 단정하며, 해방 후 그의 삶을 문제 삼는 이유는 무엇일까?

그 이유는 냉전 붕괴 이후 전개되는 진보와 보수 세력 간의 세력 관계와 이해관계가 반영된 데서 찾을 수 있다. 특히 이승만·박정희 정권의 성립에 기여한 그의 역할, 특히 그가 오세창이 세상을 떠난 1953년 이후에는 민족대표 33인 중 유일한 생존자이자 민족주의 계열의 독립운동을 대표하는 광복회 회장으로 갖는 상징적 의미 등이 이 두 정권의 역사적 성격을 가늠하는 시금석으로 기능하기에 그가 "친일 밀정"이라는 주장이 끊이지 않고 계속되는 것으로 보인다.

왜냐하면, 그의 친일 행위가 사실이라면 그를 기용한 두 정권의 반민족적 성격을 밝히는 움직일 수 없는 증거가 되기 때문일 것이다.

임정 계열 독립운동자들의 민족대표 출신 광복회장에 대한 반감과 임정 계승 의식을 보이지 않는 군사정부에 대한 반발에서 비롯된 이갑성에 대한 음해성 자료는 냉전 붕괴 이후 1990년대 들어 미국의 제국주의적 측면과 남한의 반동성을 강조하고, 북한에 대해 상대적인 민족 정통성 부여하는 수정주의 사관에 영향을 받은 민족·민중주의 사가들에 의해 무비판적으로 수용되어 '이갑성 친일파설'이 재생산되기 시작하였다.

민족·민중주의 사관으로 한국 현대사를 볼 때 외세에 기생해 민중을 착취하고 친일파를 기용한 이승만·박정희 정권은 반드시 청산해야 할 반민중·반민족 정권으로, 그리고 이갑성은 이 두 정권의 반민족·반민중성을 웅변하는 대표적 인물로 비칠 뿐이었다.

이승만과 박정희 정권의 공과를 논함에 있어 아직 우리 시민사회와 학계의 평가는 호오(好惡)와 긍부(肯否)가 엇갈리고 있기에 이 두 정권과 관련된 이갑성의 정치 활동에 관해서도 어떤 시각에서 보느냐에 따라 평가가 극과 극을 달릴 수 있다.

그러나 음해성 자료를 엄밀한 사료 비판 없이 사실로 선전함으로써 한 개인이 식민지 시대에 일생을 바쳐 쌓아 올린 불요불굴의 항일투쟁을 전개한 독립운동가라는 평판을 저격하는 것은 생각과 지향, 이해를 달리하는 이들이 함께 살아가는 다원화된 시민사회의 도래에 반하는 행위임을 지적하려 한다. 진정 이 세상을 사람이 살만한 곳으로 만드는 힘은 나와 다른 꿈을 꾸는 타자들을 배제하고 부정하는 데서 나오는 것이 아니라 상대의 차이를 인정하고 대화하고 관용하는 데서 나온다. 자신과 다른 꿈을 꾸던 적대 세력들의 생각과 행동에 대해서도 정파적 이해를 넘어 가치 중립적인 평가가 필요한 것이다.

음해성 자료를 엄밀한 사료 비판 없이 사실로 선전하는 이면에는 '민족'과 '민중'이라는 거대 담론에 입각한 역사 인식과 이를 정치적으로 이용하려는 세력이 존재함을 부정할 수 없다고 본다. 그렇다면 이갑성은 '민족'과 '민중'이라는 거대 담론에 입각한 역사 인식과 이를 정치적으로 이용하려는 세력이 만들어 낸 희생자일 뿐이다.

외세의 침략에 맞선 저항 담론으로서의 민족·민중주의는 어찌 보면 개인에게는 외세와 마찬가지로 인간 해방을 제한하는 억압 기구이자 탄압의 기제로 작용할 수 있는 거대 담론으로 다원적 시민사회를 사는 오늘의 시대 흐름에 뒤떨어진 시대착오적인 역사 인식이다. 오늘은 이데올로기가 모든 것을 지배하던 시대에 자신들이 상상하는 세상에 정당성을 주기 위해 연역적으로 만들어진 도식적인 역사 서술에서 벗어나 타자와 더불어 살기를 이야기하는 다원화된 시민사회의 눈으로 본 역사 쓰기가 더없이 필요한 때이다.

왜냐하면, 오늘 우리 시민사회는 한데 뭉쳐 다니는 우중(愚衆)이 아니라 자신의 양심과 소신에 따라 행동하는 자율적이며 각성 된 주체로서 깨어 있는 개인(시민)으로 거듭나야 하기 때문이다.[32] 다원화된 시민사회를 사는 오늘 '민족'과 '민중'이란 거대 담론은 개인을 억압하는 수사일 뿐이다.

이제 우리는 거대 담론을 넘어 주체로 우뚝 선 개인, 즉 시민의 눈으로 우리 역사를 보아야 하지 않을까 한다.

---

32) 민족·민중주의에 입각한 역사 인식의 문제점에 대해서는, 허동현, 「통감부 시기(1909~1910)를 어떻게 볼 것인가?」, 『한국독립운동사연구』 27, 2006, 68~71. 허동현, 앞의 책, 2022, 380~391쪽

【참고문헌】

◈ 자료

* 「경향신문」「국민일보」「동아일보」「매일경제」「문화일보」「서울신문」「세계일보」「시민의 신문」「오마이뉴스」「한겨레」「한국일보」

◈ 단행본

* 박태진 편, 『현대 한국정치가 91인집』, 신조사, 1957
* 서병조, 『정치사의 현장증언 제1공화국』, 중화출판사, 1981
* 임종국, 『현대공론』, 1988년 8월호
* 조경한, 『백강 회고록』, 한국종교협의회, 1990
* 김삼웅 · 정운현 공저, 『친일파』II, 학민사, 1992
* 반민족문제연구소, 『청산하지 못한 역사』 2, 청년사, 1994
* 김행식 편저, 『20세기 사건으로 보는 조선민족 100년사 대관』 하, 한민족독립정신연구회, 2005
* 서중석, 『이승만의 정치이데올로기』, 역사비평사, 2005
* 정병준, 『우남 이승만 연구』, 역사비평사, 2005
* 허동현, 『역사관과 역사학자』, 북코리아, 2022

◈ 논문

* 김여산, 「이갑성 선생, 애국일념으로 송죽같은 거인적 생애」, 『차기대통령은 누가 될까』, 협동문화사, 1952
* 한철영, 「33인의 한사람 이갑성」, 『한국의 인물 第1選 · 50人集』, 문화출판사, 1952
* 우인기 등 편, 「이갑성」, 『제2대 국화를 움직였든 인물』, 국회타임스, 1954
* 이갑성, 「우리는 사회악에 항쟁한다」, 『사상계』 39, 1956년 10월호
* 이갑성, 「3 · 1운동과 나」, 『최고회의보』 6, 1962년 3월호
* 민족대표 33인 유족회 소장, 「이갑성 자필이력서」 1975
* 박만주, 「역사의 증언: 민족정기의 순수성은 보전돼야」, 『자유』, 1981년 3월호
* 임종국, 「친일자들의 화려한 변신」, 『한배달』 1990년 봄

* 안성균, 「이갑성, 독립유공자로 훈장 받은 친일밀정」, 『무크 · 친일문제연구』 2, 가람기획, 1995
* 문정인 · 류상영, 「자유당과 경무대」, 문정인 · 김세중 편, 『1950년대 한국사의 재조명』, 선인, 2004
* 유준기, 「3 · 1운동과 기독교계 민족대표의 활동」 별지, 『3 · 1독립운동 86주년 기념 민족대표 33인의 재조명』 2005.02.28
* 임대식, '신기남 · 김희선 부친이 친일명단에 왜 없냐고요?', 「오마이뉴스」 2005년 9월 6일
* 허동현, 「통감부시기(1909-1910)를 어떻게 볼 것인가?」, 『한국독립운동사연구』 27, 2006
* 허동현, 「6 · 3학생운동의 역사적 배경에 관한 연구」, 『한국민족운동사연구』 57, 2008
* 박형우, 「1910년대 독립운동과 세브란스」, 『연세 의사학』12-1, 2009
* 장규식, 「3 · 1운동과 세브란스」, 『연세 의사학』 12-1, 2009
* 신규환, 「3 · 1운동과 세브란스의 독립운동」, 『동방학지』 184, 2018

국립인천대학교 인천학연구원
독립운동사연구소 총서 4호(통권 8호)

3·1운동과 연당 이갑성 추모 논문집

2024년 8월 16일 1판 1쇄 인 쇄
2024년 8월 27일 1판 1쇄 발 행

엮은이 : 이 태 룡

펴낸이 : 박 정 태

펴낸곳 : **광 문 각**

10881
파주시 파주출판문화도시 광인사길 161
광문각 B/D 4층
등 록 : 1991. 5. 31 제12-484호
전화(代) : 031) 955-8787
팩 스 : 031) 955-3730
E-mail : kwangmk7@hanmail.net
홈페이지 : www.kwangmoonkag.co.kr

• ISBN : 979-11-93965-07-8 93900

값 15,000원